KURSBUCH KONFIRMATION

Das neue Programm

Hans-Martin Lübking

Gütersloher Verlagshaus

INHALT

DAS KURSBUCH KONFIRMATION ...

... soll dein persönliches Buch für die Konfirmandenzeit sein. Wenn du zu denen gehörst, die neugierig sind, Fragen stellen und selber herausfinden wollen, was es mit dem christlichen Glauben auf sich hat, dann wirst du in diesem Buch viele Anregungen finden.
Es ist ein Arbeitsbuch für den Konfirmandenunterricht. In den 19 Themen des Buches werden viele Grundfragen des christlichen Glaubens aber auch viele Gegenwartsfragen angesprochen, die uns, Jüngere und Erwachsene, zurzeit beschäftigen: Klimakatastrophe, Jugendkriminalität, Menschenrechte, Flüchtlinge u. a. Es enthält auch viele Stellen, die mit dir selbst zu tun haben: mit deinen Fragen, mit deinen Zweifeln und mit deinen Vorstellungen vom Leben. Auf vielen Seiten kannst du hineinschreiben, was du gerade denkst, worüber du dich ärgerst und woran du selbst glaubst.
Die vielen Bilder, Geschichten, Aufgaben, Spiele, Tipps und Texte sollen dazu beitragen, dass die Beschäftigung mit dem Buch interessant und abwechslungsreich wird. Ein kleines Religions- und Kirchenlexikon am Ende des Buches kann dir helfen, dass du dich in Religions- und Kirchenfragen etwas besser auskennst.
Wenn dich einzelne Themen besonders interessieren, findest du an vielen Stellen Internet-Adressen oder Tipps für CD-ROMs, Filme oder Bücher, die ich dir empfehlen kann.
Ich wünsche dir, dass du zusammen mit den anderen aus deiner Gruppe eine interessante Konfirmandenzeit erleben und am Ende etwas selbstständiger im Glauben sein wirst. Deine Konfirmation muss ja nicht unbedingt auch dein Abschied von der Kirche sein.
Von Gott kann man sich sowieso nicht verabschieden.
Und nun viel Spaß mit dem „Kursbuch Konfirmation“ und im Konfirmandenunterricht!

Das wünscht dir

Hans-Martin Lübking

PS: Wenn du willst, kannst du mir gern schreiben, welche Erfahrungen du mit diesem Buch gemacht hast und wie es dir in deiner Konfirmandenzeit ergangen ist. Meine Adresse findest du bei den Erläuterungen.

VORWORT

BILD-/TEXTNACHWEIS

Bildnachweis

3 Quelle unbekannt.
10 © Rüdiger Pfeffer, Versmold.
11 © Hein Fischer, Hamburg.
14 Gewölbe der gotischen Hallenkirche St. Marien, Osnabrück, 14. Jh. © A. Kunze, Osnabrück.
15 © Nordlicht Bildarchiv.
18 © Sabine Leutenegger,Wil.
19 © Cramers Kunstanstalt Dortmund.
22 (l.o.) © Inge Bruland. (l.M./u.) Patmos Verlag, Düsseldorf.
25 Quelle unbekannt.
26 Quint Buchholz, BuchBilderbuch, 45 Bilder mit 45 Texten von Herbert Achternbusch bis Paul Wühr mit einem Vorwort von Michael Krüger, © 1997 Sanssouci Verlag Nagel & Kimche AG, Zürich.
27 Kreuz und Krippe, Beate Heinen, 1986, © ars liturgica Kunstverlag, D-56653 Maria Laach, Nr. 5425.
30 © Peter Wirtz, Dormagen.
31 Filmszene aus: „Jesus of Montreal", © 1989 Max Films Production Inc. + Gerhard Mital Productions. Foto: Deutsches Filminstitut Frankfurt. Filmbesprechung siehe Praxisbuch.
33 © Dr. Richard Cleave / Rohr Productions Ltd. Nicosia / Zypern.
34 (o.) © Hans-Martin Lübking.
36 © Peter Wirtz, Dormagen.
37 © Dietmar Gust – Fotografie.
38 (o.) Salvador Dali, Christ of St. John of the Cross, © Glasgow City Council (Museums). (u.) Marc Chagall, Die weiße Kreuzigung, 1938, © VG Bild-Kunst, Bonn 2010.
40 Max Beckmann, Christus und die Ehebrecherin, 1917, © VG Bild-Kunst, Bonn 2010.
41 (l.o.) Jochen Grahn. (l.u.) Peter Wirtz, Dormagen. (r.o.) Fred Mayer/Magnum, Paris. (r.u.) Esperanza Guevara, Taufe Jesu, 1981, © unbekannt.
45 © Peter Wirtz, Dormagen.
46 Taufstein St. Marien Osnabrück, © A. Kunze, Osnabrück.
48 © Peter Wirtz, Dormagen.
49 © Paul Ronald / Franco Zeffirelli / William Barclay, Jesus von Nazareth.
50 © Peter Wirtz, Dormagen.
51 (o.) © Bertold Fernborn. (m.) © epd-bild / Norbert Neetz. (u.) © epd-bild / Oliver Schürrle.
53 Lyonel Feininger, Marktkirche in Halle, 1930, © VG Bild-Kunst, Bonn 2010.
56 Hans-Martin Lübking.
57 © KNA, Frankfurt.
58 (o.) © KNA, Frankfurt.
60 © Boris Rostami, Hamburg.
61 © Peter Wirtz, Dormagen.
62 Bewohner im Rollstuhl mit Zivi, aus: Leben in Bethel – Menschen mit Behinderungen, Heft 2, S. 14.
63 © Peter Wirtz, Dormagen.
64 Gerhard Mester, © CCC, www.c5.net.
66 © Peter Wirtz, Dormagen.
67 © Astrofoto / Detlev van Ravenswaay.
69 (o.) Quelle unbekannt. (u.) NASA.
70 Quelle unbekannt.
72 (o.) © Greenpeace, Hamburg. (u.) Quelle unbekannt.
73 © dpa picture-Alliance.
74 Hans-Martin Lübking.
75 © Unicef, Paris.
77 Bettina Flitner / © Laif, Köln.
78 © amnesty international.
79 (u.r.) © Peter Wirtz, Dormagen.
80 Willy Fries, Er lag vor seiner Tür, 1985, Genehmigung und Copyright Stiftung Willy Fries, CH-9630 Wattwil.
81 © Lothar Nahler, Gau-Oldernheim.
82 © Ivan Steiger, München.
83 © Allzweckfrau, © Inge Pape, Kunstdienst der ev. Kirche, Berlin.
84 (l.o.) © gettyimages. (r.o.) © Corbis.
85 Edvard Munch, Der Schrei, 1893, © The Munch Museum / The Munch Ellingsen Group, VG Bild Kunst, Bonn 2010.
88 © Sieger Köder, Zachäus.
89 © Ev. Kirche von Westfalen.
90 © Disney.
91 © Yuri Arcurs – Fotolia.com.
93 (o.) © Marie Marcks, Heidelberg. (u.l.) © gettyimages. (u.r.) Julia Knop / © Laif, Köln.
94 © KNA, Frankfurt.
95 © Keystone Pressedienst.
96 © Heribert Schulmeyer, Köln.
97 © Photonica.
98 © Marie Marcks, Heidelberg.
99 © Ev. Kirche von Westfalen.
100 © presse-bild-poss.
102 Marc Chagall, Der brennende Dornbusch, 1966, © VG Bild-Kunst, Bonn 2010.
104 (u.) © Kipkakomiks, München.
105 (o.) © Ullstein Bild, Berlin. (u.) © Peter Homann, Gegendruck-Presseagentur, Berlin.
106 © Werner Küstenmacher, Hamburg.
107 © Benziger Verlag, Düsseldorf.
108 Fenster aus der Kathedrale von Chartres. Foto: Quelle unbekannt.
109 René Magritte, Die unendliche Besichtigung, © VG Bild-Kunst, Bonn 2010.
110 Jonathan Borofsky, Der Himmelsstürmer, 1992, © akg-images.
111 Gerhard Hepp, Himmelsleiter, 1988, © beim Künstler.
112 © Stefan Schütze.
117 © Manuel Brenner.
119 Marc Chagall, Mose empfängt die Gesetzestafeln, © VG Bild-Kunst, Bonn 2010.
120 © Ullstein Bild, Berlin.
121 Quelle unbekannt.
123 Mike Schröder/Argus Fotoarchiv.
124 Associated Press.
125 © Peter Wirtz, Dormagen.
126 (o.) © dpa picture-alliance. (u.) © Peter Wirtz, Dormagen.
127 © dpa picture-alliance.
128 (o.) © Rosemarie Müller, Selters. (u.) © Quelle unbekannt.
130 A. Paul Weber, Das Gerücht, © VG Bild-Kunst, Bonn 2010.
131 (l.) © dpa picture-alliance. (r.) Quelle unbekannt.
132 © Rosemarie Müller, Selters.
135 © dpa picture-alliance.
136 (o./u.) © Peter Wirtz, Dormagen.
137 © Peter Wirtz, Dormagen.
139 © Karl Joachim Twer.
140 Engel an der Kathedrale von Reims, Quelle unbekannt.
141 © Plakat des DEKT 1981 in Hamburg, © Wolfgang Heinrich.
142 © Peter Wirtz, Dormagen.
143 © Kipkakomiks, München.
145 © Werek Pressebildagentur.
148 Ernst Barlach, Das Wiedersehen, 1926, © Ernst Barlach Lizenzverwaltung Ratzeburg.
149 Quelle unbekannt.
151 Walter Hanel, © CCC, www.c5.net.
152 © Royalty-Free, Corbis.
154 Quelle unbekannt.
155 © Peter Wirtz, Dormagen.
156 © Laziz Hamani, aus: Marc-Alain Onakrin, Symboles de Judaisme, © 1995 by Editionas Assouline, Paris.
157 © Hermann-Josef Frisch, Lohmar.

Textnachweis

14 „Ein Schiff, das sich Gemeinde nennt", Text: Martin Gotthard Schneider © Gustav Bosse Verlag, Kassel.
26 „Wir haben Gottes Spuren festgestellt", Text: Diethard Zils 1981 nach dem französischen Nous avons vu les pas de notre Dieu von Michael Scouarnec 1973; Melodie: Jo Akepsimas 1973.
30 Hanns Dieter Hüsch, „Nervös (Feiertage)", aus: Hanns Dieter Hüsch, Die Bescherung, © tvd-Verlag, Düsseldorf, 2001.
50 Heinrich A. Mertens, Brot in deiner Hand (gekürzt), Pfeiffer Verlag, München, © Eva Mertens, Lüdinghausen.
52 „Komm, sag es allen weiter ...", Text: Friedrich Walz 1964, (3 Strophen), Melodie: nach dem Spiritual Go, tell it on the mountain. © Gustav Bosse Verlag, Kassel.
60 „Hört, wen Jesus glücklich preist", Text: Kurt Hoffmann / Friedrich Walz © Gustav Bosse Verlag, Kassel.
86 Kurt Marti, Leichenreden, Mit einem Vorwort von Peter Bichsel, © 2001 Nagel & Kimche im Carl Hanser Verlag, München.
92 Kurt Marti, Namenszug mit Mond. Gedichte © 1996 Nagel & Kimche im Carl Hanser Verlag, München.
96 Erich Fried, „Was es ist", aus ders., Es ist, was es ist, © Verlag Klaus Wagenbach, Berlin 1983, NA 1994.
103 Hanns Dieter Hüsch, zit. n. Christ in der Gegenwart, Herder Verlag, Freiburg Nr. 29 vom 22.07.1990.
105 Wilhelm Willms, gott ich bin auf dich zurückgekommen, aus: ders., lichtbrechung. geistliche lyrik. © 1982 Verlag Butzon & Bercker, S. 75, www. bube.de.
111/112 Ursula Wölfel, „Joschi lebt mit ...", aus: dies., Joschis Garten, © 1965 by Thienemann Verlag (Thienemann Verlag GmbH), Stuttgart – Wien.
133 „Ich liebe mich ...": Quelle unbekannt.
140 Dietrich Boenhoeffer,Widerstand und Ergebung, © by Gütersloher Verlagshaus, Gütersloh, in der Verlagsgruppe Random House GmbH, München.

Ich heiße Annika Stroll

Ich bin 12 Jahre alt und bin ______ cm groß.

Ich bin geboren am 5.6.1999 in Filderstadt

und wurde getauft am 25.7.99

Ich wohne Münsterhöh' 3 56299 Ochtendung

Ich habe braun-grüne Augen und dunkel-blond (rötlich) Haare.

Datum 20.09.2011 Unterschrift Annika Stroll

UNSERE GRUPPE

INTERVIEW

Vorname Fabienne Nachname Roß

Welche Schuhgröße hast du? 37

Was isst du am liebsten? Flammkuchen

Dein Lieblingsfach in der Schule? Französisch

Was willst du später einmal werden? ?/ Radiosprecher

Wohin möchtest du später gern einmal verreisen? Australien, Neuseeland

Deine liebste Fernsehsendung? Hotel Zack & Cody

Ein Buch, das du besonders gern gelesen hast? Erebos, Wenn Er kommt dann laufen wir, Boy 7

Was ärgert oder langweilt dich am meisten? Mathe, Kunst, Hausaufgaben,

Deine Lieblingsmusik oder Musikgruppe? Rio

Was war das aufregendste Erlebnis, das du im letzten Jahr hattest?
Zelten in Hausbay

Was würdest du als Erstes tun, wenn du Bürgermeister/in wärst?
Spielplätze renovieren

Wenn du dir einen Wunsch erfüllen könntes, was würdest du am liebsten tun?
Keinen Krieg mehr in der Welt.

» Was kannst du besonders gut? Vielleicht jonglieren, Kopfstand, ein Instrument spielen oder …?
Du kannst es allen in der nächsten Stunde zeigen.

VORNAME	NACHNAME	GEBURTSTAG	HOBBYS	UNTERSCHRIFT

Ein Spiel

Alle sitzen im Kreis. Eine(r) bekommt ein Wollknäuel, sagt seinen (ihren) Namen und z. B. das eigene Lieblingstier oder etwas anderes. Dann wirft er/sie das Wollknäuel zu einem (einer) anderen Konfirmanden(din), hält aber den freien Faden fest. Der (die) Nächste sagt wieder den eigenen Namen usw. Das entstandene Netz wird dann wieder aufgelöst, wenn der (die) Letzte das Knäuel dem (der) Vorletzten wieder zuwirft, sagt, was er (sie) von ihm (ihr) behalten hat, usw.

/// UNSERE GRUPPE /// UND WAS MEINST DU?

	trifft gar nicht zu 1	2	3	trifft völlig zu 4
Ich bin neugierig, was wir im Konfirmandenunterricht machen.	○	○	○	○
Meine Eltern haben mich zum Konfirmandenunterricht geschickt.	○	○	○	○
Ich fände es toll, wenn wir eine Freizeit machten.	○	○	○	○
Beim Konfirmandenunterricht treffe ich Freunde.	○	○	○	○
Alles, was mit dem Glauben zusammenhängt, interessiert mich eigentlich nicht.	○	○	○	○
Ich möchte gern wissen, was hier in der Gemeinde los ist.	○	○	○	○
Bei der Konfirmation sind mir die Geschenke das Wichtigste.	○	○	○	○
Ich habe Angst, dass ich im Konfirmandenunterricht etwas glauben soll, was ich vielleicht gar nicht glauben kann.	○	○	○	○
Meine Eltern haben die Entscheidung mir überlassen, ob ich zum Konfirmandenunterricht gehe oder nicht.	○	○	○	○
Wichtiger als die Geschenke bei der Konfirmation ist mir, dass ich mehr über den Glauben lerne.	○	○	○	○
Ich gehe zum Konfirmandenunterricht, weil er mir Spaß macht.	○	○	○	○

» Was ist deine Meinung?

» Weißt du, was Konfirmation bedeutet?

INTERESSANTES ZUM THEMA

Internet

www.konfiweb.de

www.reliweb.de

UNSERE GEMEINDE

Unsere Gemeinde beinhaltet folgende Orte: Plaidt, Kruft, Kretz, Saffig, Lonnig, Miesenheim, Ochtendung

» Beschreibt, was nach dem Bild alles zur Gemeinde gehört.

» In jeder Kirche gibt es etwas Schönes, Interessantes oder Besonderes zu entdecken. Was gibt es in deiner Kirche?

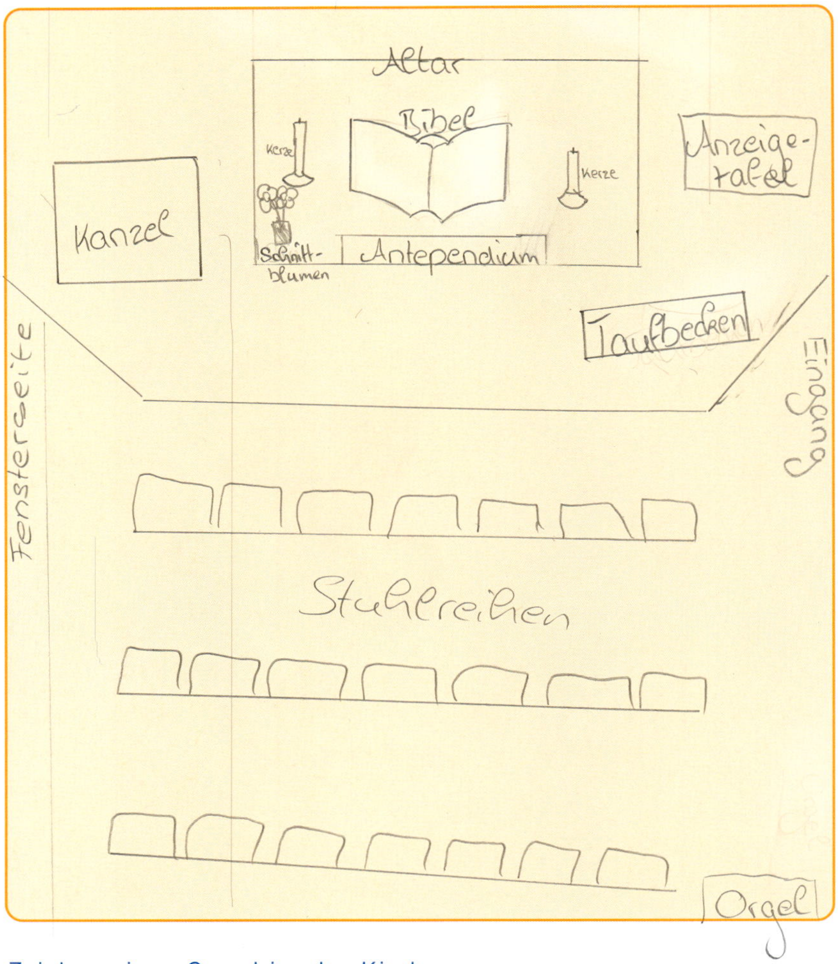

» Zeichne einen Grundriss des Kirchenraums. Markiere dabei die Position des Altars, der Orgel, der Kanzel, des Taufbeckens und auch deines Lieblingsplatzes in der Kirche. Erkunde auch die vier Himmelsrichtungen und trage sie ein!

TIPPS ZUR ERKUNDUNG DEINER KIRCHE

- Geh zunächst außen um die Kirche herum – und erst dann in die Kirche hinein. Was fällt dir auf?
- Geh mit geschlossenen Augen in der Kirche umher: Wie hört sie sich an?
- Zeichne oder male ein Kirchenfenster (oder ein Detail davon) ab, das dir gut gefällt.
- Geh auf die Kanzel und lese von dort etwas aus der Bibel vor.
- Kannst du Bibelverse oder Inschriften entdecken und entziffern?
- Gibt es Gegenstände in der Kirche, die etwas mit ihrem Namen zu tun haben?
- Suche dir einen Lieblingsplatz in deiner Kirche!
- Entzünde eine Kerze oder ein Teelicht und stelle es an den Platz, an dem du in der Kirche am ehesten ein Gebet sprechen möchtest.
- Vielleicht ist es möglich, einmal zu den Glocken der Kirche hochzugehen.

STECKBRIEF DER ______ -KIRCHE

Baujahr ______ Länge und Breite ______

Höhe des Turms ______ Zahl der Sitzplätze ______

Zahl der Fenster ______ Zahl der Glocken ______

Bilder ______

______

Besonderheiten ______

______

Unsere Kirchengemeinde heißt ______________________

zu ihr gehören __________ Gemeindemitglieder.

Die Gemeinde wird vom Presbyterium (Kirchenvorstand) geleitet. Unsere Presbyterinnen und Presbyter (Kirchenvorsteherinnen und Kirchenvorsteher) heißen:

____

____

Ihre Aufgaben sind: ______________________

____

Unsere Pfarrerinnen und Pfarrer heißen: ______________________

____

Ihre Aufgaben sind: ______________________

____

____

INTERVIEW VON MITARBEITERINNEN UND MITARBEITERN

Name ______________________ Beruf ______________________

Aufgabe in der Gemeinde ______________________ seit __________

Wie kam es dazu, dass Sie Mitarbeiterin/Mitarbeiter in unserer Gemeinde wurden?

____

____

Haben Sie dazu eine Ausbildung benötigt? ______________________

____

Bekommen Sie dafür eine Bezahlung? ______________________

Was macht Ihnen bei Ihrer Aufgabe am meisten Spaß? ______________________

____

Was ist Ihnen bei Ihrer Aufgabe am Wichtigsten? ______________________

____

Besuch am: ______________________

» Alle versammeln sich im Altarraum der Kirche. In die Mitte wird eine Kerze gestellt und angezündet.

Ich hebe meine Augen auf zu den
Bergen: Woher kommt mir Hilfe?
Meine Hilfe kommt von dem Herrn,
der Himmel und Erde gemacht hat.

Ein Schiff, das sich Gemeinde nennt, fährt durch das
Meer der Zeit. Das Ziel, das ihm die Richtung weist,
heißt Gottes Ewigkeit.
Das Schiff, es fährt vom Sturm bedroht durch Angst,
Not und Gefahr, Verzweiflung, Hoffnung, Kampf
und Sieg, so fährt es Jahr um Jahr. Und immer wieder
fragt man sich: Wird denn das Schiff bestehn?
Erreicht es wohl das große Ziel? Wird es nicht untergehn?
Bleibe bei uns, Herr! Bleibe bei uns, Herr, denn sonst
sind wir allein auf der Fahrt durch das Meer.
O bleibe bei uns, Herr!

Gott segne dich!
Er gehe dir voraus und zeige dir
den rechten Weg.
Er sei neben dir und lege seinen
Arm um dich.
Er sei hinter dir, dich zu trösten,
wenn du traurig bist.
Er sei unter dir, dich aufzufangen,
wenn du fällst.
Er sei um dich her, dich zu schützen
in der Angst.
Er sei in dir, dich zu heilen.
Er sei über dir wie die Sonne am
Himmel.
Amen

GOTTESDIENST

BERICHT

Gottesdienst am ____________ in der ____________________ Kirche

Beginn ________ Uhr Ende ________ Uhr

Wer wirkte mit? ____

____

Hatte der Gottesdienst ein bestimmtes Thema? ____________________

____

Über welchen Bibeltext wurde gepredigt? ________________________

____

Welche Lieder wurden gesungen? ______________________________

____

Wofür wurde die Kollekte eingesammelt? _________________________

____

Zahl der Gottesdienstbesucher? ______________________________

Was hat dir gefallen? ______________________________________

____

Was hat dir nicht gefallen? __________________________________

____

» Lieber Gott!
Die Kirche ist ja ganz in Ordnung, aber die Musik! Kannst du nicht ein paar neue Lieder machen?« Dein Freund Malte

Da würde ich im Gottesdienst gerne mal mitmachen:

- Die Kerzen anzünden
- Orgel spielen
- Gesangbücher verteilen
- Die Kollekte einsammeln
- Predigen
- Die Gottesdienstbesucher begrüßen
- Den Altar schmücken
- Glocken läuten
- Den Bibeltext (Schriftlesung) vorlesen
- ____________
- ____________
- ____________

SAMSTAGABEND VOR DER TAGESSCHAU

Sarah (13 J.) und Jörg (17 J.) sitzen mit ihren Eltern im Wohnzimmer:

Mutter
„Jörg, nimm die Füße vom Tisch! Du lässt dich in letzter Zeit ziemlich gehen. Was hast du morgen eigentlich vor?"

Jörg
„Ich? Na, erst einmal richtig ausschlafen. Dass mich keiner vor 12.00 Uhr weckt!"

Sarah
„Das möchte ich auch mal. Aber ich bin ja Konfirmandin, ich muss morgen früh zur Kirche."

Vater
„Was heißt: ‚Du musst zur Kirche'? Solange du zum Konfirmandenunterricht gehst, gehört das eben dazu."

Sarah
„Und hinterher nicht mehr?"

Mutter
„Ich glaube, so hat dein Vater das nicht gemeint. Ich fände es schon schön, wenn du auch später öfter mal zur Kirche gehst – und nicht so herumhängst wie dein Bruder."

Sarah
„Und warum muss ich immer allein gehen? Ihr könntet doch mal mitgehen, dann macht es mir auch mehr Spaß."

Vater
„Na ja, weißt du, bei mir ist das was anderes."

Sarah
„Wieso, das verstehe ich nicht."

Vater
„Ich gehe nur dann zur Kirche, wenn mir wirklich danach ist."

Jörg
„Das war ja in den letzten Jahren nicht oft."

» Wie könnte es weitergehen? Spielt die Szene zu Ende!

- Muss der Gottesdienst immer sonntags morgens stattfinden?
- Darf man rausgehen, wenn es einem nicht gefällt?
- Dürfen nur Pastoren oder Pastorinnen predigen?
- Muss immer die Orgel spielen oder kann es auch mal andere Musik geben?
- Warum darf man in der Kirche nicht klatschen?
- ______________________
- ______________________

» Frage deinen Pastor oder deine Pastorin. Fallen dir noch andere Fragen ein?

INFO

Jeden Sonntagmorgen laden die Glocken zum Gottesdienst ein. Drei bis vier Millionen evangelische und katholische Christen gehen in Deutschland jede Woche. Ein Gottesdienst dauert hier etwa eine Stunde, in Afrika aber mindestens doppelt so lang. Lieder, Gebete, Bibellesung, Predigt, Vaterunser und Segen kommen in jedem Gottesdienst vor, oft auch Abendmahl und Taufe. Eine starre Ordnung hat der Gottesdienst aber nicht. Es gibt auch Jugend- und Familiengottesdienste, Kinder- und Musikgottesdienste.
Der Gottesdienst ist kein Showprogramm, er lebt von der Beteiligung vieler. Wenn Jugendliche mitmachen, werden die Gottesdienste meist lebendiger – und das gefällt allen.

Im Namen des Vaters und des Sohnes und des Heiligen Geistes.
Amen

Mitten in Angst und Ärger
feiern wir, was Gott uns versprochen hat:
Mut und Freude.
Mitten in Bedrängnis und Bedrohung
feiern wir, was Gott uns versprochen hat:
Freiheit und Hilfe.
Mitten in Gewalt und Hass
feiern wir, was Gott uns versprochen hat:
Frieden und Versöhnung.
Mitten in Zweifel und Misserfolg
feiern wir, was Gott uns versprochen hat:
Glauben und Hoffnung.
Mitten in Schuld und Versagen
feiern wir, was Gott uns versprochen hat:
Vergebung und Trost.

Er hält die ganze Welt in der Hand, er hält das große All in der Hand, er hält die ganze Welt in der Hand, er hält die Welt in seiner Hand.
Er hält den Tag und die Nacht in der Hand, er hält die Erde und den Himmel in der Hand, er hält das Land und das Meer in der Hand, er hält die Welt in seiner Hand.
Er hält auch dich und mich in der Hand, er hält auch dich und mich in der Hand, er hält auch dich und mich in der Hand, er hält die Welt in seiner Hand.

Herr, du durchschaust mich, du kennst mich bis auf den Grund.
Ich kann sitzen oder stehen: Du weißt, wer ich bin und was ich denke.
Ich gehe oder liege, so bist du um mich und siehst alle meine Wege.
Noch bevor ich den Mund öffne, weißt du schon, was ich sagen will.
Von allen Seiten umgibst du mich und hältst deine Hand über mir.
Diese Erkenntnis ist mir zu wunderbar und zu hoch, ich kann sie nicht begreifen. (Psalm 139,1-6)

Der Herr segne dich und behüte dich;
der Herr lasse sein Angesicht leuchten über dir
und sei dir gnädig;
der Herr hebe sein Angesicht über dich
und gebe dir Frieden.
(4. Mose 6,24-26)

BIBEL

Dies ist die erste Seite der Gutenberg-Bibel, des ersten gedruckten Buches in der Menschheitsgeschichte. Sie beginnt mit den lateinischen Worten „In principio creavit deus ... (Am Anfang schuf Gott ...)“ und umfasst auf der ersten Seite die Schöpfungserzählung des ersten Kapitels des ersten Buches Mose. Schon in dem reich verzierten Buchstaben „I“ wird die ganze Schöpfungsgeschichte illustriert. In dem blauen Grund des „I“ sieht man den Schöpfer, während die Werke der sechs Schöpfungstage in Medaillons bunt dargestellt sind.

» Kannst du auch eine Darstellung des siebten Schöpfungstages erkennen?

EINE BIBELSTELLE FINDEN – z.B. 1 SAMUEL 16,7

Nummer des biblischen Buches, wenn es mehrere Bücher mit gleichem Namen gibt.

Name des Buches, kann auch mit 1. Sam abgekürzt werden.

Nummer des Kapitels des biblischen Buches.

Vers 7 im 16. Kapitel

» 1. Samuel 16,7, ein beliebter Taufspruch, steht im Alten Testament. Die Bücher des Alten und des Neuen Testaments findest du am Anfang der Bibel im Inhaltsverzeichnis. Was steht in 1. Samuel 16,7?

MIT DER BIBEL UMGEHEN LERNEN

Auflösung: ______________________

1 1. Könige 21,1: Weinbergbesitzer
2 Johannes 3.1.2: Ein Pharisäer, der nachts Jesus besuchte
3 1. Samuel 18,1: Sohn Sauls und Freund Davids
4 Apostelgeschichte 19,26: Eine Stadt, in der es zu Unruhen kam
5 Markus 16,1: Eine der Frauen, die am Ostermorgen zum Grab Jesu geht
6 1. Mose 29,28: Frau Jakobs
7 Amos 7,10-13: Aus diesem Ort wird Amos ausgewiesen
8 1. Thessalonicher 3,2: Ihn schickt Paulus nach Thessalonich
9 Psalm 41,14: Das letzte Wort in diesem Psalm

Wenn du alles richtig hast, ergeben die Buchstaben in den hellen Kästchen den Namen einer Stadt, die in der Bibel eine wichtige Rolle spielt.

EIN BIBELQUIZ

1 Wie viele Psalmen stehen in der Bibel?	◯ 50	◯ 150	◯ 179
2 Das Neue Testament enthält 21 Briefe. Von wem stammen die meisten davon?	◯ Petrus	◯ Judas	◯ Paulus
3 Micha, Joel und Jesaja sind Namen von	◯ Propheten	◯ Pastoren	◯ Popsängern
4 Die erste Frau, die sich nach der Apostelgeschichte (16,14 ff.) taufen lässt, war	◯ Elvira	◯ Lydia	◯ Julia
5 Welcher König hat den Tempel in Jerusalem bauen lassen? (1. Könige 6,1 f.)	◯ Herodes	◯ Caesar	◯ Salomo
6 Wo stehen folgende berühmte Stellen der Bibel?			
• Bergpredigt	◯ 4. Mose	◯ Matthäusevang.	◯ Römerbrief
• Schöpfungsgeschichte	◯ Hebräerbrief	◯ Psalmen	◯ 1. Mose
• Weihnachtsgeschichte	◯ Lukasevang.	◯ Jesaja	◯ Salomo
• Zehn Gebote	◯ 1. Petrusbrief	◯ 2. Mose	◯ Hoheslied
• »Der Herr ist mein Hirte«	◯ Psalmen	◯ Hiob	◯ Jakobusbrief
7 Wie viele Schriften enthält die Bibel insgesamt?	◯ 29	◯ 66	◯ 111

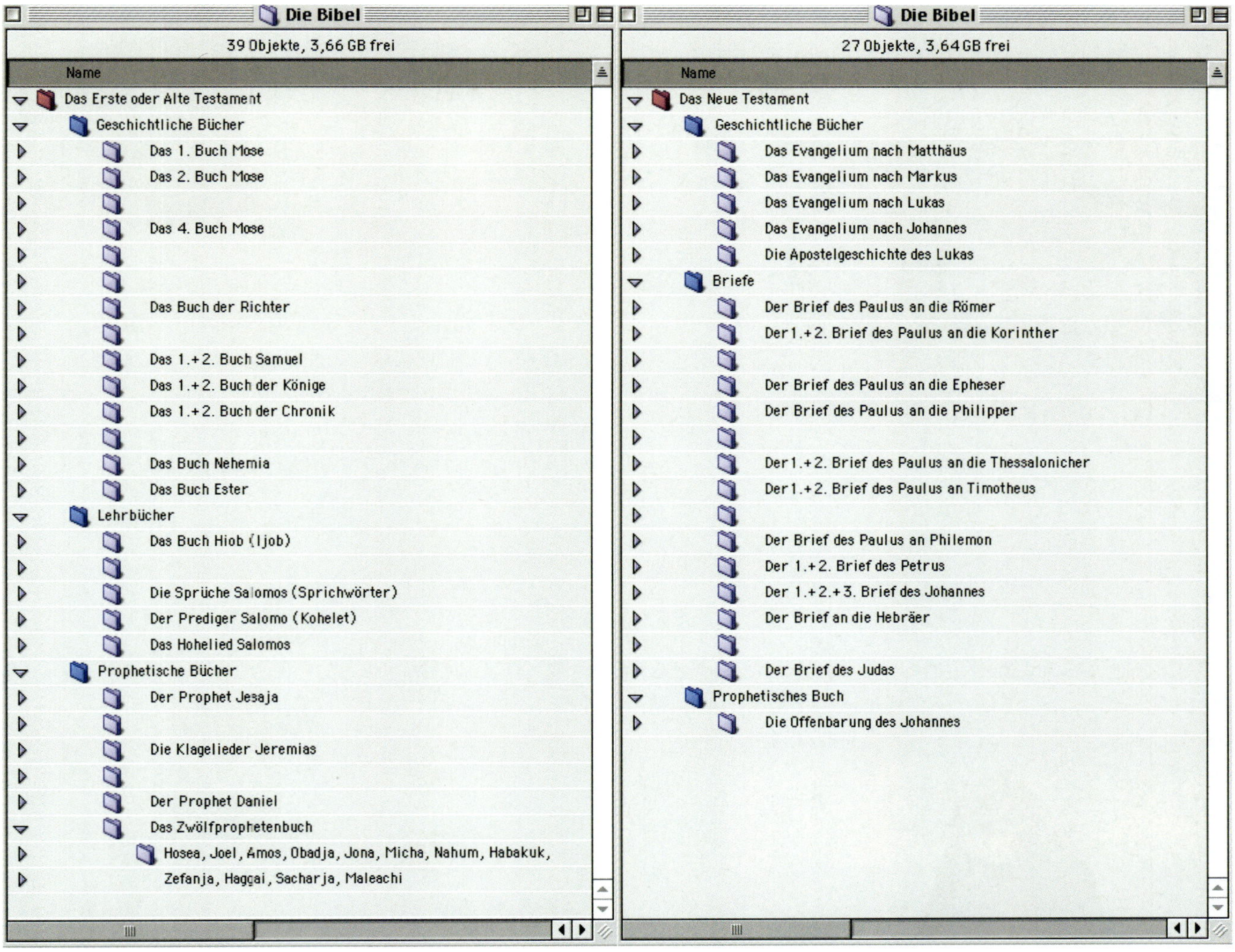

» Die Bibel – eine ganze Bibliothek!
Seht in der Bibel nach, wie die unbeschrifteten Bücher heißen!

INTERESSANTES ZUM THEMA

Internet
www.bibelserver.de
www.bibellesebund.de
www.dbg.de
www.bibel-entdecker.de

CD-Rom
Abenteuer Bibel
Geheimakte Jesus
Bibelfuchs

Comic
Die Bibel im Bild (1-15)

Bibel
Leuchtfeuer
Gute Nachricht Themenbibel

Film
Luther (DVD)

INFO

Das Wort „Bibel" stammt aus der griechischen Sprache und bedeutet „Bücher" (biblia). Denn die Bibel ist eine Sammlung von 66 Einzelschriften, 39 aus dem Alten Testament und 27 aus dem Neuen Testament. Sie sind insgesamt in einem Zeitraum von gut 1000 Jahren (900 v. Chr. bis 150 n. Chr.) entstanden. Das Alte Testament ist ursprünglich hebräisch geschrieben, das Neue Testament griechisch.

Von den Originalhandschriften ist keine erhalten geblieben. Es gibt jedoch viele alte Abschriften, alle auf Papyrus geschrieben.
Die Bibel besteht aus zwei großen Teilen: dem Alten Testament, das mit den Schöpfungserzählungen beginnt und dann ausführlich die Geschichte Gottes mit dem Volk Israel erzählt; und dem Neuen Testament, das vom Leben Jesu und von den Anfängen der Kirche handelt.

1000 (v. Chr.) Menschen erzählen an Oasen, Rastplätzen und heiligen Stätten von ihren Erfahrungen mit Gott.

500 (v. Chr.) Schreiber und gelehrte Priester schreiben mündlich überlieferte Geschichten auf, sammeln Lieder und Gesetze und stellen sie zu Büchern zusammen.

0-100 Jesus verkündet durch Worte und Taten die gute Nachricht von der Liebe Gottes zu den Menschen. Die Jünger erzählen überall, was sie mit Jesus erlebt haben. Die Worte Jesu werden gesammelt und aufgeschrieben.

1000 In Klöstern schreiben Mönche in kunstvollen Handschriften Bibeln ab und verzieren sie mit prachtvollen Malereien. Nur wenige Kirchengelehrte können diese Bibeln lesen – sie sind in Latein geschrieben.

1500 Nachdem der Buchdruck erfunden wurde, fertigen Buchdrucker in größeren Mengen Bibeln an. Durch den Buchdruck wird Martin Luthers Bibelübersetzung in ganz Deutschland verbreitet.

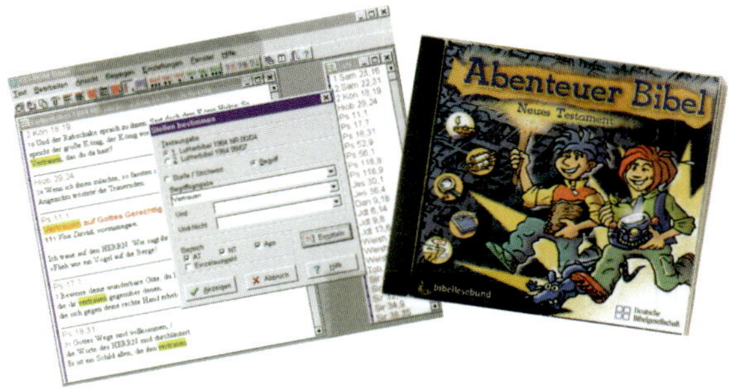

2005 Die Bibel ist das meistübersetzte (in mehr als 2200 Sprachen) und meistverkaufte (jährlich mehr als 500 Mill.) Buch der Welt. Kein Buch ist so oft verfilmt worden wie die Bibel. Längst gibt es sie auch auf Computer: Übersetzungen, Lexika, Spiele.

AUS DER GESCHICHTE EINER BIBEL

Die Bibel ist 1975 in Stuttgart gedruckt worden. Am 25. Februar 1976 wurde sie für 19,80 DM von den Großeltern der Konfirmandin Anja Lohmeyer gekauft. Anja Lohmeyer bekam die Bibel am 29. April 1976 zur Konfirmation geschenkt. Am nächsten Tag hat Anja vorn in die Bibel ihren Konfirmationsspruch geschrieben. Er steht Matthäus 5,6.

1977 Anja gehört zu einer Jugendgruppe in ihrer Gemeinde. Sie bereitet einen Jugendgottesdienst zum Thema „Die Dritte Welt und wir" vor. Anja liest in der Bibel und streicht Jesaja 1,15-17 an.

1979 In der Jugendgruppe wird viel über eine Veränderung des Gottesdienstes diskutiert. Anja entdeckt den Propheten Amos. Sie legt zu Amos 5,21-24 ein Lesezeichen in die Bibel.

1980 In der Nähe von Anjas Gemeinde soll ein Atomkraftwerk gebaut werden. In der Gemeinde wird heftig darüber diskutiert. Anjas Jugendgruppe bereitet einen Umweltstand in der Fußgängerzone vor. Das Motto des Standes hat Anja in der Bibel gefunden: Jesaja 45,18.

1983 Anja fährt zum Kirchentag nach Hannover. Dort beteiligt sie sich an einer großen Friedensdemonstration. Dabei trägt sie ein Transparent mit der Aufschrift „Schwerter zu Pflugscharen". Der Slogan stammt aus der Bibel: Jesaja 2,2-4.

1985-1991 Anja sieht nicht mehr oft in die Bibel. Ihre Bibel macht 2 Umzüge mit.

1992 Anja heiratet. Für die kirchliche Trauung sucht sie sich zusammen mit ihrem Mann einen Trauvers aus der Bibel aus. Sie entscheiden sich für Prediger Salomo 4,9-12.

1995 Ein Sohn wird geboren. Als Taufspruch wird Psalm 8,5 ausgesucht.

1999 Eine Tochter wird geboren. Diesmal wird 1. Samuel 16,7 als Taufspruch ausgesucht.

2007 Anjas Vater stirbt. Zusammen mit ihrer Mutter sucht sie Offenbarung 21,4 als Text für die Beerdigung aus.

» Welchen Bibelvers hältst du für zur Zeit besonders wichtig und aktuell?

Ihre Lieblingsverse in der Bibel

Franz Beckenbauer (ehem. Fußball-Profi): 3. Mose 19,18

Gundula Gause (Nachrichtensprecherin): Psalm 23,1

Martin Luther (Reformator): Psalm 118,17

Deine Mutter/dein Vater: ____________________

Paul Freier (Fußball-Profi): Lukasevangelium 6,42

Margot Käßmann (Bischöfin): Psalm 31,9

Euer Pastor/Eure Pastorin: ____________________

Thomas Gottschalk (Fernseh-Entertainer): Johannesevangelium 20,24-29

Deine Religionslehrerin/dein Religionslehrer: ____________________

Angela Merkel (Politikerin): 1. Korintherbrief 13,13

Du selbst: ____________________

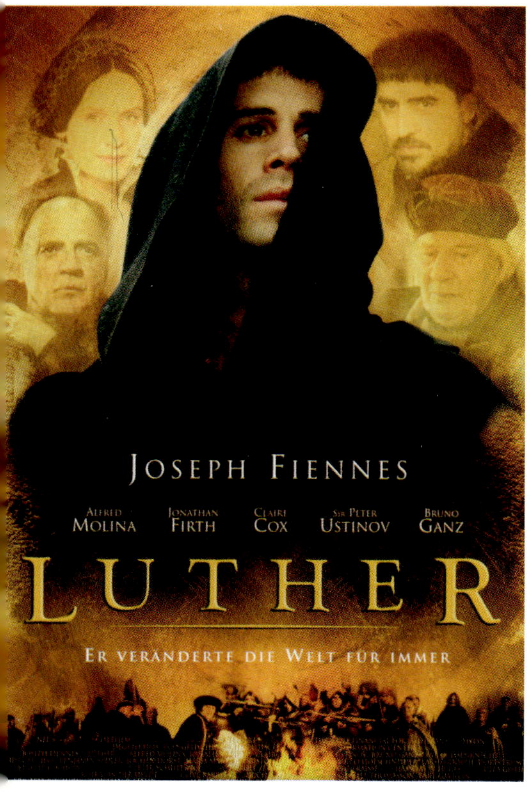

Der Vater hatte Großes mit ihm vor. Martin Luther sollte Rechtswissenschaft studieren. Doch mit 22 Jahren bricht er sein Studium ab, geht ins Kloster und wird Mönch. Der Vater tobt. Doch Martin Luther ist es ernst mit seiner Entscheidung. Er hat Angst, mit seinem bisherigen Leben vor Gott nicht bestehen zu können. Im Kloster hofft er, durch ein vorbildliches Leben die Gnade Gottes verdienen zu können. Er unterwirft sich einer strengen Disziplin, quält sich mit tagelangem Beten, Wachen und Fasten. Doch die erwünschte Ruhe findet er dabei nicht. Schließlich wird Luther Professor an der Universität Wittenberg. Dort hat er vor allem die Aufgabe, die Bibel auszulegen. Durch das Studium der Bibel gewinnt er mit der Zeit eine neue Überzeugung. Er setzt sich vor allem mit dem Römerbrief des Paulus auseinander und erkennt: Nicht durch die Vermittlung der Kirche, durch Bußübungen oder gute Werke kann der Mensch vor Gott bestehen. Allein der Glaube an Jesus Christus und das Vertrauen auf die Gnade Gottes schenken Trost und innere Ruhe.

Das ist die Wende, Luthers reformatorische Entdeckung. Immer hatte er gefragt: „Wie kriege ich einen gnädigen Gott?“ Nun begreift Luther: Gottes Gnade ist etwas, das ich umsonst bekomme. Gott beurteilt den Menschen nicht nach seinen Leistungen, sondern liebt ihn, so wie er ist.

Das ist der Grundgedanke des Evangeliums, den Luther wieder neu entdeckt hat.

MARTIN LUTHER ZEITTAFEL

1483 Am 10. November wird Martin Luther als Sohn eines Bergmanns in Eisleben/Thüringen geboren.

1505 Luther bricht sein Studium ab und wird gegen den Rat des Vaters und seiner Freunde Mönch. Er tritt in das Augustinerkloster in Erfurt ein.

1512 Luther wird Doktor der Theologie und beginnt eine Lehrtätigkeit als Professor in Wittenberg, das bis zuletzt sein Wohnort bleibt.

1517 Am 31. Oktober veröffentlicht Luther 95 Thesen gegen den Ablass*, um ein öffentliches Streitgespräch darüber zu führen. Das ist der Beginn der Reformation in Deutschland.

1520 Luther verbrennt öffentlich die päpstliche Urkunde, in der ihm der Kirchenbann angedroht wird.

1521 Auf dem Reichstag in Worms soll Luther seine Ansichten widerrufen. Er weigert sich und wird darauf vom Kaiser für rechtlos erklärt. Auf dem Rückweg von Worms wird er auf die Wartburg in Sicherheit gebracht.

1522 Luther übersetzt auf der Wartburg das Neue Testament in die deutsche Sprache.

1523 Luther dichtet seine ersten Kirchenlieder. Insgesamt werden es 37.

* Ablass: Kirchlicher Handel mit „Ablassbriefen“. Die Menschen glaubten damals, durch den Kauf dieser Briefe die Strafen verkürzen zu können, die wegen ihrer Sünden nach dem Tod auf sie warteten.

» Die Lutherrose – Luthers Wappen

Ihr könnt die Rose ausmalen:

- Kreuz: schwarz
- Herz: rot
- Rose: weiß
- Ring um die Rose: gold
- Das Übrige: blau

Könnten die Farben eine Bedeutung haben?

Auf dem Rückweg vom Reichstag in Worms lässt Kurfürst Friedrich der Weise Luther zum Schein überfallen und ihn, verkleidet als „Junker Jörg", auf der Wartburg verstecken. Luther lebt dort fast ein Jahr im Verborgenen. Er nutzt die Zeit und beginnt mit der Übersetzung des Neuen Testaments ins Deutsche. Jeder in Deutschland, ob Bauer oder Handwerker, soll das Wort Gottes selber lesen können – nicht nur die Gelehrten und die Priester, die Latein gelernt haben. Denn jeder Christ, so meint Luther, soll im Stande sein, selber in der Bibel Trost und Weisung für sein Leben finden zu können.

Zwar gab es schon vor Luther einige deutsche Bibelübersetzungen. Aber erst Luther übersetzt aus dem griechischen Urtext. Und erst ihm gelingt es, eine Sprache zu finden, die alle verstehen können. „Man muss dem Volke aufs Maul schauen, wie es redet, und danach dolmetschen", sagt er.
Für die Übersetzung des Neuen Testaments braucht Luther elf Wochen. Die 3000 Exemplare des ersten Drucks sind schnell ausverkauft, obwohl das Buch 1 1/2 Gulden kostet, so viel wie der Jahresverdienst eines Gesellen damals. In den folgenden Jahren arbeitete Luther mit Freunden auch an der Übersetzung des Alten Testaments. 1534 kam die ganze Bibel in deutscher Sprache heraus. In vielen Haushalten war sie über lange Zeit das einzige Buch.

„Sein Herz ausschütten" (1. Samuel 1,15), „Himmel und Erde in Bewegung setzen" (Haggai 2,6) oder „Ein Herz und eine Seele" (Apostelgeschichte 4,32): alles Wendungen aus Luthers Bibelübersetzung, die zur Umgangssprache geworden sind.
Weitere Beispiele kannst du an folgenden Stellen finden: Hosea 8,7 – Hiob 4,15 – Psalm 7,10 – Matthäus 17,20 – 1. Timotheus 6,10.

MARTIN LUTHER ZEITTAFEL

1525 Im Bauernkrieg erheben sich die Bauern gegen ihre Herren. Sie verlangen ihre alten Rechte und Freiheiten zurück. Luther findet die Forderungen der Bauern berechtigt, ermuntert aber später die Fürsten, den Aufstand niederzuschlagen. Im selben Jahr heiratet Luther die ehemalige Nonne Katharina von Bora.

1529 Um die evangelischen Christen in ihrem Glauben zu festigen, schreibt Luther einen Kleinen und einen Großen Katechismus.
Auf dem Reichstag in Speyer „protestieren" die Evangelischen gegen die Religionspolitik des Kaisers (daher kommt der Name „Protestanten").

1530 Die erste Zusammenfassung des reformatorischen Glaubens entsteht. Luthers Mitarbeiter Melanchthon verliest sie auf dem Reichstag in Augsburg.

1534 Die Übersetzung der ganzen Bibel in die deutsche Sprache wird abgeschlossen. Die erste Gesamtausgabe erscheint.

1546 Luther stirbt am 18. Februar in seiner Geburtsstadt Eisleben.

PSALM 23, 1-2

Übersetzung aus dem Jahr 1466 (Mentelin-Bibel)	Übersetzung Luthers von 1531
Der Herr, der richt' mich, und mir gebrast (= mangelte) nit, und an der Statt der Weide do satzt' er mich. Er fuorte mich ob dem Wasser der Wiederbringung, er bekehrt' mein Seel. Er fuort' mich aus auf die Steig der Gerechtigkeit umb seinen Namen.	Der Herr ist mein Hirte, mir wird nichts mangeln. Er weidet mich auf einer grünen Auen und führet mich zum frischen Wasser. Er erquicket meine Seele, er führet mich auf rechter Straße umb seines Namens willen.

» Welche Bibelübersetzung gibt es in eurer Konfirmationsgruppe?
Vergleicht Psalm 23,1-2 miteinander!

DIE TOP-TWENTY DER KONFIRMATIONSSPRÜCHE

Sieh, ich habe dir geboten, dass du getrost und unverzagt seist. Lass dir nicht grauen und entsetze dich nicht; denn der Herr, dein Gott, ist mit dir in allem, was du tun wirst. * Josua 1,9

Ein Mensch sieht, was vor Augen ist; Gott aber sieht das Herz an. * 1. Samuel 16,7

Der Herr ist mein Hirte, mir wird nichts mangeln. * Psalm 23,1

Und ob ich schon wanderte im finstern Tal, fürchte ich kein Unglück, denn du bist bei mir, dein Stecken und Stab tröstet mich. * Psalm 23,4

Ich will dich unterweisen und dir den Weg zeigen, den du gehen sollst; ich will dich mit meinen Augen leiten. * Psalm 32,8

Herr, deine Güte reicht, so weit der Himmel ist, und deine Wahrheit, so weit die Wolken gehen. * Psalm 36,6

Befiehl dem Herrn deine Wege und hoffe auf ihn, er wird's wohl machen. * Psalm 37,5

Denn er hat seinen Engeln befohlen, dass sie dich behüten auf allen deinen Wegen. * Psalm 91,11

Von allen Seiten umgibst du mich und hältst deine Hand über mir. * Psalm 139,5

Gott sagt: Fürchte dich nicht, ich bin mit dir, weiche nicht, denn ich bin dein Gott. Ich stärke dich, ich helfe dir auch, ich halte dich durch die rechte Hand meiner Gerechtigkeit. * Jesaja 41,10

Fürchte dich nicht, denn ich habe dich erlöst; ist habe dich bei deinem Namen gerufen. Du bist mein. * Jesaja 43,1

Selig sind die Friedensstifter, denn sie werden Gottes Kinder heißen. * Matthäus 5,9

Kommet her zu mir alle, die ihr mühselig und beladen seid; ich will euch erquicken. * Matthäus 11,28

Also hat Gott die Welt geliebt, dass er seinen eingeborenen Sohn gab, auf dass alle, die an ihn glauben, nicht verloren werden, sondern das ewige Leben haben. * Johannes 3,16

Jesus sagt: Siehe, ich bin bei euch alle Tage bis an der Welt Ende. * Matthäus 28,20

Jesus sagt: Himmel und Erde werden vergehen; aber meine Worte vergehen nicht. * Lukas 21,33

Jesus sagt: Ich bin das Licht der Welt. Wer mir nachfolgt, der wird nicht wandeln in der Finsternis, sondern wird das Licht des Lebens haben. * Johannes 8,12

Nun aber bleibt Glaube, Hoffnung, Liebe, diese drei; aber die Liebe ist die größte unter ihnen. * 1. Korinther 13,13

Einer trage des anderen Last, so werdet ihr das Gesetz Christi erfüllen. * Galater 6,2

Gott ist die Liebe; und wer in der Liebe bleibt, der bleibt in Gott und Gott in ihm. * 1. Johannes 4,16

» Lesefigur: Eine oder einer von euch liest die Bibelverse laut, langsam und deutlich vor. Jede und jeder von euch liest den Vers laut mit, der ihr oder ihm am besten gefällt.

Quint Buchholz, Der Gruß

LIED

1. Wir haben Gottes Spuren festgestellt auf unsern Menschenstraßen, Liebe und Wärme in der kalten Welt, Hoffnung, die wir fast vergaßen. Zeichen und Wunder sahen wir geschehn in längst vergangenen Tagen, Gott wird auch unsere Wege gehn, uns durch das Leben tragen.

WEIHNACHTEN

Die bekannteste Weihnachtsgeschichte aus der Bibel steht im Lukasevangelium. Lukas hat Jesus persönlich nicht mehr gekannt, seine Weihnachtsgeschichte ist kein Tatsachenbericht. Lukas hat die Geschichte vielmehr so erzählt, dass deutlich werden sollte: Jesus ist der von Gott gesandte Messias, der nach jüdischer Überlieferung in Bethlehem geboren werden sollte. Er ist „der Herr", der Retter, aber nicht der Kaiser in Rom, dem damals alle zujubeln mussten.
Er bringt den Frieden, nicht der Kaiser, der sich zwar als Friedensbringer feiern ließ, aber seine Soldaten in alle Provinzen schickte. Aber zugleich findet Jesus auch schon als Kind keine Aufnahme unter den Menschen, so wie er auch später als erwachsener Mann bekämpft und schließlich gekreuzigt worden ist.

Es begab sich aber zu der Zeit, dass ein Gebot von dem Kaiser Augustus ausging, dass sich alle Welt in Steuerlisten eintragen sollte. Es war die erste Zählung dieser Art; sie geschah zu der Zeit, als Quirinius Statthalter in Syrien war. Alle brachen auf, um sich eintragen zu lassen, ein jeder in seiner Heimatstadt.
Da machte sich auf auch Josef aus Galiläa, aus der Stadt Nazareth, in das jüdische Land, zur Stadt Davids, Bethlehem, denn er stammte aus dem Geschlecht Davids, damit er sich eintragen ließ, zusammen mit Maria, seiner Braut, die ein Kind erwartete.
Als sie dort waren, kam für sie die Zeit der Entbindung. Und sie gebar ihren ersten Sohn und wickelte ihn in Windeln und legte ihn in eine Krippe; denn sie hatten sonst keinen Raum in der Herberge.
Und es waren Hirten in dieser Nacht auf den Feldern, die hielten Wache bei ihren Herden. Da trat auf einmal der Engel des Herrn zu ihnen und der Glanz Gottes umleuchtete sie und sie fürchteten sich sehr.
Aber der Engel sprach zu ihnen: „Fürchtet euch nicht! Siehe, ich verkündige euch große Freude, die das ganze Volk erfüllen wird. Denn euch ist heute in der Stadt Davids der Retter geboren, Christus, euer Herr. Und das ist ein Zeichen für euch: Ihr werdet ein Kind finden, das, in Windeln gewickelt, in einer Krippe liegt."
Und bald stand neben dem Engel eine große Schar anderer Engel; die lobten Gott und riefen: „Ehre sei Gott in der Höhe und Friede auf Erden allen Menschen, die Gott liebt."

Nach Lukas 2,1-14

» Was steht in der Weihnachtsgeschichte?

Aussage	JA	NEIN
Josef zog aus Nazareth in Galiläa in die Davidsstadt Bethlehem.	○	○
Maria, seine Frau, war hochschwanger.	○	○
Sie ritt auf einem Esel, den Josef führte.	○	○
Der Wirt in der Herberge wollte ihnen kein Zimmer geben.	○	○
Jesus wurde mitten im kalten Winter geboren und es schneite.	○	○
Bei seiner Geburt läuteten alle Glocken Bethlehems.	○	○
Ein Ochse und ein Esel schauten bei der Geburt zu.	○	○
Hirten hielten in jener Nacht auf dem Feld Wache bei ihrer Herde.	○	○
Die Hirten brachten dem Kind Geschenke und spielten ihm auf der Flöte vor.	○	○
Jesus freute sich und segnete sie dafür.	○	○
Die Engel sangen in dieser Nacht Weihnachtslieder.	○	○
Die Krippe stand in einem Stall, rings umher waren hohe Tannen.	○	○

INTERESSANTES ZUM THEMA

Internet
www.weihnachtsgottesdienste.de
www.krippen.de

INFO

Die ersten Christen feierten die Geburt Jesu gar nicht. Viel wichtiger war Ostern, der Tag seiner Auferstehung. Später beging man den 6. Januar als den Tag der Taufe Jesu (in Russland und Griechenland wird heute noch am 6. Januar Weihnachten gefeiert). Erst seit dem 4. Jahrhundert hat sich die Feier des Weihnachtsfestes am 25. Dezember durchgesetzt – vermutlich um so das am gleichen Tag gefeierte Fest des römischen Sonnengottes zu verdrängen. Später wurde Weihnachten mit einer Zeit des Fastens und der Vorbereitung verbunden: mit der Adventszeit. Bis heute beginnt am 1. Advent in der Kirche jeweils das Kirchenjahr.

FRAGEBOGEN

1 An welches Weihnachtsfest erinnerst du dich besonders gern?

____

Warum?

____

2 Wo möchtest du Weihnachten gern sein?

- ☆ zu Hause
- ☆ bei Verwandten oder Bekannten
- ☆ auf einer Reise
- ☆ ______________________________

3 Welche Gefühle löst Weihnachten bei dir aus (höchstens 6 Worte ankreuzen!)?

☆ Appetit	☆ Freude	☆ Ärger	☆ Nachdenklichkeit
☆ Sehnsucht	☆ Gleichgültigkeit	☆ Hektik	☆ Langeweile
☆ Religiosität	☆ Feststimmung	☆ Geborgenheit	☆ Glaube
☆ Gemütlichkeit	☆ Ruhe	☆ Angst	☆ Frieden
☆ Dankbarkeit	☆ Verzauberung	☆ Wärme	☆ Zweifel
☆ __________	☆ __________	☆ __________	☆ __________

4 Was gehört für dich unbedingt zum Weihnachtsfest dazu?

- ☆ Ein festliches Essen
- ☆ Der geschmückte Tannenbaum
- ☆ Der Besuch des Gottesdienstes
- ☆ Viele Süßigkeiten
- ☆ ______________________________
- ☆ Die Geschenke
- ☆ Das Singen von Weihnachtsliedern
- ☆ Gutes Fernsehprogramm
- ☆ Besuch von Verwandten
- ☆ ______________________________

5 Welchen Sinn hat Weihnachten für dich in erster Linie (höchstens 3 Sätze ankreuzen)?

- ☆ Ich bekomme viele Geschenke.
- ☆ Die ganze Familie kommt zusammen.
- ☆ Es wird an die Geburt Jesu erinnert.
- ☆ ______________________________
- ☆ Für einige Tage gibt es keinen Krieg.
- ☆ Ich habe schulfrei.
- ☆ Es ist ein großes Geschäft.
- ☆ ______________________________

6 Was würdest du am Weihnachtsfest gern ändern?

____

____

____

Macht hoch die Tür, die Tor macht weit,
es kommt der Herr der Herrlichkeit,
ein König aller Königreich,
ein Heiland aller Welt zugleich,
der Heil und Leben mit sich bringt,
derhalben jauchzt, mit Freuden singt:
Gelobet sei mein Gott,
mein Schöpfer reich von Rat.

Worauf ich mich freue...
Kerzen anzünden,
den Adventskranz aufstellen,
Nüsse knacken,
das Zimmer gemütlich machen,
über den Weihnachtsmarkt gehen,
einen Wunschzettel schreiben,
Geschenke für Freunde überlegen,
Adventslieder singen,
mal wieder in der Bibel lesen ...
Gott: Danke!

EINE KLEINE ADVENTSFEIER

(Der Raum ist adventlich geschmückt. Die Kerzen am Adventskranz sind entzündet.)
Lied: Macht hoch die Tür.
Gebet: Worauf ich mich freue.
Jede(r) nennt seine (ihre) Wünsche zu den Adventskerzen.
Lesung: Eine Adventsgeschichte.
(Dazu gibt es Adventsgebäck.)
Lieder nach den Wünschen der Konfirmandinnen und Konfirmanden
Gebet: Vater unser
Segen
(Ein kleines Geschenk für jeden aus dem Grabbelsack.)

» Vieles, was man sich wünscht, kann man sich mit Geld nicht kaufen. Schreibe solche Wünsche zu den Kerzen auf dem Adventskranz!

FEIERTAGE

Mutter ist nervös / Vater ist nervös / Kind ist nervös / Oma ist nervös
Oma ist gekommen / Um Mutter zu helfen / Vater hat gesagt / Sei nicht nötig gewesen / Kind steht im Weg / Mutter steht im Weg / Oma steht im Weg / Vater steht im Weg / Alle ham geschafft / Mit allerletzter Kraft / Vater hat gebadet / Mutter hat gebadet / Kind hat gebadet / Oma hat gebadet
Alle ham gepackt / Und alle sind gerannt /
Und schließlich hat / Der Baum gebrannt /
Mutter ist gerührt / Vater ist gerührt / Kind ist gerührt / Oma ist gerührt
Und dann werden / Die Pakete aufgeschnürt / Mutter ist gekränkt / Vater ist gekränkt / Kind ist gekränkt / Oma ist gekränkt / Denn jeder hat dem anderen / Was Falsches geschenkt
Schwiegertochter kommt / Patentante kommt / Lieblingsbruder kommt / Großneffe kommt / Kuchen ist zu süß / Plätzchen sind zu süß / Marzipan zu süß / Und der Baum ist mies / Mutter ist beleidigt / Vater ist beleidigt / Kind ist beleidigt / Oma ist beleidigt
Frieden auf Erden / Und den Menschen ein Unbehagen
Vater hats am Magen / Mutter hats am Magen / Oma hats am Magen
Kann nichts mehr vertragen / Nach all diesen Tagen
Mutter ist allein / Vater ist allein / Kind ist allein / Oma ist allein / Alle sind allein / Doch an Ostern / Wolln alle / In jedem Falle / Wieder zusammen sein.

Hanns Dieter Hüsch

JESUS

Schon 2000 Jahre her –
hat er uns immer noch
etwas zu sagen?

/// JESUS /// WAS WISSEN WIR VON IHM?

Über 1,8 Milliarden Menschen in allen Erdteilen nennen sich Christen – nach einem Mann, der vor 2000 Jahren lebte. Mit ihm begann eine neue Zeitrechnung. Niemand kann sich vorstellen, wie die Welt aussähe, wenn er nicht gelebt hätte. Wer war dieser Mann?

PERSONENBESCHREIBUNG

Name ______________________________

Eltern ______________________________ (Matthäus 1,18)

Geschwister ______________________________ (Markus 6,3)

Aufgewachsen in ______________________________ (Lukas 4,16)

Volkszugehörigkeit ______________________________

Erlernter Beruf ______________________________ (Markus 6,3)

Tätigkeit ______________________________ (Matthäus 4,23-25 und 9,35)

____

Anhänger ______________________________ (Markus 3,13-19 und Lukas 8,1-3)

____

Verhaftung durch ______________________________ (Markus 14,43-44)

Verurteilt von ______________________________ (Markus 15,15)

Gründe für die Verurteilung ______________________________ (Markus 15,26)

____

Todesart ______________________________ (Markus 15,24-37)

Ereignisse nach seinem Tod ______________________________ (Markus 16,1-8)

____

____

INFO

Jesus war Jude. Er wurde in den letzten Regierungsjahren des Königs Herodes (40–4 v. Chr.) geboren. Er ist etwa 35 Jahre alt geworden. Seine Eltern hießen Josef und Maria, er hatte mehrere Brüder und Schwestern. Über seine Kindheit und Jugend ist nichts bekannt. Er blieb unverheiratet. Für kurze Zeit gehörte Jesus zu den Anhängern Johannes des Täufers. Von ihm ließ er sich im Jordan taufen. Mit gut 30 Jahren begann Jesus unabhängig von Johannes zu lehren und zu heilen. Sein öffentliches Wirken dauerte nicht viel länger als ein Jahr. In dieser Zeit zog er mit einer Schar von Jüngerinnen und Jüngern umher, meist in Galiläa, und verkündete den Anfang der Gottesherrschaft auf Erden. Durch sein Wirken machte sich Jesus in maßgeblichen jüdischen Kreisen Feinde. Sie lieferten ihn an die Römer aus, die ihn nach kurzem Prozess zum Tode verurteilten. Später haben die Christen die Schuld am Tode Jesu einseitig „den Juden" angelastet und damit einen Grund für grausame Judenverfolgungen geliefert.

» Wenn du Jesus etwas fragen könntest, welche Frage würdest du ihm stellen?

____

____

____

____

____

» Was erinnert in eurer Kirche und in eurem Gemeindehaus an Jesus? Versucht es zu erkunden!

In der Bibel wird erzählt ..., dass Jesus eines Tages seine Heimatstadt Nazareth verließ, in der er mit vier Brüdern und Schwestern aufgewachsen war und bis dahin als Zimmermann gelebt hatte. Er war etwa 30 Jahre alt, als er zu Johannes dem Täufer hinaus an den Rand der Wüste ging. Von ihm ließ er sich im Fluss Jordan taufen. Dabei, so erzählt die Bibel, sprach eine Stimme vom Himmel her:
„Du bist mein Sohn. Dich habe ich erwählt!"
Diese Worte geben zugleich den Eindruck wieder, den Jesus damals auf viele Menschen gemacht hat: Hier ist einer, der nicht mit normalen Maßstäben zu fassen ist; einer, der im Auftrag Gottes lebt und handelt.
Nach seiner Taufe hielt sich Jesus 40 Tage lang in der Wüste auf. Er wollte Klarheit bekommen über den Auftrag, den er in sich spürte. Dann kehrte er nach Galiläa zurück, sammelte Anhänger um sich und zog durch das Land, um von Gott zu erzählen und Menschen zu heilen.

FRAGEBOGEN

1 Was ist Jesus für dich?

- Ein gewöhnlicher Mensch
- Ein religiöser Spinner
- Eine Erfindung der Kirche
- Der Beauftragte Gottes
- Ein ungewöhnlicher Mensch
- ______________________

2 Was wollte Jesus?

- Eine neue Religion gründen
- Die Welt verbessern
- Dass die Leute in die Kirche gehen
- Den Menschen helfen
- Nichts. Alles ist ihm später angedichtet worden.
- ______________________

3 Gibt es Geschichten, die von Jesus erzählt werden, die du gerne magst?

____

____

4 Gibt es ein Jesus-Wort oder einen Jesus-Satz, der dir einfällt – und der dir gefällt?

____

____

5 Es ist schon 2000 Jahre her, dass Jesus gelebt hat. Wie erklärst du es, dass er bis heute eine solche Bedeutung hat?

____

____

____

Wenn Gott regiert, wird es sein wie bei einem Gutsbesitzer, der um 6 Uhr morgens einige Leute für die Arbeit in seinem Weinberg anstellte. Er einigte sich mit ihnen auf den üblichen Lohn von einem Denar und schickte sie in seinen Weinberg. Nach 3 Stunden ging er wieder auf den Marktplatz und sah andere da stehen, die auch noch Arbeit suchten. Er sagte auch zu ihnen: „Ihr könnt in meinem Weinberg arbeiten; ich will euch geben, was Recht ist", und sie gingen hin.
Da es im Weinberg immer noch genug zu arbeiten gab, ging er um die sechste und um die neunte Stunde nochmals hin und machte es ebenso.
Selbst als er um die elfte Stunde noch einmal hinging, fand er noch einige herumstehen und sagte zu ihnen: „Warum steht ihr hier den ganzen Tag herum?" Sie antworteten: „Es hat uns niemand eingestellt." Da sagte er: „Geht auch ihr hin in den Weinberg."
Als es nun Abend geworden war, sagte der Gutsbesitzer zu seinem Verwalter: „Ruf die Arbeiter zusammen und gib ihnen den Lohn und fang bei den letzten an bis zu den ersten."

Nach Matthäus 20,1-8

» Rechnet aus, was die einzelnen Arbeiter an Lohn bekommen!

Spielt die Geschichte weiter! Zwei von euch, die den Gutsbesitzer und den Verwalter spielen, sehen in der Bibel (Matthäus 20,9-15) nach, wie Jesus die Geschichte zu Ende erzählt hat.

Haltet ihr die Lösung für gerecht?

In der Bibel wird erzählt ..., dass Jesus seinen Zuhörern immer wieder Geschichten und Gleichnisse vom „Reich Gottes" erzählt hat. Damit meinte er nicht irgendeine ferne Zukunft, sondern Jesus war überzeugt, dass Gott schon jetzt den Menschen nahe ist und ihnen im Alltag begegnet.
Wie ein Hirte, der nicht aufhört, nach seinem verlaufenen Schaf zu suchen. Wie ein großzügiger Gastgeber, der Arme und Ausgestoßene zu einem Fest einlädt. Wie ein Weinbergbesitzer, der allen Arbeitern gibt, was sie zum Leben brauchen.
„Gott macht alles gut, ihr dürft ihm vertrauen."
Das ist Jesu Botschaft. Deswegen mutet Jesus den Menschen auch zu, schon jetzt so zu leben, als ob Gott regierte, z. B. auf Rachegedanken zu verzichten, freiwillig zu teilen, bei der guten Tat nicht auf den Lohn zu schielen und sich nicht um seine Zukunft zu ängstigen.

» Versucht die Szene auf diesem Bild durch Gesten und Körperhaltungen nachzustellen!

Rembrandt, Das Gleichnis von den Arbeitern im Weinberg, um 1650

Alle Dinge sind möglich dem, der glaubt.

Du sollst deinen Nächsten lieben wie dich selbst.

Wer groß sein will unter euch, der sei euer Diener.

Selig sind, die da Leid tragen, denn sie sollen getröstet werden.

Kommet her zu mir alle, die ihr mühselig und beladen seid, ich will euch erquicken.

Wo zwei oder drei versammelt sind in meinem Namen, da bin ich mitten unter ihnen.

Des Menschen Sohn ist gekommen, zu suchen und selig zu machen, was verloren ist.

Der Mensch lebt nicht vom Brot allein.

Richtet nicht, auf dass ihr nicht gerichtet werdet.

Was hilft es dem Menschen, wenn er die ganze Welt gewinnt und nimmt doch Schaden an seiner Seele?

Wer sich selbst erhöht, der soll erniedrigt werden; und wer sich selbst erniedrigt, der soll erhöht werden.

Selig sind, die Frieden stiften, denn sie werden Gottes Kinder heißen.

Mein Gott, mein Gott, warum hast du mich verlassen?

Liebet eure Feinde; tut wohl denen, die euch hassen; segnet, die euch fluchen; bittet für die, die euch beleidigen.

Himmel und Erde werden vergehen, aber meine Worte vergehen nicht.

Was ihr getan habt einem unter diesen meinen geringsten Brüdern, das habt ihr mir getan.

Es ist leichter, dass ein Kamel durch ein Nadelöhr geht, als dass ein Reicher ins Reich Gottes kommt.

» Welches Jesus-Wort gefällt dir am besten? Schreibe es in den leeren Kreis. Du kannst es auch grafisch gestalten. Welches Jesus-Wort hältst du für besonders aktuell? Unterstreiche es!

Jesus sagt:

Selig sind die Armen, denn ihrer ist das Himmelreich.
und nicht:
Verraten sind die Armen, denn Geld regiert die Welt.

Selig sind die Sanftmütigen,
und nicht: ______________________

____

Selig sind, die reinen Herzens sind,
und nicht: ______________________

____

Selig sind die Friedfertigen,
und nicht: ______________________

____

Ergänze die Sätze in Anlehnung an das 1. Beispiel!

INFO

Jesus hat selbst nichts Schriftliches hinterlassen:
Seine Worte und Geschichten sind erst später von seinen Anhängern gesammelt und aufgeschrieben worden. Der Evangelist Markus hat sie dann um das Jahr 70 herum zum ersten Mal in einem fortlaufenden Bericht, einem Evangelium (= Gute Nachricht), zusammengestellt. In den Evangelien, besonders im Johannesevangelium, stehen auch Worte, die Jesus so wohl nicht gesprochen hat, in denen die ersten Christen vielmehr das, was Jesus gewollt hat, zusammengefasst haben.
Es sind aber auch einzelne Worte Jesu zu Reden zusammengestellt worden, wie etwa die berühmte „Bergpredigt“ (Matthäusevangelium, Kapitel 5-7). Sie ist so wichtig und hat über 2000 Jahre hinweg eine so große Wirkung gehabt, dass jeder Christ sie einmal gelesen haben sollte.

In der Bibel wird erzählt ..., dass Jesus immer wieder Kranke geheilt hat, die zu ihm kamen oder gebracht wurden. Damals glaubte man, dass Krankheiten Strafen Gottes für irgendeine Schuld seien. Diese Vorstellung hat Jesus abgelehnt. Er hat um Kranke und Aussätzige keinen Bogen gemacht, sondern ist auf sie zugegangen. Blinde konnten sehen, Lahme gehen, Aussätzige wurden rein und Geisteskranke wieder gesund. Viele dieser Wunder kommen uns heute unwahrscheinlich vor. Das war damals nicht anders. Jesu Gegner konnten sich seine Macht nicht erklären und hielten sie für Teufelswerk. Es ist aber kaum zu bezweifeln, dass Kranke damals wirklich erfuhren, dass Jesus dort noch Macht hatte, wo sie nicht mehr weiter wussten. Jesus verstand diese Wunder als „Zeichen" – als Zeichen für die Nähe Gottes. Er hat es aber abgelehnt, durch Schauwunder seine Macht zu beweisen. Nur die Menschen erlebten Heilung, die voll Vertrauen zu ihm kamen.
Und heute? Kranke beten auch heute darum, dass Gott sie gesund macht. Aber nicht immer werden sie erhört. Manche fragen: „Wenn Jesus früher Wunder getan hat, warum tut er es heute nicht mehr?" – Oder tut er sie doch und wir merken es oft gar nicht?

Ein Aussätziger* kam zu Jesus und bat ihn um Hilfe; er fiel vor ihm auf die Knie und sagte: „Wenn du willst, kannst du machen, dass ich rein werde."

Was wird Jesus tun?

- Er wandte sich angewidert ab.
- Er hatte Mitleid mit ihm.
- Er sagte, er sei nicht zuständig.

- Er berührte ihn.
- Er achtete darauf, dass er sich nicht ansteckte.
- Er hielt Abstand zu dem Aussätzigen.

- Er verschrieb ihm Tabletten.
- Er sprach eine Zauberformel.
- Er sagte: „Ich will es. Werde rein!"

- Er sagte: Erzähle niemandem davon!"
- Es gab eine Pressekonferenz.
- Er schrieb dem Aussätzigen eine Rechnung.

Die Geschichte von Jesus und dem Aussätzigen steht im Markusevangelium (1,40-45).

* Aussatz = Lepra. Aussätzige wurden damals aus der Gemeinschaft ausgestoßen. Ihre Berührung machte unrein.

Mit 12 Jahren erkrankte Alexander an Leukämie. Er war lange in der Klinik und konnte nur selten die Schule besuchen. Anfangs besuchten ihn seine Freunde in der Klinik, doch bald kam niemand mehr. Nach einer Knochenmarktransplantation ging es Alexander für eine Zeit lang besser. Er wurde nach Hause entlassen und kam in eine neue Schulklasse. Doch dort war er eher ein Außenseiter, neue Freunde hat er nicht gefunden. Vor einem Vierteljahr hat Alexander einen Rückfall erlitten. Er weiß nicht, wie es mit ihm weitergehen wird. Seine Heilungschancen betragen 50 Prozent. Alexanders Traum ist es, wieder ganz gesund zu werden, um eines Tages wieder Fußball spielen zu können.

» Kennst du ähnliche Fälle?

Welche Hilfsmöglichkeiten für Alexander fallen dir ein?

INTERESSANTES ZUM THEMA

Internet

www.ekd.de (jesus)

Bücher

J. Quadflieg, Jesus, 1999
H. Geißler, Was würde Jesus heute sagen?, 2004
H.-M. Lübking, Die Jesus-Geschichte, 2005

In der Bibel wird erzählt …, dass Jesus sich ganz bewusst der Menschen angenommen hat, die damals gesellschaftlich und religiös verachtet waren. Prostituierten wandte er sich ebenso freundlich zu wie den wegen ihrer Zusammenarbeit mit den Römern verhassten Zöllnern. Einer von ihnen gehörte zu seinen Jüngern, mit anderen aß er und feierte Feste. Er ließ sich aber auch von den frommen Pharisäern einladen.
Nicht so bekannt ist es, dass auch Frauen zu seiner Gefolgschaft zählten. Das war etwas Auffälliges, weil Frauen in gesellschaftlichen und religiösen Fragen nicht so viel zu sagen hatten. Dasselbe galt für die Kinder, die von Jesus beachtet und menschlich ernst genommen wurden.
So hat Jesus den Menschen nie danach beurteilt, welche Rolle er in der Gesellschaft spielt, sondern welchen Wert er als Geschöpf Gottes hat.

Simon, ein Pharisäer, hatte Jesus zum Essen eingeladen. Jesus ging hin und setzte sich bei Simon zu Tisch. In der Stadt lebte auch eine Frau, die jedermann als Sünderin kannte. Als sie hörte, dass Jesus bei dem Pharisäer eingeladen war, kam sie mit einem Fläschchen voll kostbarem Salböl. Weinend trat sie von hinten an Jesus heran, und ihre Tränen fielen auf seine Füße. Sie trocknete sie mit ihren Haaren, küsste sie und salbte sie mit dem Öl.
Als Simon das sah, sagte er sich: „Wenn dieser Mann wirklich ein Prophet wäre, müsste er wissen, was das für eine Frau ist, von der er sich anfassen lässt – eine Prostituierte.“ Da sprach Jesus ihn an: „Simon, ich habe dir etwas zu sagen. Ein Geldverleiher hatte zwei Schuldner. Der eine schuldete ihm 500 Denare, der andere 50. Weil keiner von ihnen zahlen konnte, erließ er beiden ihre Schulden. Welcher wird wohl dankbarer sein?“ Simon antwortete: „Ich denke, der, dem er am meisten geschenkt hat.“
„Du hast Recht“, sagte Jesus. Er wandte sich zur Frau und sagte zu Simon: „Siehst du diese Frau? Ich kam in dein Haus und du hast mir kein Wasser für die Füße gegeben; sie aber hat mir die Füße mit Tränen gewaschen und mit ihren Haaren getrocknet.
Du gabst mir keinen Begrüßungskuss, aber sie küsste mir die Füße, seitdem sie hier ist. Du hast meine Stirn nicht mit Öl gesalbt, sie aber hat meine Füße mit kostbarem Öl übergossen. Deshalb sage ich dir: Ihre vielen Sünden sind ihr vergeben, denn sie hat viel Liebe gezeigt. Wem aber wenig vergeben wird, der liebt auch wenig.“

Nach Lukas 7,36-50

» Stellt euch vor, diese Geschichte sollte verfilmt werden! Wie könnte der Film heißen? Wer führt Regie in dieser Geschichte? Wer schrieb das Drehbuch? Wer spielt die Haupt- und Nebenrollen? Malt ein Kino-Plakat zu diesem Film!

Jana lernt vor dem Kaufhaus zwei Roma-Mädchen kennen, die sich illegal in Deutschland aufhalten. Sie lädt die beiden zu ihrem Geburtstag am nächsten Tag ein. Als sie dies ihren Eltern beim Abendessen erzählt, sind diese entsetzt …

» Könnt ihr euch vorstellen, wie das Abendessen weiter verläuft? Wie werden Janas Freundinnen reagieren, wenn die beiden Roma-Mädchen zum Geburtstag kommen? Bereitet dazu Rollenspiele vor!

Nicole geht auf dem Strich. Sie ist 18 Jahre alt und vor zwei Jahren von zu Hause abgehauen. „Mit Liebe hat das nichts zu tun, was ich mache“, sagt sie. Mit Männern hat sie schon einiges erlebt, für die meisten hat sie nur Verachtung übrig. „Die wollen nur meinen Körper“, sagt sie. „Wie es mir wirklich geht, fragt mich keiner.“

Salvador Dalí, Christus des hl. Johannes vom Kreuz, 1951

In der Bibel wird erzählt …, dass Jesus nach etwa einjähriger Wirksamkeit in Galiläa mit seinen Jüngern zum Passahfest nach Jerusalem gezogen ist. Sein Einzug in die Stadt und sein öffentliches Auftreten sorgten für großes Aufsehen, was seine jüdischen Gegner sehr beunruhigte. Als Jesus gar die Kaufleute aus dem Tempel vertrieb und den Tempelbetrieb kritisierte, griffen sie ein und ließen Jesus durch eine Tempelwache verhaften. Offenbar war dabei auch Verrat des Jüngers Judas mit im Spiel. Die jüdischen Behörden lieferten Jesus als Unruhestifer an den römischen Statthalter Pontius Pilatus aus. Ob Pilatus wirklich von der Unschuld Jesu überzeugt war, wie die Evangelien berichten, ist zweifelhaft. Er war damals als grausam und als Judenhasser bekannt. Er verurteilte Jesus zur Kreuzigung und ließ ihn vor den Toren Jerusalems an einem Ort namens Golgatha sofort hinrichten. Über seinem Kreuz ließ Pilatus eine Tafel anbringen, die den Grund für die Hinrichtung angeben sollte: „König der Juden"(INRI). So kann man sagen, dass Jesus wie ein politischer Rebell gekreuzigt wurde.

Marc Chagall, Die weiße Kreuzigung. Das Bild entstand im Jahr 1938, als in Deutschland die Synagogen angezündet wurden. Am Kreuz hängt Jesus, bekleidet mit einem jüdischen Gebetsmantel. Was siehst du sonst alles?

In allen christlichen Kirchen hängt ein Kreuz. Das Kreuz, ursprünglich ein barbarisches Materinstrument, ist zum wichtigsten Symbol des Christentums geworden. Es weist darauf hin, dass Jesus „für uns" gestorben ist.

Warum tragen viele Menschen ein Kreuz als Schmuck?

Würdest du ein Kreuz tragen?

Was bedeutet das Kreuz für dich?

In der Bibel wird erzählt ..., dass Jesus nach seinem Tod von einem angesehenen Juden, Joseph von Arimathia, in einer Grabkammer bestattet worden ist. Jesu Freunde und Anhänger waren nach seinem Tod niedergeschlagen und verzweifelt. Mit einem solchen Ende hatten sie nicht gerechnet.
Doch drei Tage nach der Kreuzigung kamen einige Frauen bestürzt und aufgeregt zu den Jüngern. Sie erzählten, das Grab Jesu sei leer. Und Jesus sei ihnen erschienen. Die Jünger glaubten den Frauen anfangs nicht, doch als sie selbst zum Grab gingen, sahen sie, dass es tatsächlich leer war.
Und auch sie sahen in den nächsten Tagen Jesus selbst – als einen Lebenden.
Nun verloren sie alle Angst, gingen in die Öffentlichkeit und verkündeten: Jesus lebt! Gott hat ihn auferweckt zu neuem Leben. Darum ist alles gültig, was Jesus von Gott erzählt hatte.
In der Folge begannen sie Gemeinden zu gründen, die trotz Verfolgung durch den römischen Staat größer wurden und sich immer mehr ausbreiteten.

» Erst durch die Auferstehung wurde der Auftritt Jesu glaubwürdig. Durch die Auferstehung wurde deutlich, dass er kein gewöhnlicher Mensch war, der einfach irgendetwas verbreitet hat ohne tieferen Sinn.« Anna, 16 Jahre

Matthias Grünewald, Auferstehung Christi, um 1512

PRO	CONTRA
⊕ Es ist unerklärlich, wie die geflohenen und verängstigten Anhänger Jesu nach einigen Tagen alle Angst verlieren, in der Öffentlichkeit auftreten und behaupten: Jesus lebt!	⊖ Es ist noch nie ein Toter ins Leben zurückgekehrt.
⊕ Nicht nur seine Anhänger, auch ein Gegner Jesu (Paulus) behauptet, ihn gesehen zu haben.	⊖ Die Anhänger Jesu hatten Halluzinationen (= Sinnestäuschungen).
⊕ Hätten seine Anhänger die Auferstehung erfunden, dann hätten sie nicht erwähnt, dass Frauen das Grab zuerst leer gefunden haben, da Frauen damals als unsichere Zeugen galten.	⊖ Sie haben den Leichnam von Jesus gestohlen und beiseite geschafft.
⊕ Viele der Jünger sind später verfolgt und hingerichtet worden. Den Glauben an den „Auferstandenen" haben sie dabei nicht widerrufen.	⊖ Sie konnten sich mit dem Kreuzestod von Jesus nicht abfinden und haben deshalb seine „Auferstehung" erfunden, um zu sagen, dass er Recht hatte und seine Sache weitergehen müsse.
	⊖ Die Menschen waren damals leichtgläubiger, als wir es heute sind. Wenn Jesus wirklich auferstanden ist, warum zeigt er sich dann heute nicht mehr?

» Sucht weitere Argumente pro und contra Auferstehung. Veranstaltet ein „Pro- und Contra-Spiel"!

Am frühen Morgen ging Jesus zum Tempel. Alles Volk kam zu ihm. Er setzte sich und lehrte es. Da schleppten die Gesetzeslehrer und Pharisäer eine Frau herbei, die beim Ehebruch ertappt worden war. Sie stellten sie in die Mitte, so dass sie von allen gesehen wurde. Dann sagten sie zu Jesus: „Meister, diese Frau wurde beim Ehebruch auf frischer Tat ertappt. In unserm Gesetz schreibt Mose vor, dass eine solche Frau gesteinigt werden muss. Nun, was sagst du dazu?" Mit dieser Frage wollten sie ihm eine Falle stellen, um einen Grund zu haben, ihn anklagen zu können. Jesus aber bückte sich nur und schrieb mit dem Finger in den Sand. Als sie nicht aufhörten zu fragen, richtete Jesus sich auf und sagte zu ihnen: „Wer von euch ohne Sünde ist, der werfe als Erster einen Stein auf sie." Und er bückte sich wieder und schrieb weiter in den Sand. Als sie das hörten, zog sich einer nach dem anderen zurück, die Älteren zuerst. Zuletzt blieb Jesus allein zurück mit der Frau, die noch immer dort stand. Er richtete sich wieder auf und fragte sie: „Wo sind sie geblieben? Ist keiner mehr da, um dich zu verurteilen?" „Keiner, Herr", antwortete sie. „Gut", sagte Jesus, „ich verurteile dich auch nicht. Geh jetzt und tu es nicht wieder."

Nach Johannes 8,2-11

Max Beckmann, Christus und die Ehebrecherin, 1917

Ich habe Jesus nicht mit meinen eigenen Augen gesehen.
Ich gehörte nicht zu den Zuhörern der Bergpredigt.
Ich stand nicht daneben, als er der Ehebrecherin vergab.
Ich saß nicht mit im Boot, als er den Sturm stillte.
Ich gehörte nicht zu den 5000, die er satt machte.
Ich war nicht dabei, als er Zachäus vom Baum holte.
Ich stand nicht dabei, als er den blinden Bartimäus heilte.
Ich war damals nicht dabei,
aber ich will auch gesund werden,
ich will auch satt werden,
ich will auch, dass mir vergeben wird.
Ich war nicht dabei, als Gott Mensch wurde.
Aber ich will ein Mensch sein, wie er, nach dem Bilde Gottes.

VERGLEICHE IHN RUHIG MIT ANDEREN GRÖSSEN

Nelson Mandela	J. F. Kennedy	Michael Schumacher	Astrid Lindgren
Anne Frank	Albert Einstein	Mahatma Gandhi	______
Bill Gates	Michael Ballack	Mutter Teresa	______
Harald Schmidt	Dalai Lama	Sophie Scholl	______

Er hält das aus. Besser allerdings: Du vergleichst ihn mit dir. (nach D. Sölle)

TAUFE

» Unter den Christen in aller Welt gibt es unterschiedliche Formen der Taufe. Was wisst ihr über diese unterschiedlichen Formen? Habt ihr schon einmal eine „andere“ Taufe erlebt? Was hat euch besonders gefallen – oder auch gar nicht gefallen?

MEINE TAUFE

Datum ______________________

Ort ______________________

____

Paten ______________________

____

Gäste ______________________

____

____

Besondere Ereignisse ______________________

____

____

____

EIN FRAGEBOGEN FÜR DEINE ELTERN

Warum habt ihr mich taufen lassen?

- Weil man nicht wissen kann, ob dem Kind etwas zustößt
- Weil das Kind zur Kirche gehören sollte
- Weil das Kind einen Namen haben sollte
- Weil wir dem Kind die Zukunft nicht verbauen wollten
- Weil wir das Kind unter den Schutz Gottes stellen wollten
- Weil es sich so gehört
- Weil sich die Verwandten sonst gewundert oder aufgeregt hätten
- Weil das Kind auch zu den Christen gehören sollte
- ______________________
- ______________________
- ______________________
- ______________________
- ______________________

Es können auch mehrere Punkte angekreuzt werden und es kann auch noch etwas hinzugefügt werden.

Ein Mann aus Äthiopien war nach Jerusalem gekommen, um dort die jüdische Religion zu studieren. Er war der Finanzminister der äthiopischen Königin, in seinem Land ein wichtiger Mann.
Doch als er in Jerusalem in den Tempel gehen wollte, wurde ihm als Nicht-Juden der Zutritt verwehrt. Damit er nicht umsonst gekommen war, kaufte er vor dem Tempel noch eine Schriftrolle. Er hoffte, darin etwas zu finden, was ihm weiterhelfen könnte.
Nun saß er wieder auf seinem Reisewagen und las laut aus dieser Rolle Worte des Propheten Jesaja.
„Verstehst du auch, was du da liest?" Erschreckt schaute der Finanzminister auf. Da lief jemand neben seinem Wagen her. „Wie kann ich es, wenn es mir niemand erklärt?" Und er bat seinen Begleiter zu sich in den Wagen.
„Ich heiße Philippus", sagte der Fremde. „Sag, wie soll ich das verstehen?", fragte der Finanzminister. „Hier steht: ‚Wie ein Schaf, das zum Schlachten geführt wird, so tut er seinen Mund nicht auf.' Von wem redet der Prophet hier?" Da fing Philippus an und erzählte ihm von Jesus. Der Finanzminister hörte immer aufmerksamer zu: Das war es, was er in Jerusalem gesucht hatte. Während sie auf der Straße dahinfuhren, kamen sie an eine Wasserstelle. Da ließ der Finanzminister anhalten und sagte: „Da ist Wasser. Was hindert mich daran, dass ich mich taufen lasse?" Beide stiegen aus, gingen zum Wasser, und Philippus taufte ihn.
Als der Finanzminister zum Wagen zurückging, war Philippus verschwunden. Der Minister aber sprang auf seinen Wagen und setzte fröhlich vor sich hin pfeifend seinen Weg fort.

Nach Apostelgeschichte 8,26-39

» Lest die Erzählung mit verteilten Rollen! Welche Unterschiede zwischen der Taufe des Finanzministers und einer Taufe im Gottesdienst eurer Gemeinde fallen euch auf?

» Versucht die Szene auf dem Bild durch Gesten und Körperhaltungen nachzustellen!
Ihr könnt auch eine andere Szene aus der Erzählung als pantomimisches Standbild darstellen.

Rembrandt, Die Taufe des Äthiopiers, um 1650

Jörg, Nicolas und Tobias sind Freunde. Sie gehen gemeinsam von der Schule nach Hause. Jörg tippt Nicolas an: „Stimmt das, Nicki, wirst du am Sonntag getauft?" – „Ja." – „Bist du denn gar nicht getauft?" – „Stell dir vor: Nein! Ist das schlimm?" – „So habe ich das nicht gemeint. Aber ich glaube, ich hätte keine Lust, mich am Sonntag vor allen Leuten in der Kirche hinzustellen und mich taufen zu lassen." – „Was ist denn dabei?", erwidert Nicolas. „Findest du es denn besser, dass du als kleines Baby getauft worden bist? Du hast doch damals noch gar nichts verstanden. Bei mir ist es wenigstens meine eigene Entscheidung." – „Ach, ich weiß nicht", antwortet Jörg. „Ich finde es ganz in Ordnung, dass meine Eltern das so gemacht haben. Auch wenn ich nichts verstanden habe. Aber so gehört man doch irgendwie gleich dazu. Ich meine: zur Kirche und so. Außerdem hatte ich so von Anfang an Paten."
Da mischt sich Tobias ein: „Meine Paten kümmern sich gar nicht um mich. Nimmst du denn auch noch Paten, Nicki? Die musst du dir aber gut aussuchen." – Nicolas lacht: „Habe ich auch! Im Gegensatz zu euch. Ihr konntet euch eure Paten ja nicht aussuchen."
Jörg sieht Nicolas an: „Mal ehrlich, Nicki! Warum lässt du dich denn jetzt taufen?" ...

» Was könnte Nicolas antworten? Überlegt euch einige Gründe und setzt dann das Gespräch mit verteilten Rollen fort!

TAUFE

Mit der Taufe wird man Mitglied in der Kirche. Diese Regel gilt in allen christlichen Kirchen. In den Anfängen des Christentums waren es Erwachsene, die sich taufen ließen; aber schon bald wurden auch Kinder getauft, um zu zeigen, dass Gottes Liebe nicht von unserer Einsicht und unserem Glauben abhängt. Denn die Taufe ist Gottes „Ja" zu einem Menschen – ein Ja, das an keine menschliche Voraussetzung gebunden ist. Durch die Taufe werden wir aber auch eins mit dem gekreuzigten und auferstandenen Jesus Christus. Deswegen wird ein Täufling mit dem Kreuz gezeichnet und mit Wasser getauft. Er gehört nun zu Jesus – der Anfang eines neuen Lebens.
In fast allen christlichen Kirchen (Ausnahme: Baptisten) ist heute die Kindertaufe verbreitet. Meistens wird dabei dreimal Wasser über den Kopf des Kindes gegossen, in der orthodoxen Kirche und bei den Baptisten wird der Täufling jedoch ganz untergetaucht.
Wer einmal getauft ist, braucht, wenn er die Konfession wechselt, nicht „wiedergetauft" zu werden. Die Taufe ist einmalig, sie gilt in allen christlichen Kirchen und wird auch durch einen eventuellen Kirchenaustritt nicht rückgängig gemacht.

Würdet ihr eure Kinder taufen?

- ○ Mein Kind soll von Anfang an zur Kirche gehören.
- ○ Ein Säugling kann die Taufe doch noch gar nicht verstehen. Mein Kind soll erst einmal etwas älter werden.
- ○ Wenn mein Kind getauft wird, hat es später keine Nachteile.
- ○ Mein Kind soll später selbst entscheiden, ob es getauft werden will oder nicht.
- ○ Ich würde mein Kind taufen. Wenn es das will, könnte es später immer noch aus der Kirche austreten. Aber es hätte dann die Kirche wenigstens kennen gelernt.
- ○ Mit der Taufe möchte ich Gott auch für mein Kind danken.
- ○ ______________________
- ○ ______________________

Kreuzt das Argument an, das euch am meisten einleuchtet! Fallen euch noch andere Argumente pro und contra Kindertaufe ein?

TAUFE – WIE MACHE ICH DAS?

Ursprünglich durften nur Bischöfe eine Taufe vollziehen. Heute wird ein Kind oder ein Erwachsener in aller Regel von einer Pfarrerin oder einem Pfarrer getauft. Aber was ist, wenn ein noch nicht getauftes Kind in Lebensgefahr ist und eine Pfarrerin oder ein Pfarrer nicht mehr herbeigerufen werden können? Dann kann jeder Christ eine „Nottaufe" vornehmen – also auch du.

Wer tauft, spricht (und segnet dabei den Täufling mit dem Zeichen des Kreuzes):
Herr Jesus Christus, nimm dieses Kind an in deiner Barmherzigkeit.
Die oder der Taufende gießt mit der Hand dreimal Wasser (Achtung: am besten warmes Leitungswasser) über die Stirn des Täuflings und spricht:
(N.N.), ich taufe dich im Namen des Vaters und des Sohnes und des Heiligen Geistes. Amen. Der Friede des Herrn sei mit dir.

Alle beten: Vater unser ...

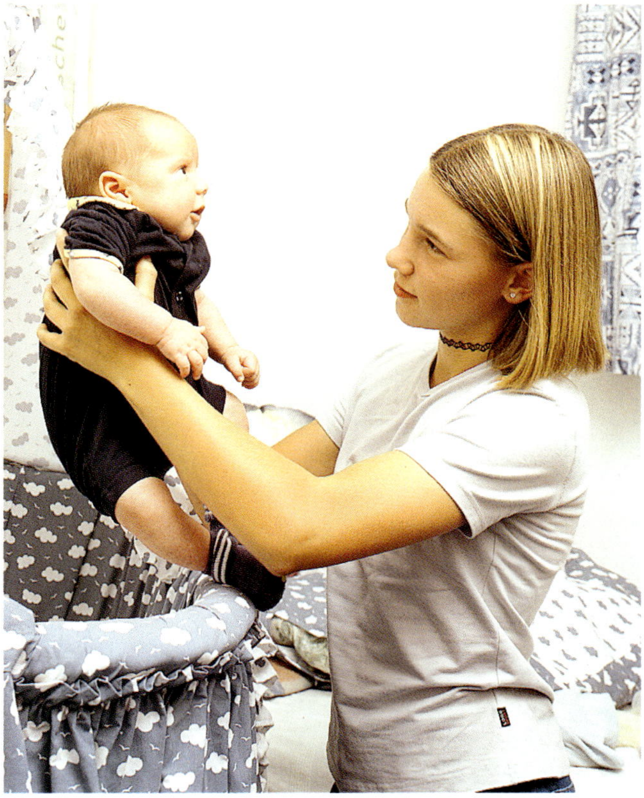

» Wer kennt Beispiele von Nottaufen? Und wenn ein Kind ungetauft stirbt...? Diskutiert die Frage mit eurer Pfarrerin/eurem Pfarrer!

Paula ist schon fast ein Jahr alt, nun wollen ihre Eltern, Claudia und Thomas K., sie taufen lassen. Ihnen fehlt aber noch ein Pate. Sie haben an Claudias Nichte Lisa gedacht, die vor einem Jahr konfirmiert worden ist.
Claudia: „Du magst die Paula doch so gern. Und da wollten wir dich fragen, ob du nicht Patentante werden könntest." – Lisa: „Ich?" – Thomas: „Ja du. Meine Schwester Heike, du kennst sie doch, hat auch schon zugesagt." – Lisa: „Das kommt so überraschend. Ich weiß nicht ... Ja, Paula ist echt nett. Aber Patentante, das ist so viel Verantwortung. Ich weiß nicht, ob ich das kann." – Claudia: „Ach Lisa, enttäusch uns nicht. So ernst musst du das doch gar nicht nehmen. Du magst Paula doch." – Lisa: „Auf jeden Fall. Es richtet sich auch nicht gegen euch. Aber wenn ich so etwas verspreche, dann nehme ich das auch ernst. Und das traue ich mir noch nicht zu." – Thomas: „Mensch Lisa, so fromm kenne ich dich ja gar nicht."

» Wenn du konfirmiert bist, kannst du Patin oder Pate werden – auch wenn du erst 14 oder 15 Jahre alt bist. Welche Aufgaben von Patinnen oder Paten hältst du für wichtig?

- An den Geburtstagen des Patenkindes anrufen ◯
- Die Eltern bei der christlichen Erziehung unterstützen ◯
- Ansprechpartner für das Kind sein, wenn es Konflikte mit den Eltern hat ◯
- Geschenke „abdrücken" ◯
- Zur Stelle sein, wenn den Eltern etwas zustößt ◯
- Für das Kind beten ◯
- Vorbild für den christlichen Lebensstil sein ◯
- Anteil nehmen an der Entwicklung des Kindes ◯
- ____________________ ◯
- ____________________ ◯
- ____________________ ◯

Ergänze die Antworten und kreuze die an, die du für richtig hältst!

Die Taufkerze wird angezündet

Als ihr getauft wurdet, leuchtete auf dem Altar eine Taufkerze. Sie erinnert an Jesus, der gesagt hat: „Ich bin das Licht der Welt. Wer mir folgt, der wird nicht im Dunkeln sein.“ Wer Jesus folgt, der wird selbst zum Licht für andere Menschen.

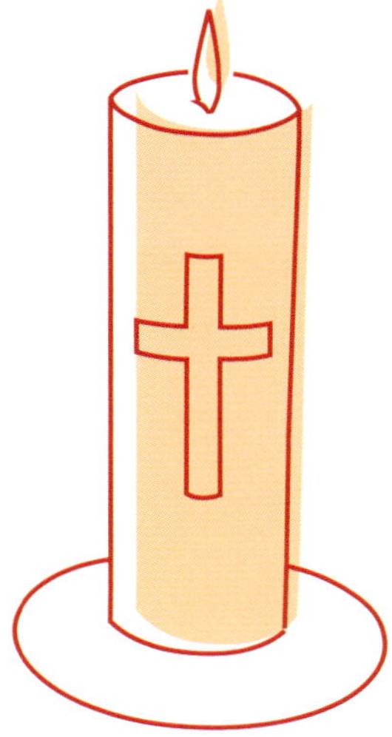

Die Namen der einzelnen Konfirmandinnen und Konfirmanden werden vorgelesen …

Jeder Mensch hat einen eigenen Namen: Jede und jeder ist eine unverwechselbare Persönlichkeit. In deiner Taufe ist dein Name mit dem Namen Gottes verbunden worden. Du bist „auf den Namen des Vaters und des Sohnes und des Heiligen Geistes“ getauft. Gott sagt: „Fürchte dich nicht. Ich habe dich erlöst, ich habe dich bei deinem Namen gerufen. Du bist mein.“

Das Kreuz erinnert an Jesus Christus: sein Leben, sein Tod, seine Auferstehung.

Bei eurer ein Kreuz gezeichnet

Taufe ist euch auf die Stirn worden –

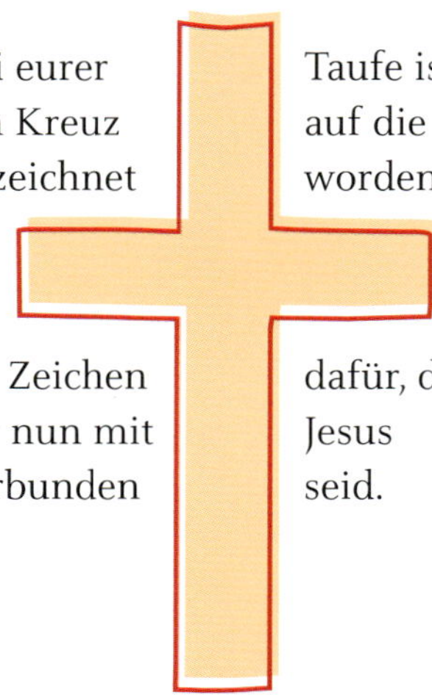

als Zeichen ihr nun mit verbunden

dafür, dass Jesus seid.

Die Konformandinnen und Konfirmanden bekommen jeweils ein kleines Holzkreuz.

Segen

Gott, der dich überall und zu jeder Zeit hört und sieht,
schütze dich und behüte dich,
begleite dich auf all deinen Wegen
und lasse dich in seinem Frieden leben.
Amen.

Leonardo da Vinci, Abendmahl (1496–1498)

Leonardo malte dieses Bild auf die Wand des Speisesaales des Klosters S. Maria delle Grazie in Mailand.

(Leider kann man nicht mehr alles gut erkennen, weil das Bild schlecht erhalten ist.)

Festgehalten ist der Augenblick, in dem Jesus ankündigt, dass einer seiner Jünger ihn verraten wird. Entsetzt sind die Jünger aufgefahren und diskutieren miteinander. Judas, mit der einen Hand einen Beutel haltend, sitzt mitten unter den Jüngern. Jeder kann zum Verräter werden. Das sollten die Mönche begreifen, die jeden Tag in ihrem Kloster auf das Bild sahen. Die eine Seite des Tisches bleibt leer. Brot liegt bereit. Jesus lädt die Betrachter ein, am Tisch Platz zu nehmen.

Mit großer Genauigkeit malte Leonardo die Köpfe Jesu und der Jünger. Tagelang durchstreifte er die Plätze und Straßen Mailands, um Personen zu finden, die ihm Modell stehen sollten. Schließlich fehlte nur noch der Kopf des Judas (4. von links). Er fand und fand kein Modell. Der Prior (leitender Mönch) des Klosters beschwerte sich darüber beim Herzog von Mailand. Der bestellte Leonardo zu sich und fragte ihn, warum sein Bild nicht fertig werde. Leonardo antwortete: „Mir fehlte noch ein Schurkengesicht für den Judas. Aber jetzt habe ich es gefunden. Ich nehme den Prior."

ABENDMAHL

» Welche Bewegungen und Gesten fallen besonders auf? Ihr könnt versuchen, die Bildszene nachzustellen und die Gesten und die Mimik der abgebildeten Personen zu imitieren.

BERICHT ÜBER EINEN ABENDMAHLSGOTTESDIENST

Datum ______________________ Ort ______________________

Zahl der Teilnehmer ______________ Mitwirkende ______________________

____

Verlauf ______________________ Dauer ______________________

Meine Eindrücke ______________________________________

____

____

Gut fand ich... ______________________________________

____

____

Nicht gefallen hat mir... ______________________________

____

____

Nicht verstanden habe ich... ____________________________

____

____

» Besucht einen Abendmahlsgottesdienst in eurer Gemeinde!
Stellt eure Beobachtungen zu einem Bericht zusammen!

INTERVIEW

Was könnte man eine Pastorin oder einen Pastor zum Abendmahl fragen? Vielleicht: „Sind Sie für Wein oder Traubensaft beim Abendmahl?" Oder: „Warum lacht keiner beim Abendmahl?" Bestimmt fallen euch noch andere Fragen ein.

» Setzt euch in Gruppen zusammen und überlegt gemeinsam, was ihr zum Abendmahl fragen wollt. Wählt schließlich pro Gruppe eine(n) Vertreter(in) aus, der oder die die Pastorin oder den Pastor zum Abendmahl interviewt.

INTERESSANTES ZUM THEMA

Internet

www.dafeg.de (Abendmahl)

Am Abend vor seinem Tod ist Jesus mit seinen Freunden zusammen. Sie feiern das Passahfest ihres Volkes. Jemand hatte ihnen in einem vornehmen Haus einen Raum überlassen. Dort ist alles vorbereitet: Der Tisch ist mit Brot und Wein gedeckt, das Passahlamm ist gebraten, die Kräuter stehen bereit. Jesus und seine Freunde liegen auf flachen Polstern um den Tisch, sie reden miteinander, sie essen und trinken.
Doch dann wird dieses Passahmahl ganz anders. Jesus weiß, dass dies das letzte Mahl für ihn ist. Er sagt: „Amen, ich sage euch, einer von euch wird mich verraten." Seine Freunde reagieren bestürzt. Einer nach dem anderen fragt: „Doch nicht etwa ich?" „Einer von euch wird es tun", sagt Jesus. „Einer, der mit mir aus derselben Schüssel isst."
Während sie alle essen, nimmt Jesus das Brot, spricht ein Dankgebet, bricht es in Stücke und gibt es den Freunden: „Nehmt und esst! Das ist mein Leib, der für euch gegeben wird." Dann nimmt er den Becher mit Wein, spricht noch einmal ein Dankgebet, reicht ihn den Freunden und sie trinken alle daraus. Jesus sagt zu ihnen: „Nehmt und trinkt alle daraus! Dieser Kelch ist der neue Bund in meinem Blut, das für euch vergossen wird zur Vergebung der Sünden. Solches tut, so oft ihr es trinkt, zu meinem Gedächtnis!"
Und er fügt hinzu: „Ich sage euch: Von nun an werde ich keinen Wein mehr trinken, bis ich zusammen mit euch trinken werde im Reich Gottes." Danach singen sie zusammen ein Loblied und gehen in die Nacht hinaus.

Nach Markus 14,12–26

Was Jesus mit dem Abendmahl sagen wollte, haben seine Freunde erst später begriffen: Wie das Brot, so wurde auch sein Leib zerbrochen.
Wie der Wein, so wurde auch sein Blut vergossen. Jesus, der Schuldlose, starb für uns, die Schuldigen: als Zeichen für die neue Verbundenheit zwischen Gott und den Menschen. Wenn wir im Namen Jesu zusammenkommen, miteinander Brot essen und Wein trinken, dann geht die Geschichte Jesu weiter.

Abendmahlsszene aus dem Film „Jesus von Nazareth" von Franco Zeffirelli

» Vergleiche die Darstellung mit der Beschreibung des Markusevangeliums (oben auf der Seite!) sowie mit einer gottesdienstlichen Abendmahlsfeier in deiner Gemeinde!
Welche Unterschiede fallen dir auf?

INFO

Am Abend vor seinem Tod feierte Jesus mit seinen Jüngern das jüdische Passamahl. Jesus gab dem Mahl einen neuen Sinn: Er deutete Brot und Wein als Zeichen seines bevorstehenden Todes und versprach seinen Jüngern auch in Zukunft beim Abendmahl selbst unter ihnen zu sein.
Zuerst feierten die Christen das Abendmahl als eine richtige Mahlzeit. Daraus wurde mit der Zeit eine gottesdienstliche Feier, die in der katholischen Kirche „Eucharistie" (= Danksagung) genannt wird. Nach katholischem Verständnis verwandelt der Priester Brot und Wein in jeder Messe in Leib und Blut Jesu Christi.
Von der Gegenwart Jesu im Abendmahl sind auch die Evangelischen überzeugt. Sie glauben aber nicht an eine herausgehobene Funktion des Priesters beim Abendmahl. Darum können Evangelische und Katholiken bis heute in der katholischen Kirche nicht zusammen das Abendmahl feiern.

BROT IN DEINER HAND

An der Jakobstraße in Paris liegt ein Bäckerladen, da kaufen viele hundert Menschen ihr Brot. Der Besitzer ist ein guter Bäcker. Aber nicht nur deshalb kaufen die Leute des Viertels dort gern ihr Brot. Noch mehr zieht sie der alte Bäcker an: der Vater des jungen Bäckers. Meistens ist nämlich der alte Bäcker im Laden und verkauft. Dieser alte Bäcker ist ein spaßiger Kerl. Manche sagen: Er hat einen Tick. Aber nur manche; die meisten sagen: Er ist weise, er ist menschenfreundlich. Einige sagen sogar: Er ist ein Prophet. Aber als ihm das erzählt wurde, knurrte er vor sich hin: „Dummerei ..."
Der alte Bäcker weiß, dass man Brot nicht nur zum Sattessen brauchen kann, und gerade das gefällt den Leuten. Manche erfahren das erst beim Bäcker an der Jakobstraße – zum Beispiel der Autobusfahrer Gérard, der einmal zufällig in den Brotladen an der Jakobstraße kam.
„Sie sehen bedrückt aus", sagte der alte Bäcker zum Busfahrer. „Ich habe Angst um meine kleine Tochter", antwortete der Busfahrer Gérard. „Sie ist gestern aus dem Fenster gefallen, vom 2. Stock!" „Wie alt?", fragte der Bäcker. „Vier Jahre", antwortete Gérard. Da nahm der alte Bäcker ein Stück vom Brot, das auf dem Ladentisch lag, brach zwei Bissen ab und gab das eine Stück dem Busfahrer. „Essen Sie mit mir", sagte der alte Bäcker zu Gérard, „ich will an Sie und Ihre kleine Tochter denken."
Der Busfahrer hatte so etwas noch nie erlebt, aber er verstand sofort, was der alte Bäcker meinte, als er ihm das Brot in die Hand gab. Und sie aßen beide ihr Brotstück und schwiegen und dachten an das Kind im Krankenhaus.
Zuerst war der Busfahrer mit dem alten Bäcker allein. Dann kam eine Frau herein. Sie hatte auf dem nahen Markt zwei Tüten Milch geholt und wollte nun eben noch Brot kaufen. Bevor sie ihren Wunsch sagen konnte, gab ihr der alte Bäcker ein kleines Stück Weißbrot in die Hand und sagte: „Kommen Sie, essen Sie mit uns: Die Tochter dieses Herrn liegt schwer verletzt im Krankenhaus – sie ist aus dem Fenster gestürzt. Vier Jahre ist das Kind. Der Vater soll wissen, dass wir ihn nicht allein lassen."
Und die Frau nahm das Stückchen Brot und aß mit den beiden.

Heinrich A. Mertens

Im Gottesdienst in feierlicher Runde vor dem Altar

⊕ **PRO**
Das Abendmahl ist etwas Besonderes, es erinnert an den Tod Jesu. Dazu gehört Feierlichkeit und Würde.

⊖ **CONTRA**
Das Abendmahl wird so zu einer ernsten und steifen Angelegenheit.

Wie siehst du das? ______________________

____

____

Als richtige Mahlzeit

⊕ **PRO**
Beim Abendmahl geht es auch darum, miteinander zu teilen und Gemeinschaft zu haben.

⊖ **CONTRA**
Das Essen und Trinken wird dann wichtiger als das Abendmahl.

Wie siehst du das? ______________________

____

____

Mit Kindern

⊕ **PRO**
Jesus hat gesagt: Lasset die Kinder zu mir kommen! Warum sollen sie dann vom Abendmahl ferngehalten werden?

⊖ **CONTRA**
Das Abendmahl ist eine Überforderung für die Kinder.

Wie siehst du das? ______________________

____

____

Alle sitzen um einen großen Tisch (oder zusammengesetzte Tische). Die Konfirmandinnen und Konfirmanden haben den Tisch mit Tischdecken, Blumen, Kerzen und Teelichtern geschmückt. Jede und jeder von ihnen hatte einen Euro bekommen und von dem zusammengelegten Geld sind Brot, Saft, Weintrauben und andere Lebensmittel gekauft worden. Alles liegt schön zubereitet auf dem Tisch.

Gott ist unser Vater. Er hat alles geschaffen: Menschen, Tiere und Pflanzen. Von ihm kommt alles Leben.
(Eine erste Kerze wird angezündet.)
Jesus ist unser Bruder. Er weist keinen Menschen ab und ist jedem nah, der nach ihm fragt.
(Eine zweite Kerze wird angezündet.)
Mit seinem Geist ist Gott in der Welt. Er macht uns Mut, für Frieden und Gerechtigkeit zu kämpfen.
(Eine dritte Kerze wird angezündet.)

Komm, sag es allen weiter, ruf es in jedes Haus hinein.
Komm, sag es allen weiter; Gott selber lädt uns ein.

1. Sein Haus hat offene Türen, er ruft uns in Geduld, will alle zu sich führen, auch die mit Not und Schuld.
2. Wir haben sein Versprechen: Er nimmt sich für uns Zeit, wird selbst das Brot uns brechen, kommt, alles ist bereit.
3. Zu jedem will er kommen, der Herr in Brot und Wein. Und wer ihn aufgenommen, wird selber Bote sein.

Gebet
Wir sitzen um einen Tisch, um gemeinsam zu essen. So wie Jesus damals, der mit vielen Menschen gegessen und getrunken hat und ihnen so seine Freundschaft geschenkt hat. Jesus, sei nun auch bei uns und segne uns. Amen

Gebt euch das Brot gegenseitig weiter. Esst es langsam und bewusst – und erzählt euch, wie es war, als ihr einmal richtig Hunger hattet.
Gebt euch auch den Saft gegenseitig weiter – und erzählt, wie ihr einmal richtig Durst hattet.

Jesus erzählt ein Gleichnis vom Reich Gottes:
Ein Mann veranstaltete ein großes Festmahl und lud dazu viele angesehene und bekannte Leute ein. Bevor das Festmahl begann, schickte er seinen Boten zu den Eingeladenen und ließ ihnen sagen: „Kommt, es ist alles vorbereitet.“ Da fingen die Gäste nacheinander an, sich alle zu entschuldigen. „Ich habe einen Acker gekauft“, sagte der Erste, „ich muss hingehen, um ihn mir anzusehen. Bitte, entschuldige mich!“ „Ich habe fünf Ochsengespanne gekauft“, sagte der Zweite, „die muss ich mir ansehen. Bitte, entschuldige mich!“ Und der Dritte sprach: „Ich habe geheiratet, ich kann nicht kommen. Das wirst du verstehen. Bitte, entschuldige mich!“ Als der Herr das von seinem Boten erfuhr, wurde er zornig: „Geh hinaus auf die Straßen und in jeden Winkel der Stadt. Hole die Armen und die Behinderten, die Blinden und die Lahmen. Alle sollen sie kommen.“ Der Bote ging los und holte alle in das festlich geschmückte Haus. „Es ist immer noch Platz“, sagte er zu seinem Herrn. Und der Herr antwortete ihm: „Dann geh noch einmal vor die Tore der Stadt, geh an die Hecken und Zäune, zu denen, die immer abseits stehen. Alle sollen sie kommen, damit mein Haus voll wird. Die andern aber, die ich eingeladen hatte, mögen bleiben, wo sie sind.“
Nach Lukas 14,16-24

Nach dem Essen: Die Teelichter werden auf dem Tisch in Form eines Kreuzes zusammengestellt. Alle singen das Vater-unser-Lied.

Segen
Gott, wir bitten dich: Segne uns! Halte deine schützenden Hände über uns und gib uns deinen Frieden. Amen

KIRCHE

Lyonel Feininger, Marktkirche in Halle, 1930
Feininger wollte kein fotographisch genaues Bild der Kirche malen, sondern in dem Bild darstellen, wie sie auf ihn wirkt und was sie für ihn bedeutet. Dabei waren ihm die Farben besonders wichtig.

» Beschreibe das Bild und berichte, wie es auf dich wirkt!

KINDERGARTENLEITERIN

„Seit sechs Jahren bin ich die Leiterin des Evangelischen Kindergartens. Wir arbeiten insgesamt mit acht Kolleginnen und haben 73 Kinder in unserer Einrichtung. Ich bin Erzieherin geworden, weil ich gern mit Kindern zusammen bin, mich aber auch sehr für pädagogische Fragen interessiere. Ich freue mich, dass ich in einem evangelischen Kindergarten arbeite. Wir haben einen engen Kontakt zur Kirchengemeinde, der für den Kindergarten ein großer Gewinn ist. Wir bereiten Familiengottesdienste vor, beteiligen uns am Gemeindefest und am Basar und besuchen ab und zu den Seniorenkreis. Das macht allen großen Spaß. Außerdem arbeite ich im Gemeindebeirat mit und kann so in vielen Fragen mitentscheiden." (Maren S., 39 J.)

KIRCHENMUSIKER

„Als Jugendlicher habe ich Posaune geblasen und in einer Band gespielt. So bin ich zur Kirchenmusik gekommen. Jetzt bin ich für zwei Kirchengemeinden zuständig. In der einen Gemeinde leite ich den Kirchenchor und spiele sonntags im Gottesdienst die Orgel. In der anderen leite ich den Posaunenchor und eine Singschule für Kinder, die ich aufgebaut habe. Außerdem spiele ich bei Hochzeiten und Beerdigungen. Es ist manchmal alles ein bisschen viel, aber die Arbeit macht mir trotzdem großen Spaß. Vor allem freut es mich, dass jetzt so viele Kinder mitmachen. Wenn wir Konzerte geben, ist die Kirche immer voll. Dann merkt man, dass man die Menschen über die Kirchenmusik erreichen kann." (Gerolf J., 34 J.)

INTERVIEW MIT NORA (16 J.)

Sie ist seit zwei Jahren Mitglied im Gospel-Chor ihrer Kirchengemeinde. Außerdem fährt sie als Teamerin bei Jugendfreizeiten mit und ist Jugendvertreterin im Beirat der Gemeinde.

Frage
Warum hast du nach der Konfirmation angefangen, in der Kirchengemeinde mitzuarbeiten?

Nora
Das stimmt so nicht ganz. Ich habe schon während der Konfirmandenzeit beim Gospel-Chor angefangen. Unser Jugendmitarbeiter ist damals in die Konfirmandengruppe gekommen und hat gefragt, wer mitsingen will. Außer mir waren es noch zwei Mädchen. Aber Teamerin bei Freizeiten bin ich erst nach der Konfirmation geworden.

Frage
Und was sagen deine Freundinnen dazu?

Nora
Mit denen ist das nicht so ein Problem, Sarah und Jenny singen ja auch mit. Aber es gibt welche in meiner Klasse, die finden alles doof, was mit der Kirche zu tun hat. Ein Junge hat neulich gesagt: „Grüß meine Oma in der Kirche von mir!" Dabei haben die null Ahnung. Die glauben, wir würden da nur Hände falten und dürften keine eigene Meinung mehr haben. Viele Leute kritisieren die Kirche und kennen sie überhaupt nicht.

Frage
Hast du denn gar keine Kritik an der Kirche?

Nora
Doch! Ich finde die Gottesdienste oft ziemlich langweilig. Wir machen aber auch Jugendgottesdienste, da ist es total anders. Und was ich auch kritisiere: Wenn ich im Gemeindebeirat etwas vorschlage, finden die Älteren das meistens ganz interessant. Beschlossen wird aber fast immer nur das, was die Älteren sagen. Jugendliche müssten in der Kirche mehr Einfluss haben.

MITARBEITERINNEN UND MITARBEITER IN DER KIRCHE

- Altenpfleger(in)
- Chorleiter(in)
- Diakon(in)
- Erzieher(in)
- Frauenhilfsvorstand
- Friedhofsgärtner(in)
- Gemeindebibliothekar(in)
- Gemeindebrief-redakteur(in)
- Gemeindeschwester
- Jugendmitarbeiter(in)
- Jurist(in)
- Kantor(in)
- Kindergartenrat
- Kindergottesdienst-mitarbeiter(in)
- Kirchmeister(in)
- Küster(in)
- Organist(in)
- Presbyter(in)/Kirchen-vorstand
- Sekretärin
- Verwaltungsleiter(in)
- ______
- ______

» Was fehlt noch? Was kennst du nicht? Worüber möchtest du mehr wissen?

WAS VON DER KIRCHE ERWARTET WIRD (ERGEBNISSE EINER BEFRAGUNG)

	Befragungsergebnisse in %	An welcher Stelle für dich?
• Alte, Kranke und Behinderte betreuen	82%	
• Menschen durch Taufe, Konfirmation, Hochzeit und Beerdigung an den Wendepunkten des Lebens begleiten	78%	
• sich um Probleme der Menschen in sozialen Notlagen kümmern	77%	
• Gottesdienste feiern (Gottesdienste, durch die Menschen sich angesprochen fühlen)	74%	
• die christliche Botschaft verkünden (zeitnah und modern)	72%	
• sich gegen Fremdenhass und Ausländerfeindlichkeit wenden	61%	
• Entwicklungshilfe leisten	53%	
• einen Beitrag zur Erziehung der Kinder leisten	40%	
• das Gespräch mit den nicht-christlichen Religionen verstärken	39%	
• sich zu politischen Fragen äußern	22%	

» Wie wären die Ergebnisse bei eine Befragung in eurer Gruppe ausgefallen? Vermisst du wichtige Aufgaben der Kirche?

ÜBER DAS GELD IN DER KIRCHE MITBESTIMMEN

» Das Presbyterium (der Kirchenvorstand) berät über die Verwendung von 60.000,– €, die Gertrud Wohltat der Gemeinde vererbt hat. Spielt die Presbyteriums(Kirchenvorstands)sitzung!

Folgende Anträge liegen vor:

1.	Der Kindergarten benötigt endlich einen eigenen Turn- und Gymnastikraum.	10.000.– €
2.	Die Orgel muss repariert werden.	10.000.– €
3.	Die Gemeinde unterstützt den Bau eines Kindergartens in Lima (Peru). Von dort aus hat man die Gemeinde um eine Spende von 10.000,– € gebeten, damit der Kindergarten im nächsten Jahr fertig wird.	10.000.– €
4.	Damit auch behinderte Gemeindeglieder den Gottesdienst besuchen können, soll an der Kirche eine Behindertenrampe gebaut werden.	10.000.– €
5.	Ein neuer Jugendtreff soll gebaut werden. Dafür ist schon Geld gespart worden. Wenn jetzt noch weitere 30.000,– € zur Verfügung gestellt werden, kann der Jugendtreff im nächsten Jahr eröffnet werden.	30.000.– €
6.	Die Schularbeitenhilfe für ausländische Schüler braucht einen Zuschuss, um ihre Arbeit fortführen zu können.	2.500.– €
7.	In der Diakoniestation, die kranke und pflegebedürftige Menschen betreut, soll eine weitere Diakonieschwester eingestellt werden. Anteil der Gemeinde:	15.000.– €
8.	Schon lange soll die Kirche neue Lampen bekommen. Es liegt ein Angebot einer Firma vor.	7.500.– €
9.	Für eine Familienfreizeit mit Familien, die sonst kaum Urlaub machen können, wird ein Zuschuss benötigt.	5.000.– €
10.	Die Kirche muss gestrichen werden und es sollen neue Altarbehänge angeschafft werden.	20.000.– €
	Gesamtkosten:	

WOZU DIE KIRCHE DA IST

- Die Kirche ist dazu da, an Gott zu erinnern und die Geschichte von Jesus weiterzuerzählen.
Deshalb finden jede Woche überall Gottesdienste statt und gibt es Religions- und Konfirmandenunterricht.
- Die Kirche ist dazu da, Menschen in persönlichen Lebenskrisen und in Notsituationen beizustehen.
Deshalb arbeiten in der evangelischen und in der katholischen Kirche fast eine Million Mitarbeiter in Krankenhäusern, Altenheimen, Beratungsstellen und in Gefängnissen.
- Die Kirche ist dazu da, Menschen in ihrem Leben mit Hoffnung und Trost zu begleiten.
Deshalb bietet die Kirche Taufen und Trauungen, Feste und Feiern an; deshalb bestattet sie die Toten und begleitet die Trauernden.
- Die Kirche ist dazu da, für Frieden und Gerechtigkeit in der ganzen Welt einzutreten.
Deshalb unterstützt sie Brot-für-die-Welt und Misereor, veranstaltet Friedensgebete, hält Kontakte zu den Christen in aller Welt und sucht das Gespräch mit den anderen Religionen.

» Wofür entscheidet ihr euch (mit den 60.000,– € müsst ihr auskommen)? Überlegt in Gruppen, wie ihr das Geld verwenden würdet, und schickt dann einen Gruppenvertreter in die Sitzung. Fragt euren Pfarrer oder eure Pfarrerin, wie viel Geld eure Gemeinde jährlich zur Verfügung hat und wofür das Geld verwendet wird.

KIRCHE WIRD RESTAURANT

Neustadt/rh „Wegen Umbau geschlossen!" Dieses Schild hängt seit gestern an der Tür der ev. Kirche in Grünrade. In den nächsten Wochen sollen die Bauarbeiten beginnen. In den Räumen der Kirche soll bald ein Restaurant eröffnet werden.
„Die Kirche muss sparen", erklärt dazu Pastor Kruse, seit 8 Jahren Pfarrer in Grünrade. „Die Gemeinde ist kleiner geworden, es kommen auch immer weniger Leute in die Kirche. Die Gemeindeglieder müssen eben nach Neustadt zum Gottesdienst fahren. Ich werde im nächsten Monat auch eine neue Tätigkeit übernehmen, als Berufsschulpfarrer in Neustadt."
Bürgermeister W. Schmidt sieht in der Neueröffnung eines Restaurants Chancen für das 1500-Seelen-Dorf. „Ich denke vor allem an die Arbeitsplätze, die geschaffen werden. Ein Restaurant bringt mehr Abwechslung ins Dorf."

Neustädter Nachrichten vom 27.8.2004

Am nächsten Tag steht bei Pastor Kruse das Telefon nicht still.
Es rufen auch Leute an, die Pastor Kruse noch nie in der Kirche gesehen hat. Alle beschweren sich darüber, dass die Kirche geschlossen wird und der Pastor wegzieht.
Bauunternehmer Heinz Helmer ist wütend: „Wenn ich nicht schon aus der Kirche ausgetreten wäre, würde ich noch mal austreten. Grünrade ohne Kirche – das darf es doch nicht geben!"
Erna Fischer, die fast jeden Sonntag den Gottesdienst besucht, weiß nicht, wie sie nach Neustadt kommen soll. Sie ist Rentnerin und hat kein Auto. Über die Schließung der Kirche ist sie entsetzt.
Heike Pape hat einen zwölfjährigen Sohn, der eigentlich jetzt zum Konfirmandenunterricht gehen sollte. „Ich sehe gar nicht ein, dass er immer 5 km mit dem Fahrrad nach Neustadt fahren soll. Ich zahle schließlich Kirchensteuer", sagt sie am Telefon, „da erwarte ich auch eine entsprechende Leistung der Kirche."

Pastor Kruse lädt Frau Fischer, Frau Pape und Herrn Helmer zu einem Gespräch ein. Auch Bürgermeister Schmidt sagt zu, an dem Gespräch teilzunehmen.

» Bereitet das Gespräch in Gruppen vor und spielt es! Vielleicht findet ihr eine befriedigende Lösung für alle.

Wenn es die Kirche nicht gäbe,
keine Taufe, keine Konfirmation,
kein Vaterunser am Grab,
kein Sonntag, nur Werktage,
keine Adresse für Nächstenliebe,
kein Gottesdienst, keine Orgelmusik,
keine Anlaufstelle für Obdachlose,
keine Pastorin, kein Pastor,
statt Kirchen: Banken und Kaufhäuser,
die biblischen Geschichten vergessen,
jeder mit seinem Glauben allein ...

Würde mir etwas fehlen?

___

___

___

___

» Wie heißen die evangelischen und die katholischen Kirchen in deinem Ort oder in deiner Umgebung? (Tipp: Im Telefonbuch unter „Kirchen"). Unterscheiden sie sich in ihren Namen?

WAS HÄLTST DU VON DIESEN MEINUNGEN?

	stimmt	stimmt nicht	weiß nicht
• In der katholischen Kirche geht es strenger zu als in der evangelischen.	○	○	○
• Die Evangelischen gehen sonntags seltener in die Kirche.	○	○	○
• Die Katholiken glauben an Maria und an die Heiligen.	○	○	○
• Die Evangelischen treten eher aus der Kirche aus.	○	○	○
• Die Katholiken spenden mehr als die Evangelischen.	○	○	○
• Die evangelischen Kirchen sind nicht so schön wie die katholischen.	○	○	○
• Die Katholiken müssen dem Papst gehorchen und den Bischöfen.	○	○	○
• In der evangelischen Kirche geht es freier zu.	○	○	○

EINE ÖKUMENISCHE TRAUUNG

Eva (25 J.) und Axel (27 J.) wollen heiraten. Eva ist katholisch, Axel ist evangelisch. Für beide kommt nur eine kirchliche Trauung in Frage, aber möglichst mit einem evangelischen und einem katholischen Pfarrer. Mit beiden sprechen Eva und Axel über ihren Glauben und über ihre Motive für eine ökumenische Trauung. Eva hört von dem katholischen Pfarrer, dass sie sich nach Möglichkeit für eine katholische Erziehung ihrer Kinder einsetzen solle. Aber letztlich sei die Erziehung der Kinder Sache beider Eltern.
Die Hochzeit in der evangelischen Kirche ist sehr feierlich. Beide Pfarrer halten kurze Ansprachen, Freunde lesen biblische Texte über die Liebe und die Hochzeitsgäste singen Lieder, die in beiden Kirchen bekannt sind. Als Eva und Axel sich die Ringe anstecken, geben sie sich das Versprechen: „Ich will dich lieben, achten und ehren, in guten und in bösen Tagen, so lange ich lebe."

FRAGEN AN EINE EVANGELISCHE PFARRERIN UND EINEN KATHOLISCHEN PFARRER

• Was heißt eigentlich „evangelisch"?
Das Wort leitet sich vom Evangelium ab und meint: dem Evangelium gemäß.

• Und was heißt „katholisch"?
Das Wort „katholisch", auf deutsch allumfassend, soll zeigen, dass die katholische Kirche eine weltweite Gemeinschaft ist.

• Gibt es mehr Unterschiede oder mehr Gemeinsamkeiten zwischen den Kirchen?
Was evangelische und katholische Kirche miteinander verbindet ist wesentlich mehr als das, was sie voneinander trennt: die gemeinsame Bibel, das Glaubensbekenntnis, die Taufe, eine jahrhundertelange gemeinsame Geschichte und das Bekenntnis zur Nächstenliebe als der alle Christen miteinander verbindenden Lebensaufgabe.

• Was empfinden Sie persönlich im Verhältnis zur katholischen Kirche schwierig?
1. Dass wir nicht gemeinsam das Abendmahl feiern dürfen.
2. Dass Geschiedene in der katholischen Kirche nicht wieder getraut werden.
3. Dass Frauen in der katholischen Kirche nicht zum Priesteramt zugelassen sind.
4. Und schließlich die Rolle des Papsttums in der katholischen Kirche.

• Welche Wünsche haben Sie an die evangelische Kirche?
Ich wünsche mir, dass evangelische Christen ihren Glauben deutlicher in der Öffentlichkeit zeigen. Dass wir uns z. B. bekreuzigen, Maria und die Heiligen verehren oder Wallfahrten unternehmen, empfinde ich als Stärke der katholischen Kirche.

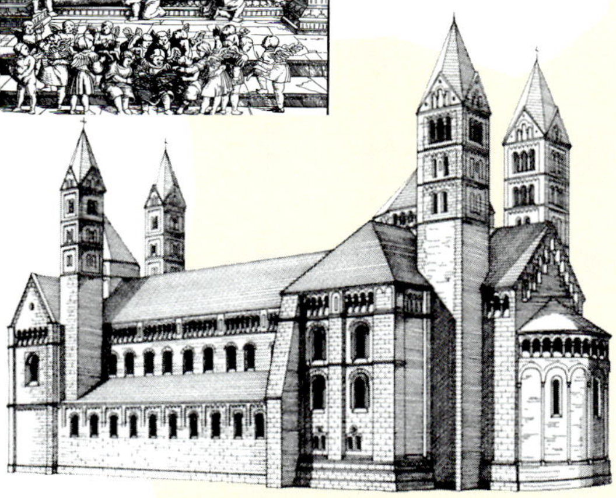

IRLAND ④

Irische und englische Mönche missionieren in Mitteleuropa. In Deutschland wirkt besonders Wynfrith, später Bonifatius genannt. Er wird zum „Apostel der Deutschen". Die Deutschen werden zu Christen.

WESTEUROPA ⑥

Ein Netz von Klöstern überzieht Europa. Die Mönche und Nonnen bebauen das Land und bringen den Menschen Kultur und Bildung. In den Städten entstehen große Dome und Kathedralen. Pilgergruppen durchziehen Europa auf dem Weg zu berühmten Wallfahrtsorten. Das Christentum verbindet alle europäischen Länder. Doch zugleich werden Ketzer verfolgt und Juden vertrieben. Korrupte und reformunfähige Bischöfe und Päpste fügen der Kirche schweren Schaden zu.

ÖKUMENE ⑨

1948 wird in Amsterdam der Ökumenische Rat der Kirchen gegründet. Ihm gehören protestantische und orthodoxe Kirchen in der ganzen Welt an. Während das Christentum in Europa auf der Stelle tritt, wächst es in Afrika, Asien und Lateinamerika.

EUROPA ⑧

Während der Industrialisierung verarmen breite Bevölkerungsschichten. Viele Arbeiter wenden sich von der Kirche ab. In zwei Weltkriegen sterben 65 Millionen Menschen. In der Zeit des Nationalsozialismus werden „bekennende Christen" als Staatsfeinde verfolgt. Dietrich Bonhoeffer, Alfred Delp u. a. werden hingerichtet, viele kommen ins KZ. Zur Judenverfolgung schweigen die Kirchen.

DEUTSCHLAND ⑦

Martin Luther leitet eine grundlegende Reformation der Kirche ein. Er übersetzt die Bibel ins Deutsche, bestreitet die Machtposition der römisch-katholischen Kirche und kämpft für Gewissensfreiheit in Glaubensfragen. Zwingli und Calvin führen die Reformation weiter. Später kommt es zu lang andauernden Religionskriegen. Am Ende des Dreißigjährigen Krieges ist Europa (und damit auch Deutschland) konfessionell geteilt.

ROM ③

In mehreren Christenverfolgungen sterben zahlreiche Christen den Märtyrertod, darunter sehr früh auch Petrus und Paulus. Dennoch wächst die christliche Kirche. Der Umfang des Neuen Testaments wird endgültig festgelegt. Man einigt sich auf ein gemeinsames Glaubensbekenntnis und gemeinsame Feiertage. Der römische Kaiser Konstantin erkennt das Christentum schließlich als Religion an.

KIRCHE IN ALLER WELT – CHRISTEN IM JAHRE 2007

Jeder dritte Mensch auf der Erde bekennt sich zum Christentum. Die Christen leben vor allem in:

Afrika	300 Mio.	Europa	440 Mio.
Asien	250 Mio.	Nord- und Mittelamerika	360 Mio.
Australien	17 Mio.	Südamerika	450 Mio.

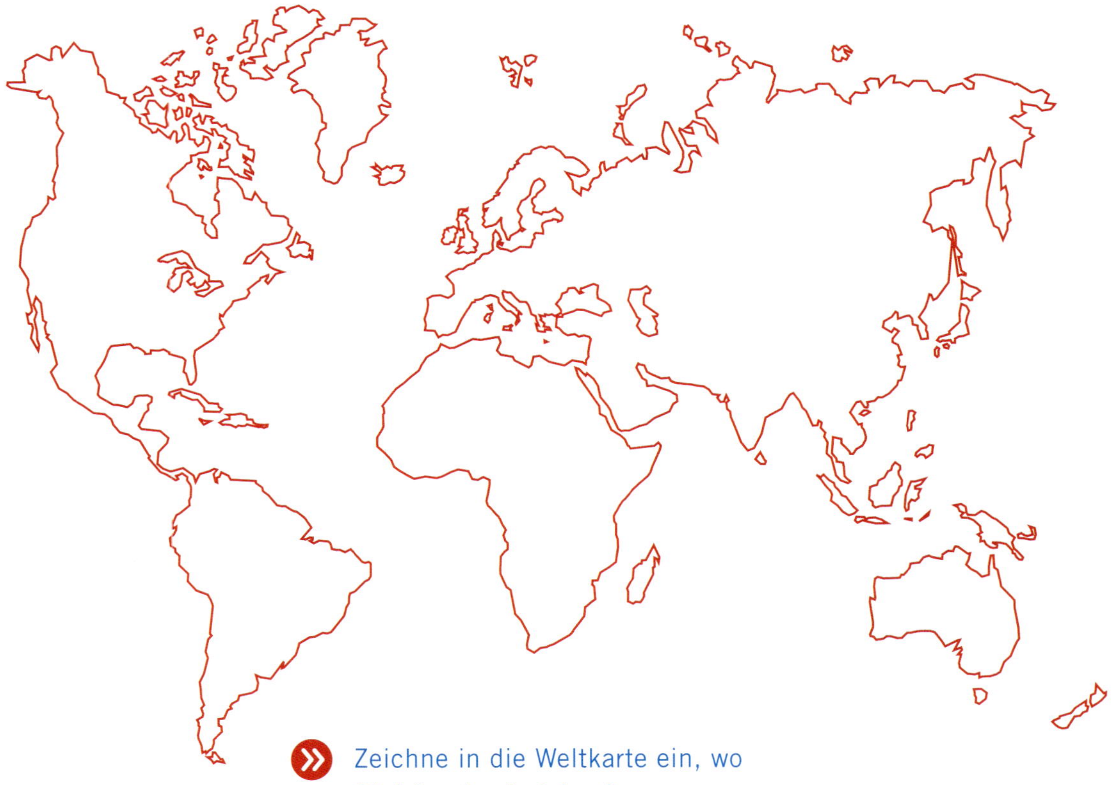

» Zeichne in die Weltkarte ein, wo Christen heute leben!

GRIECHENLAND ②

Durch Paulus kommt das Christentum nach Europa. An vielen Orten des römischen Weltreiches entstehen christliche Gemeinden. Es gibt noch keine Kirchen, man trifft sich in Privathäusern.

KONSTANTINOPEL ⑤

1054 trennen sich die östliche und die westliche Christenheit. Neben der römisch-katholischen Kirche bildet sich die orthodoxe Kirche – mit Sitz des „Patriarchen" in Konstantinopel (heute: Istanbul).

PALÄSTINA ①

Die ersten Christen waren allesamt Juden. Die erste christliche Gemeinde entstand in Jerusalem, sie wurde von Petrus und Jakobus, dem Bruder des Jesu, geleitet. Die jüdischen Christen missionieren in Palästina und Syrien und gründen weitere Gemeinden.

INTERESSANTES ZUM THEMA

Internet
www.ekd.de
www.evangelische-jugend.de
www.kirchentag.de

1. Hört, wen Jesus glücklich preist, Halleluja,
wem er Gottes Reich verheißt. Halleluja.

2. Dem, der Gott nichts bieten kann, Halleluja,
bietet Gott die Freundschaft an. Halleluja.

3. Wem hier großes Leid geschah, Halleluja,
dem ist Gottes Trost ganz nah. Halleluja.

4. Wer von Macht und Krieg nichts hält, Halleluja,
erbt am Ende Gottes Welt. Halleluja.

5. Hungert uns nach Gerechtigkeit, Halleluja,
steht uns Gottes Tisch bereit. Halleluja.

6. Keinen, der barmherzig ist, Halleluja,
Gottes Liebe je vergisst. Halleluja.

7. Die hier rein durchs Leben gehn, Halleluja,
werden Gottes Antlitz sehn. Halleluja.

8. Wer zum Frieden sich bekannt, Halleluja,
der wird Gottes Kind genannt. Halleluja.

Die Tür war offen.
Dunkel ist es in der Kirche und still.
ich sitze in der Bank und sehe mich um:
die bunten Fenster, der Altar, das Kreuz.
So ein großer Raum, so eine Ruhe.
Noch bin ich voll von den Geräuschen des Tages,
doch langsam werde ich still.
Über dem Altar das Kreuz.
Jesus hängt hier immer, Tag und Nacht,
auch wenn keiner da ist.
Auf dem Altar die Bibel.
Sie ist aufgeschlagen, jeder kann darin lesen.
Meine Gedanken wandern umher.
Die letzte Woche kommt mir noch einmal in den Sinn.
Mir fällt ein, was ich versäumt habe.
Aber es beunruhigt mich nicht.
Die Ruhe und der Raum, sie geben mir Kraft.
Ich glaube, Gott spricht zu mir, und ich höre ihn.
Ich zünde eine Kerze an.
Es ist nur, weil ich danke sagen will,
weil die Kirche offen war
und überhaupt.

Glücklich die Kirche, in der
keiner allein das Sagen hat,
sondern alle mitentscheiden können.
Glücklich die Kirche, in der
sich nicht alles ums Geld dreht.
Glücklich die Kirche, die
eine Schutzmacht ist
für Frieden und Gerechtigkeit.
Glücklich die Kirche, die
nicht aufhört, an Gott zu erinnern
und von Jesus zu erzählen.
Glücklich die Kirche, die
keinen Unterschied macht zwischen
Groß und Klein, Mann und Frau,
arm und reich, fromm und ungläubig.
Glücklich die Kirche, in der die Würde
jedes Einzelnen respektiert wird.
Glücklich die Kirche, die sich bei den
Mächtigen unbeliebt macht.
Glücklich die Kirche, die von einer
Hoffnung weiß – für dieses
Leben und darüber hinaus.

DIAKONIE

Jeder hat Probleme ... Jeder?

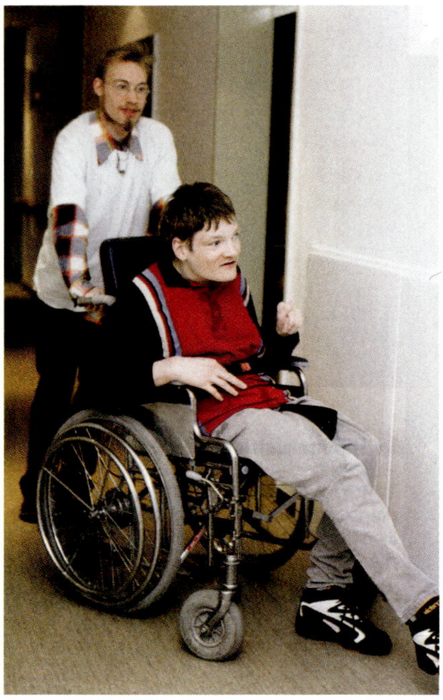

Wie ist es, auf einen Rollstuhl angewiesen zu sein?
Ich wollte es selbst ausprobieren. Das erste Problem gab's schon im Hauseingang: Die Tür geht nach innen auf; ich kann sie nicht aufmachen, weil ich mir selbst im Wege bin. Ich schaff's nicht allein, ich brauche Hilfe. Dann die Stufe vor der Tür. Ich bleibe erst einmal hängen. Im Kaufhaus will ich eine Tüte Bonbons kaufen. Aber sie liegen in einem Regal, an das ich nicht herankomme. Die Frau an der Kasse ist ganz nett, aber ich kann kaum über das Band gucken. In der Schreibwarenabteilung komme ich nicht mehr weiter, weil der Gang sich verengt. Hinter mir stehen Leute, ich kann nicht vorwärts und nicht zurück. Panik macht sich breit. Ohne fremde Hilfe hätte ich es nicht geschafft. Von einem Augenblick auf den andern bist du klein und hilflos. Das Leben im Rolli ist verdammt schwer. Ich bewundere alle behinderten Menschen, die darauf angewiesen sind und dabei nicht die Freude am Leben verlieren.

» Vielleicht könnt ihr euch einige Rollstühle besorgen und dieses Experiment wiederholen.

PETRA

Petra lebt mit ihrem Freund Gerd und acht weiteren behinderten Frauen und Männern in einer Wohngruppe. Alle haben ein eigenes Zimmer. Jeweils zwei teilen sich ein Bad. Küche und Essraum werden gemeinsam benutzt. Alle arbeiten in Gemeinschafts-Werkstätten oder gehen in Fördergruppen. Zwei leben schon im Ruhestand.
Petra arbeitet in der Handweberei, ihr Freund Gerd montiert Getränkeautomaten. Ihre Freizeit gehört der Theatergruppe. Frank arbeitet in der Wäscherei, abends bastelt er an Schiffsmodellen. Giselas Hobby sind Seidenmalerei und Fotografieren, Sven spielt abends oft in einer Rock-Band. Claudia arbeitet in der Cafeteria, Volkers Traum ist die Teilnahme an den Paralympics.
„Die Wohngruppe ist meine Familie", sagt Petra, „hier fühle ich mich wohl."
Vor ein paar Wochen haben sich alle gemeinsam ein Bundesliga-Spiel angesehen. Im Sommer fahren sie zum Urlaub an die Nordsee.

» Schreibt die farbigen Buchstaben in die Kästchen!

Was hat das Lösungswort mit dem Verhalten gegenüber behinderten Menschen zu tun?

Elternabend, 2 Monate vor der Konfirmation. Zur Konfirmandengruppe gehört seit 3 Monaten auch Bernd, ein behinderter 16-jähriger Junge.
Ein Vater fragt: „Wird denn der Bernd zusammen mit den anderen konfirmiert? Es gibt doch auch Konfirmationen in der Behindertenschule."
Zwei weitere Eltern sagen, sie hätten auch nicht verstanden, warum Bernd in die Konfirmandengruppe gekommen sei. Er sei ja auch schon 16 Jahre alt.
Eine Mutter meldet sich: „Ich fand das gut. Die anderen müssen jetzt wenigstens mal lernen, etwas Rücksicht zu nehmen."
Noch andere Eltern melden sich ...

» Was meint ihr?
Spielt den Elternabend in eurer Gruppe als Rollenspiel!

INTERESSANTES ZUM THEMA

Internet
www.diakonie.de
www.bethel.de
www.imperfekt.de

Yvonne lebt auf der Straße. Mit 14 ist sie von zu Hause abgehauen. Sie gehört zu einer Clique von Jugendlichen, die rund um den Hauptbahnhof vom Betteln, Klauen, „Geschäftemachen“ und auch von der Prostitution leben.

Marco ist 13 und lebt mit seinen Eltern und seinen drei kleinen Geschwistern in einer 70 m^2 großen Wohnung. Marco teilt sich sein Zimmer mit seinem Bruder. Eine größere Wohnung kann die Familie nicht bezahlen. Marco bekommt 10,– € Taschengeld im Monat, er ist noch nie in Urlaub gefahren.

Heikes Mutter ist geschieden. Sie lebt mit ihren beiden Töchtern von der Sozialhilfe, weil ihr geschiedener Mann keinen Unterhalt zahlt. Heike hat im letzten Jahr die Klassenfahrt nicht mitmachen können, weil ihre Mutter sie nicht bezahlen konnte. Seit kurzem verdient Heike etwas Geld durch „Babysitten“.

Yvonne, Marco und Heike gehören zu den mehr als 7 Millionen Armen in Deutschland, die sich vieles nicht leisten können, was für andere selbstverständlich ist. Die Zahl der Armen unter uns steigt.

ARM SEIN HEISST:

Bildung

- Schlechte Bildungschancen
- Oft: Sprachprobleme
- ____
- ____

Wohnung-Nahrung-Kleidung

- Schlechte Wohngegend, kein eigenes Zimmer
- Falsche Ernährung
- ____
- ____

Materielle Situation

- Das Einkommen der Familie liegt unter 50% des Durchschnitts
- Oft: Arbeitslosigkeit der Eltern
- ____
- ____

Soziale Kontakte

- Außenseiter, wenig Freunde
- Geringes Selbstvertrauen
- ____
- ____

Gesundheit

- Gesundheitliche Probleme
- Motorische Unruhe
- ____
- ____

» Ergänze die Sätze!
Was wäre für dich das Schlimmste an der Armut? Nenne drei Stichworte!

EINE CHANCE IN DEUTSCHLAND?

Mit 18 Jahren schließt sich Komi Aboula der Opposition in Togo an. Als Fotograf dokumentiert er den Widerstand gegen das Regime. Er wird verhaftet, seine Eltern werden terrorisiert und sein Elternhaus wird angezündet. Nach monatelanger Haft kann Komi fließen. Er kommt als Asylbewerber nach Deutschland. Hier wohnt er in einer Containerunterkunft und nimmt an einem „Eingliederungslehrgang in die Berufs- und Arbeitswelt“ teil. Komi erhält ein ausgezeichnetes Abschlusszeugnis, man bietet ihm einen Ausbildungsplatz an – aber Asylbewerber dürfen nicht arbeiten. Sein Asylverfahren ist noch nicht abgeschlossen.

Elvira ist mit ihren Eltern aus Kasachstan nach Deutschland gekommen, „weil es in Kasachstan keine Zukunft gibt“. Zuerst geht alles gut: Die Eltern finden Arbeit und eine eigene Wohnung. Doch dann verlässt Elvira im Streit das Elternhaus, weil sie das autoritäre Verhalten ihres Vaters nicht mehr ertragen kann. Sie will leben wie andere junge Leute in Deutschland. Tatsächlich findet Elvira einen Ausbildungsplatz in einer Drogerie: „Ein Traumjob.“ Doch Kontakte zu jungen Leuten hat sie nach wie vor kaum: „Für die bin ich das Russenmädchen.“

KOFFERPACKEN

Du musst dein Land verlassen, wahrscheinlich kannst du nicht wiederkommen. Mitnehmen kannst du nur so viel, wie in einen Koffer passt, alles andere musst du zurücklassen. Überlege daher genau, was du mitnimmst. Der Weg wird weit und beschwerlich. Du wirst mit verschiedenen Verkehrsmitteln reisen und auch Strecken zu Fuß laufen. Den Koffer wirst du immer selbst tragen müssen. Du kannst auch nicht zurückkehren, um Vergessenes zu holen.

» Was wirst du mitnehmen?
Was zurückzulassen fällt dir am schwersten?
Vergleiche deine Ergebnisse mit denen der Gruppe!

Jesus sagt: „Ich bin ein Fremdling gewesen und ihr habt mich beherbergt ... Denn was ihr getan habt einem unter diesen meinen geringsten Brüdern, das habt ihr mir getan.“

Matthäus 25,35.40

Skinheads stechen Schwarzafrikaner nieder

Jugendliche mißhandeln 14jährigen Farbigen

Fast 60 Millionen Menschen auf der Flucht

Immer weniger Länder nehmen Heimatlose auf

„Jesus wäre am deutschen Asylrecht gescheitert“

FRANKFURT A. M., 23. Dezember (epd). Jesus, Maria und Josef hätten nach Auffassung von „Pro Asyl“ heute in Deutschland keine Chance auf Asyl. Sie

Jeder zweite deutsche Schüler hat einen Ausländer zum Freund

STEFAN WIRD VERURTEILT

Am 17.8.2001 wird Stefan T. wegen Diebstahl und räuberischer Erpressung zu 3 Jahren Jugendstrafe verurteilt. Er ist 17 Jahre alt. Schon mit 14 war Stefan bei Ladendiebstählen erwischt worden, mit 16 hatte er Autos aufgebrochen. Da war er noch mit einer Bewährungsstrafe davongekommen, nun aber muss er seine Strafe antreten.
Er kommt in ein „offenes" Jugendgefängnis, in dem die jugendlichen „Knackis" einer Arbeit nachgehen, Interessengruppen bilden und nach guter Führung auch Urlaub bekommen können. Stefan teilt sich eine Zelle (11 m^2) mit einem Achtzehnjährigen. Tagsüber arbeitet er in der Gefängnisdruckerei, am Abend geht er in die Kraftsportgruppe. Um 19.30 Uhr ist Zelleneinschluss.

LESERBRIEF – TAGESPOST 20.3.2004

In der Ausgabe vom 12.3. hat Ihre Zeitung darüber berichtet, dass ein jugendlicher „Verbrecher", der im Gefängnis „Urlaub" bekommen hatte, einen Banküberfall verübt hat. Das ist die Quittung für die weiche Welle im Strafvollzug! Das hat man davon, wenn man den Verbrechern Fernsehen und allen Komfort vorsetzt, sie durch Psychologen behandeln lässt und ihnen auch noch Urlaub lässt! Und das alles auf unsere Kosten! Wie lange sollen wir uns das noch gefallen lassen? Erwin M.

IM GESCHLOSSENEN HEIM

Stepp (15) lebt mit 34 Kindern und Jugendlichen in einem geschlossenen Jugendheim. Hinter stets abgesperrten Türen, vergitterten Fenstern und Panzerglas sollen Jugendliche lernen, wieder ein normales Leben zu führen. Allerdings, ohne vor der Hilfe flüchten zu können.
Mit 13 hatte Stepp noch geklaut, Motorräder kurzgeschlossen, um damit durch die Dörfer zu rasen, Opferstöcke in Kirchen aufgebrochen, um das Geld in der Spielhalle zu verjubeln.
Seine allein erziehende Mutter hatte nichts dagegen unternommen, dass er zweieinhalb Jahre nicht zur Schule ging. „Wenn der Junge nicht geklaut hätte und erwischt worden wäre, hätte das auch weiterhin niemand bemerkt", sagt die Heimleiterin.
Stepp hat in dem Heim durch gute Führung einige Freiheiten erreicht: Er geht in die örtliche Schule zum Unterricht, außerhalb der Essens- und Schlafzeiten kann er sich zum Ausgang abmelden, demnächst soll er in eine offene Heimgruppe verlegt werden.

STEFAN IST ENTLASSEN

Er hat eine Arbeit als Hilfsarbeiter auf dem Bau gefunden. Nur der Chef weiß, dass Stefan „gesessen" hat. Eines Tages fährt Stefan mit einem Kollegen zu einem Baugeschäft. Dort sieht er einen Angestellten, den er von früher her kennt. Der Angestellte nimmt seinen Kollegen einen Moment beiseite und spricht mit ihm. Stefan kann sich denken, was er ihm erzählt. Aber auf der Rückfahrt sagt sein Kollege nichts.
14 Tage später. Als Stefan morgens zur Arbeit kommt, sehen ihn seine Kollegen alle an. „Was ist los?", sagt Stefan. „Hast du eine Ahnung, wo Günters Radio sein könnte? Gestern stand es noch hier im Bauwagen, heute ist es verschwunden."
„Wieso ich?", fragt Stefan ...

MEINE MEINUNG

Jesus sagt: „Ich bin gefangen gewesen und ihr seid zu mir gekommen ... Denn was ihr getan habt einem unter diesen meinen geringsten Brüdern, das habt ihr mir getan."
Matthäus 25,36.40

Eine zweite Chance oder die Härte des Gesetzes kennen lernen?
Was heißt das für den Umgang mit jugendlichen Straftätern?

- Sie brauchen in erster Linie persönliches Verständnis und eine berufliche Perspektive.
- Sie müssen die Härte des Gesetzes kennen lernen, damit sie ein für allemal abgeschreckt werden.
- Jeder muss eine Chance bekommen, die eigene Straftat wiedergutmachen zu können.
- In geschlossenen Heimen können sie am ehesten zur Besinnung kommen.
- ______

Nimm Stellung! Ergänze die Meinungen!

Ein Gesetzeslehrer wollte Jesus auf die Probe stellen und fragte ihn: „Lehrer, was muss ich tun, um das ewige Leben zu bekommen?" Jesus antwortete: „Was steht denn im Gesetz?" Der Mann antwortete: „Liebe den Herrn, deinen Gott, von ganzem Herzen, mit ganzem Willen, mit deiner ganzen Kraft und deinem ganzen Verstand! Und: Liebe deinen Nächsten wie dich selbst!" „Richtig geantwortet", sagte Jesus. „Handle so, dann wirst du leben."Aber der Gesetzeslehrer wollte sich verteidigen und fragte Jesus: „Wer ist denn mein Nächster?" Jesus begann zu erzählen: „Ein Mann ging von Jerusalem nach Jericho. Unterwegs überfielen ihn Räuber. Sie nahmen ihm alles weg, schlugen ihn zusammen und ließen ihn halb tot liegen. Nun kam zufällig ein Priester denselben Weg. Er sah den Mann liegen, machte einen Bogen um ihn und ging vorbei. Genauso machte es ein Levit: Er sah ihn und ging vorbei. Schließlich kam ein Mann aus Samarien. Als er den Überfallenen sah, hatte er Mitleid. Er ging zu ihm hin, behandelte seine Wunden mit Öl und Wein und verband sie. Dann setzte er ihn auf sein eigenes Reittier und brachte ihn in das nächste Gasthaus, wo er sich um ihn kümmerte. Am anderen Tag gab er dem Wirt zwei Silberstücke und sagte: ‚Pflege ihn! Wenn du noch mehr brauchst, will ich es dir bezahlen, wenn ich zurückkomme.'
„Was meinst du?", fragte Jesus. „Wer von den dreien hat an dem Überfallenen als ein Nächster gehandelt?" Der Gesetzeslehrer antwortete: „Der ihm geholfen hat!" Jesus erwiderte: „Dann geh und mache es ebenso!"

Nach Lukas 10,25-37

Wenn ich ein Superschüler wäre
und schriebe nur Einsen und Zweien,
wäre beliebt bei allen: everybody's darling –
und ich dächte nur an mich selbst:
dann wäre das alles null und nichtig.

Wenn ich nett wäre zu jedermann,
mich einsetzte für Frieden und Umweltschutz,
ausländische Mitschüler in Schutz nähme und
große Reden hielte für Toleranz und Gerechtigkeit –
und ich dächte dabei nur an mich selbst:
dann wäre das alles eine große Luftblase.

Und wenn ich in Religion eine Eins hätte
und jeden Sonntag zur Kirche ginge,
fromme Worte im Munde führte
und den Glauben verteidigte –
und ich dächte bloß an mich selbst:
dann wäre das alles ohne Sinn.

Wer liebt, sollte so sein, wie Jesus war.
Er gibt den anderen nicht auf,
er hofft für ihn, er leidet mit ihm,
er denkt an ihn – und nicht zuerst an sich.

Die Liebe macht keine Show, sie hat kein Ende.
Gute Noten, großes Ansehen, fromme Worte –
das alles wird vergehen. Was bleibt, sind drei Dinge:
Glaube, Hoffnung, Liebe.
Das größte aber ist die Liebe.

„Am Anfang schuf Gott Himmel und Erde.“ 1. Mose 1,1

SCHÖPFUNG

„Der Höhepunkt unserer Reise war die Erkenntnis, dass das Universum harmonisch, zweckvoll und schöpferisch ist. Der Tiefpunkt lag in der Feststellung, dass sich die Menschheit nicht dieser Erkenntnis gemäß verhält.“

Edgar Mitchell, Astronaut

„Was mich am meisten erstaunte, war die Stille. Eine unvorstellbare Stille, wie sie auf der Erde niemals vorkommt.“

Aleksej Leonow, Kosmonaut

„Am ersten Tag zeigten wir alle zu unseren Heimatländern. Am dritten und vierten Tag zeigten wir auf unsere Kontinente. Am fünften Tag sahen wir nur noch eine einzige Erde.“

Al Saud, Astronaut

Svenja ist verwirrt. „Du glaubst doch wohl nicht mehr an Adam und Eva!", hatte die Biologielehrerin gesagt. Und einige in der Klasse hatten gelacht.
Es ging um die Frage, wie die Welt entstanden ist. Keiner hatte etwas gesagt. Da hatte sich Svenja gemeldet: „Das steht doch schon in der Bibel. In sieben Tagen hat Gott die Welt erschaffen." ...

WIE ALLES ENTSTANDEN IST

Nach der heute von den meisten Physikern vertretenen Ur-Knall-Theorie war das gesamte Universum zu Anfang in einem einzigen Punkt konzentriert, der kleiner war als der Kopf einer Stecknadel. In einer unvorstellbaren Explosion wurde vor 14 Milliarden Jahren von diesem Punkt aus Materie ins Weltall hinausgeschleudert, aus dem sich nach Milliarden Jahren die ersten Sternensysteme bildeten.
Das Alter der Erde wird auf etwa 5 Milliarden Jahre geschätzt. Gase im Weltall hatten sich zu einer Masse verfestigt, die die Sonne umkreiste. Langsam erkalteten die glühenden Massen und die Planeten entstanden.

Vor etwa 3 Milliarden Jahren entwickelten sich im Wasser die ersten Formen des Lebens auf der Erde. Der Biologe Charles Darwin hat diese Entwicklung des Lebens auf der Erde als Erster beschrieben.
Er stellte auch fest, dass sich die Menschen aus dem Tierreich entwickelt und gemeinsame Vorfahren mit den Menschenaffen haben.
Heutige Naturwissenschaftler erkennen in dieser Entwicklung eine geradezu unglaubliche Ordnung. Die Gesetze und Kräfte, die im Universum wirken, sind so fein aufeinander abgestimmt, dass die winzigste Abweichung dazu geführt hätte, dass es nie zur Entwicklung von Leben auf der Erde gekommen wäre. Auch Naturwissenschaftler stellen die Frage, ob hinter dieser Entwicklung nicht eine lenkende Hand sichtbar wird.

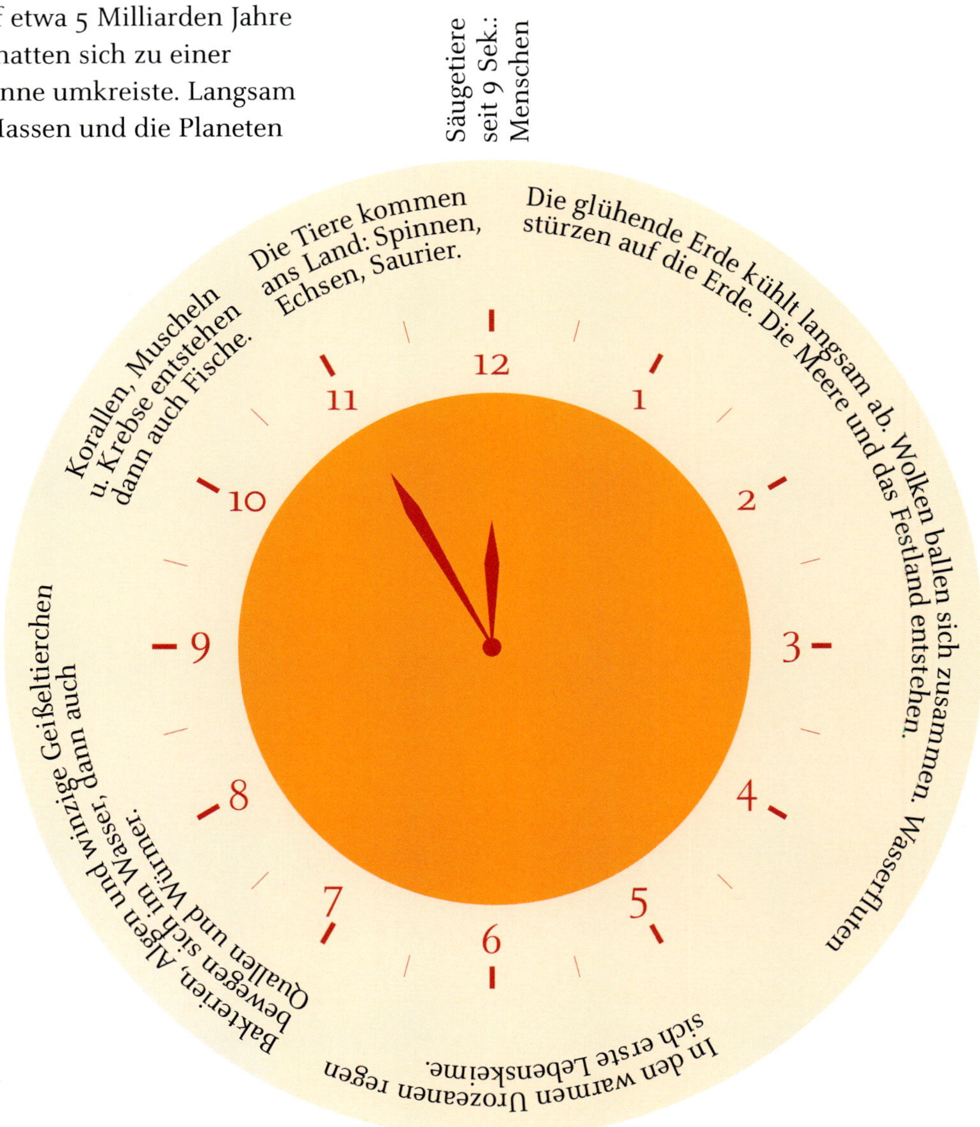

Ihr könnt die Zeituhr auch auf einen Weg von 1 km Länge übertragen.
5 Millionen Jahre entsprechen dann einem Meter oder 5000 Jahre einem Millimeter. Könnt ihr das an einem Weg in eurer Gemeinde darstellen?

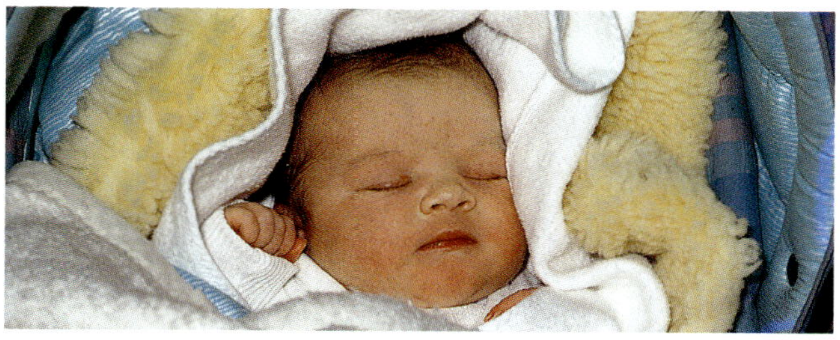

Vor 13 Monaten war dieses kleine Mädchen noch zwei Stecknadelköpfe groß: eine Eizelle und eine Samenzelle, die sich vereinigten. Ein Mensch entstand. Die mikroskopisch kleinen Zellen enthielten schon Tausende von Erbinformationen: Geschlecht, Haarfarbe, Augenfarbe, Körpergröße, Begabungen ... Unglaublich!

QUIZ: WUNDER ERDE – WUNDER LEBEN

1 Wie viele Tiere und kleinste Lebewesen befinden sich in einer Handvoll Erde?

- ◯ 5
- ◯ 500 000
- ◯ 5 000 000

2 Die größten Säugetiere der Erde sind Wale. Glaubst du, dass sie sich untereinander verständigen können?

- ◯ Ja, über 100 m
- ◯ Nein
- ◯ Ja, über 100 km

3 Wie viel Sauerstoff kann ein mittelgroßer Baum jede Stunde produzieren?

- ◯ mehr als 2 kg
- ◯ knapp 500 g
- ◯ ungefähr 5 kg

4 Das menschliche Gehirn enthält etwa 100 Milliarden Nervenzellen und 1 Million Kilometer Nervenbahnen. Hintereinandergelegt ergeben diese Bahnen eine Länge von:

- ◯ einem Fußballfeld
- ◯ einer Strecke 25 x um die Erde
- ◯ der Entfernung Hamburg - München

5 Zugvögel legen auf dem Weg zu den Winterquartieren erstaunliche Wege zurück. Die Küstenseeschwalbe fliegt im Jahr:

- ◯ 500 km
- ◯ 5 000 km
- ◯ 35 000 km

6 Die Wahrscheinlichkeit dafür, dass die Entstehung des Universums und des Lebens durch Zufall zu Stande gekommen ist, beträgt nach Schätzungen von Naturwissenschaftlern:

- ◯ 90 %
- ◯ 25 %
- ◯ 0 %

7 Die Sonne ist die Quelle allen Lebens auf der Erde. Richtig genutzt könnte die Sonnenenergie alle Energieprobleme lösen. Die Sonneneinstrahlung entspricht der Energieleistung von:

- ◯ 10 000
- ◯ 500 000
- ◯ 175 000 000 Kraftwerken

8 Die Wissenschaft hat bisher 2 Millionen Tier- und Pflanzenarten auf der Erde entdeckt. Das sind:

- ◯ 10 %
- ◯ 50 %
- ◯ 90 %

aller Pflanzen- und Tierformen, die auf der Erde vermutet werden.

Der Andromeda-Nebel ist 2,2 Millionen Lichtjahre von uns entfernt: das entfernteste Objekt, das wir mit bloßen Augen erkennen können. Ein Lichtjahr sind 9,5 Billionen Kilometer. Der Andromeda-Nebel ist genauso eine Galaxie wie die Milchstraße, zu der unsere Sonne und die Planeten gehören. Es gibt Milliarden solcher Galaxien im Weltall ... Unvorstellbar!

„In sieben Tagen schuf Gott Himmel und Erde" – so steht es am Anfang der Bibel. Wir wissen heute, dass es viel länger gedauert hat, bis die Erde und das Leben auf ihr entstanden sind. Trotzdem ist die biblische Schöpfungsgeschichte nicht falsch. Sie will nämlich gar kein naturwissenschaftlicher Tatsachenbericht sein, sondern Antwort geben auf die Frage: „Wer steht hinter der Ordnung dieser Welt?" Und: „Wozu sind wir Menschen auf der Welt?"

Im Anfang schuf Gott Himmel und Erde. Die Erde war wüst und leer.
Gott sprach: Es werde Licht! Und es wurde Licht, es gab Tag und Nacht: der erste Tag.
Gott sprach: Es entstehe ein Gewölbe, das die Wassermassen trennt. Es entstand der Himmel: der zweite Tag.
Gott sprach: Das Wasser sammle sich an besonderen Orten. So entstanden Land und Meer. Und er sprach: Das Land lasse Pflanzen und Bäume wachsen. Es war gut: der dritte Tag.
Gott sprach: Es sollen Lichter am Himmelsgewölbe sein, die Licht und Finsternis voneinander scheiden; für den Tag die Sonne und für die Nacht der Mond und die Sterne: der vierte Tag.
Gott sprach: Im Wasser soll sich Leben regen und in der Luft sollen Vögel fliegen. Gott hatte Freude an den Tieren und segnete sie: der fünfte Tag.
Gott sprach: Die Erde soll alle Arten von Tieren hervorbringen. So geschah es und es war gut.
Und dann sprach Gott: Lasst uns Menschen machen nach unserm Ebenbild. Und er schuf den Menschen als Mann und Frau. Gott segnete sie und sprach: Seid fruchtbar und vermehrt euch, nehmt die Erde in Besitz und kümmert euch um die Tiere.
Und Gott sah alles an, was er gemacht hatte, und sah: Es war sehr gut. Der sechste Tag.
So war nun alles fertig gestellt. Und Gott ruhte am siebten Tag von seiner Arbeit. Diesen Tag segnete er und setzte ihn als Ruhetag für alle ein.

Nach 1. Mose 1,1-2,3 – entstanden um 550 v. Chr.

BEKENNTNIS

Ich glaube an Gott, den Vater, den Allmächtigen, den Schöpfer des Himmels und der Erde ...

Das bedeutet:
Ich glaube, dass diese Welt nicht durch Zufall entstanden ist. Sondern Gott, der größer ist als alle Gedanken von uns Menschen, hat sie gewollt und erhält sie am Leben. Die Sterne und die Planeten, die Wale und die Orchideen, die Käfer und die Korallen. Eine Welt, über die ich nur staunen kann: so schön, so geheimnisvoll, so unvorstellbar.

Auch mich hat Gott gewollt, meine Persönlichkeit und meinen Verstand, meine Begabungen und meine Gefühle. Er gibt mir alles, was ich zum Leben brauche, und sorgt dafür, dass ich jeden Tag leben kann, so lange er es will.

Darum will ich mich einsetzen für alles Leben auf dieser Erde und es achten und bewahren, so gut ich es kann.

INTERESSANTES ZUM THEMA

Internet
www.geo.de/weltraum
www.regenwald.org
www.greenpeace.de
www.tierschutz-online.de

Bücher
J. Bruges, Das kleine Buch der Erde, 2002
Ch. Kerner, Blueprint Blaupause, 2003

Die Raumfahrt hat uns gelehrt: Es gibt keinen anderen bekannten Planeten, auf dem menschliches Leben möglich wäre. Nur die Erde bietet uns Heimat, Schutz und alles, was wir zum Leben brauchen. Ohne die Natur können wir nicht leben – warum führen wir dann einen Krieg gegen sie?

EIN TAG IM LEBEN DES SCHÜLERS X.

Sieben Uhr morgens: Raus aus den Federn, rein ins Bad. Wasserhahn auf, Spraydose raus, Deo unter die Arme. Die Haare noch etwas gestylt, also Festiger drauf. Ozonloch – was soll's? An den Frühstückstisch: „Trink deinen Tee!" „Ach, ich kauf mir was in der Schule." Twix, Mars und ... eingesteckt. Ach, die Batterien für den Walkman sind leer – ab in den Müll damit. Los geht's zur Schule. Die Lehrer mit ihren Autos sind schon da – natürlich einzeln. Große Pause: Her mit der Cola-Dose. Aah, das tut gut! Wohin mit der Dose? Damit kann man prima Fußball spielen. Irgendeiner wird sie schon aufsammeln. Es gibt ja Hausmeister. Mittags zu Hause: „Was, es gibt Erbsensuppe? Iih, da schiebe ich lieber 'ne Pizza rein." Und zum Nachtisch? Da ist ja noch ein Becher Schoko-Pudding. „Was hast du denn heute vor?" – „Weiß nicht, vielleicht nachher in die Stadt. Aber erst mal drehe ich meine Anlage auf." ...

Stau war 200 Kilometer lang
Rekord-Blechlawine stand zwischen Nürnberg und Berlin
Deutschland 2077 — ein bodenloser Alptraum aus Beton und Teer
Bonner Kommissionsvorsitzende rügt Flächenverbrauch durch „ungebremstes Wachstum der Speckgürtel um die Städte"
Tropenwald
Arzt will Eltern „Designer-Babys" schaffen
17 Millionen Hektar in diesem Jahr zerstört
Lärm schädigt Gedächtnis
BERLIN, 7. Oktober (Reuter). Die Belastung durch Lärm verringert drastisch die Gedächtnisleistung. Zu diesem Ergeb
GENF, 12. Dezember (afp). Die Wälder sind weltweit bedroht, da ihr Schutz abnimmt und Bodungsfirmen und finanz-
Ozeane werden leergefischt
US-Studie: Sinkender Bestand bedroht Handel und Leben
Vögel verendeten durch Öl
AMIENS, 1. Februar (AP). Nach der illegalen Reinigung eines Öltankers vor der französischen Kanalküste sind nach
Auf den deutschen Straßen sterben immer mehr Kinder
WIESBADEN, 10. Oktober (dpa). Die Zahl der im Straßenverkehr tödlich verunglückten Kinder ist nach Angaben des Statistischen Bundesamtes in Wiesbaden durchschnittlich stark gestiegen
Im Jahr 2100 werden weite Teile der Welt unbewohnbar sein
Schockierender UN-Bericht über globale Veränderung des Klimas / Verantwortung des Menschen erstmals festgeschrieben
130 Tier- und Pflanzenarten sterben jeden Tag aus
Schwere Orkan-Stürme wüteten in Europa
HAMBURG, 14. Januar (dpa). Orkanartige Stürme mit Spitzengeschwindigkeiten von 160 Stundenkilometern haben in West- und Nordeuropa katastrophale Verwüstungen angerichtet, vor allem in Deutschlands.
Klon-Baby angekündigt
Luftverkehr beeinflußt das Klima gleich dreifach
Studie: Stickoxide, Wasserdampf und Kohlendioxid heizen die Erde auf / Höhere Flugbenzin-Steuern erwogen
Die Tropenwälder schrumpfen schneller als angenommen
Abholzung fast doppelt so umfangreich wie von den UN bisher angegeben / USA verdrecken die Luft am stärksten
Pro Auto entstehen 24 Tonnen Abfall
„Unwetter werden schlimmer"
Forscher macht deutliche Zeichen für Klimawandel aus

» Was könnte Schüler X anders machen? Kennt ihr weitere Beispiele für ein Verhalten, das auf die Umwelt keine Rücksicht nimmt?

» Welche Nachrichten und Schlagzeilen haltet ihr für besonders bedrohlich? Stellt eine Rangfolge auf!

Im Jahr 1855 machte der amerikanische Präsident Pierce den Duwamish-Indianern das Angebot, ihnen ihr Land abzukaufen.
Die Antwort des Häuptlings Seattle ist so überliefert:

„Wir wissen, dass der weiße Mann unsere Art nicht versteht. Ein Teil des Landes ist ihm gleich jedem anderen, denn er ist ein Fremder, der kommt in der Nacht und nimmt von der Erde, was immer er braucht. Die Erde ist sein Bruder nicht, sondern Feind, und wenn er sie erobert hat, schreitet er weiter. Er lässt die Gräber seiner Väter zurück – und kümmert sich nicht. Er stiehlt die Erde von seinen Kindern – und kümmert sich nicht. Er behandelt seine Mutter, die Erde, und seinen Bruder, den Himmel, wie Dinge zum Kaufen und Plündern, zum Verkaufen wie Schafe oder glänzende Perlen. Sein Hunger wird die Erde verschlingen und nichts zurücklassen als eine Wüste.
Ich weiß nicht – unsere Art ist anders als die eure. Der Anblick eurer Städte schmerzt die Augen des roten Mannes. Vielleicht, weil der rote Mann ein Wilder ist und nicht versteht?"

In jeder Minute stirbt ein Stück des tropischen Regenwaldes, das größer ist als 50 Fußballfelder zusammen. Wenn dieser Raubbau so weitergeht, wird es in 60 Jahren keinen Regenwald mehr geben. Einmal zerstört, kann sich der Regenwald auch in Jahrhunderten nicht mehr erholen.

Warum sind die tropischen Regenwälder so wichtig?

- Sie sind eine Art „Wettermaschine" und garantieren ein ausgeglichenes Klima auf der Erde.
- Sie sind die reichhaltigsten Ökosysteme der Welt. Die Hälfte aller wild lebenden Tiere und Pflanzen findet sich dort.
- Sie sind eine „Apotheke der Menschheit" und enthalten einen Schatz noch unerforschter Heilpflanzen.
- Sie sind der Lebensraum für Naturvölker, die seit Jahrhunderten in Harmonie mit der Natur leben.

Trotzdem werden jedes Jahr riesige Regenwaldgebiete durch internationale Holzfirmen abgeholzt. Die Holzhändler behaupten zwar, dass sie nur einzelne Bäume fällen. Doch für den Abtransport des Holzes schlagen sie auch Straßen durch den Urwald, auf denen bald landlose Kleinbauern nachfolgen, die den frisch gelichteten Wald abbrennen, um Platz für ihre Felder zu bekommen. Nach zwei Jahren sind die neuen Felder meist ausgelaugt. Die Bauern ziehen weiter, den Holzfirmen nach. Wieder geht dann ein Stück Regenwald in Flammen auf ...

WAS WIR TUN KÖNNEN!

Der Klimawandel ist das größte Umweltproblem der Menschheit. Durch die Verbrennung von Holz, Kohle, Öl und Gas wird Kohlendioxid (CO_2) freigesetzt, das die Erde wie ein Treibhaus anheizt. In den nächsten 100 Jahren wird sich die Temperatur wahrscheinlich um bis zu 5,8 Grad Celsius erhöhen. Durch den Anstieg des Meeresspiegels werden dann weite Teile der Niederlande, Städte wie Hamburg und Länder wie Bangladesh vom Wasser überflutet. Wüsten breiten sich aus, Gletscher schmelzen ab, Wirbelstürme und Überschwemmungen nehmen weltweit zu.
Zu verhindern ist der Klimawandel nicht mehr. Wir können aber beeinflussen, wie bedrohlich er sich auswirken kann.

WAS WIR TUN KÖNNEN!

„Niemand darf einem Tier ohne vernünftigen Grund Schmerzen, Leiden oder Schäden zufügen."
So lautet §1 des deutschen Tierschutzgesetzes.

Doch die Wirklichkeit sieht ganz anders aus:

- 90 Prozent aller Legehennen verbringen ihr Leben in engen Drahtkäfigen. Vier oder fünf Tiere drängen sich in einem Käfig, jedes Huhn lebt auf einer Fläche von einer DIN A4-Seite Papier.
- Jährlich werden etwa 20 Millionen männliche Hühnerküken lebend in eine Art Mixer geworfen, darin zerhackt und ihre Reste als Viehfutter verkauft. Grund: Sie können später keine Eier legen und bringen daher zu wenig Gewinn.
- Jährlich werden in Europa rund 250 Millionen Tiere über Grenzen hinweg zu den großen Schlachthöfen gefahren. Meist erhalten sie unterwegs weder Wasser noch Futter. Viele Tiere kommen schon tot an den Schlachthöfen an.

» Kennt ihr noch andere Beispiele von Tierquälerei? Überlegt euch zu zweit eine neue, vielleicht wirksamere Fassung von §1 des Tierschutzgesetzes.

Ein Robbenfänger erschlägt im Nordosten Kanadas eine erst wenige Wochen alte Sattelrobbe.

In Deutschland stirbt alle 15 Sekunden ein Tier bei Tierversuchen; jährlich sind das mehr als 2 Millionen Tiere.

Müssen Tierversuche sein?

Tierversuche müssen sein! Sonst müsste man an Menschen rumprobieren, dabei würden viele sterben. In der Krebsforschung zum Beispiel sind Tierversuche notwendig. Jens, 13 Jahre

Tiere empfinden genauso Schmerzen wie wir. Ich möchte ja auch nicht „für die Wissenschaft" gequält werden. Sarah, 15 Jahre

Tierversuche sollte man nur mit Ratten und Mäusen machen. Und wenn, dann nur für schlimme Krankheiten wie Aids und Krebs. Aber nicht für Kosmetik und solchen Blödsinn. Bayram, 13 Jahre

Tiere reagieren doch ganz anders als Menschen. Zum Beispiel giftige Pilze: Was für Menschen giftig ist, ist es für viele Tiere gar nicht. Was beweisen dann Tierversuche? Annette, 14 Jahre

» Kannst du einer dieser Meinungen zustimmen? Diskutiert darüber!

Jesus zog aus der Stadt und ging mit seinen Jüngern über das Gebirge. Dort war auf einem steilen Weg ein Esel gestürzt, denn sein Herr hatte ihn geschlagen. Jesus trat zu ihm und sprach: „Mensch, was schlägst du dein Tier? Siehst du nicht, wie es blutet und wie seine Last zu groß ist?" Der Mann antwortete: „Was geht dich das an? Er ist mein Eigentum, frag nur die, die bei dir sind." Einige Jünger bestätigten: „Ja, wir haben gesehen, wie er es gekauft hat." Jesus aber sprach: „Seht ihr nicht auch, wie es blutet, und hört ihr nicht auch, wie es jammert und schreit?" Sie antworteten: „Nein, das hören wir nicht." Da wurde Jesus traurig und rief: „Wehe euch, dass ihr nicht hört, wie es schreit und klagt zum himmlischen Schöpfer. Dreimal wehe über den, über welchen es schreit in seinem Schmerz!" Und Jesus ging zu dem Esel und rührte ihn an. Und das Tier stand auf und seine Wunden waren heil. Zu dem Mann sagte Jesus: „Schlage es in Zukunft nicht mehr, auf dass auch du Erbarmen findest."

Eine Jesusgeschichte, die nicht in der Bibel steht.

» Vielleicht gibt es in eurer Nähe ein Tierheim. Wie wäre es, wenn ihr als Konfirmandengruppe das Tierheim einmal besuchtet?

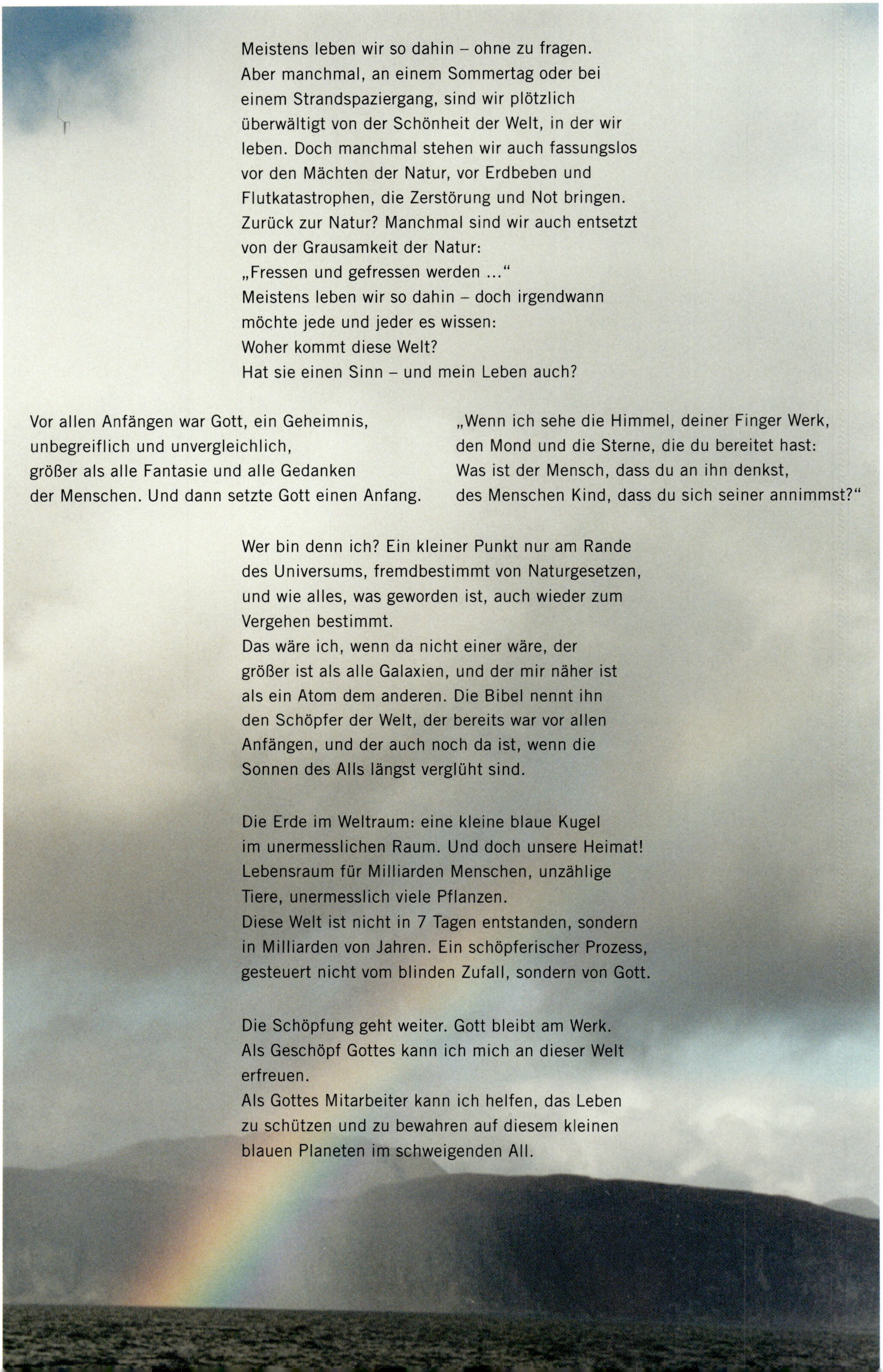

Meistens leben wir so dahin – ohne zu fragen. Aber manchmal, an einem Sommertag oder bei einem Strandspaziergang, sind wir plötzlich überwältigt von der Schönheit der Welt, in der wir leben. Doch manchmal stehen wir auch fassungslos vor den Mächten der Natur, vor Erdbeben und Flutkatastrophen, die Zerstörung und Not bringen.
Zurück zur Natur? Manchmal sind wir auch entsetzt von der Grausamkeit der Natur:
„Fressen und gefressen werden …“
Meistens leben wir so dahin – doch irgendwann möchte jede und jeder es wissen:
Woher kommt diese Welt?
Hat sie einen Sinn – und mein Leben auch?

Vor allen Anfängen war Gott, ein Geheimnis, unbegreiflich und unvergleichlich, größer als alle Fantasie und alle Gedanken der Menschen. Und dann setzte Gott einen Anfang.

„Wenn ich sehe die Himmel, deiner Finger Werk,
den Mond und die Sterne, die du bereitet hast:
Was ist der Mensch, dass du an ihn denkst,
des Menschen Kind, dass du sich seiner annimmst?“

Wer bin denn ich? Ein kleiner Punkt nur am Rande des Universums, fremdbestimmt von Naturgesetzen, und wie alles, was geworden ist, auch wieder zum Vergehen bestimmt.
Das wäre ich, wenn da nicht einer wäre, der größer ist als alle Galaxien, und der mir näher ist als ein Atom dem anderen. Die Bibel nennt ihn den Schöpfer der Welt, der bereits war vor allen Anfängen, und der auch noch da ist, wenn die Sonnen des Alls längst verglüht sind.

Die Erde im Weltraum: eine kleine blaue Kugel im unermesslichen Raum. Und doch unsere Heimat! Lebensraum für Milliarden Menschen, unzählige Tiere, unermesslich viele Pflanzen.
Diese Welt ist nicht in 7 Tagen entstanden, sondern in Milliarden von Jahren. Ein schöpferischer Prozess, gesteuert nicht vom blinden Zufall, sondern von Gott.

Die Schöpfung geht weiter. Gott bleibt am Werk.
Als Geschöpf Gottes kann ich mich an dieser Welt erfreuen.
Als Gottes Mitarbeiter kann ich helfen, das Leben zu schützen und zu bewahren auf diesem kleinen blauen Planeten im schweigenden All.

Das sind 100 Leute. Sie entsprechen genau der Weltbevölkerung: 58 Asiaten, 17 Europäer, 10 Afrikaner, 8 Lateinamerikaner, 6 Nordamerikaner und 1 Australier.

52 sind Frauen und 48 Männer, 30 sind Christen und 70 Nicht-Christen und 18 von den 100 sind chronisch unterernährt.

GERECHTIGKEIT IN DER WELT

Ein(e) Deutsche(r) verbraucht:

- 16-mal mehr Energie
- 30-mal mehr Geld für Gesundheit
- 15-mal mehr Geld für Rüstung
- 7-mal mehr Geld für Schulen und Bildung
- 10-mal mehr Erdöl
- 43-mal mehr Geld
- und wird im Durchschnitt fast doppelt so alt

als ein(e) Afrikaner(in).

» Teilt euch in eurer Konfirmandengruppe nach dem tatsächlichen Anteil an der Weltbevölkerung in Asiaten, Europäer, Afrikaner, Lateinamerikaner, Australier und Nordamerikaner auf. Dann stellt 5 Stühle in die Mitte, auf die ihr euch setzen könnt. Asiaten, Afrikaner und Lateinamerikaner müssen sich mit 2 Stühlen begnügen. Wie findet ihr das?

Wer in Deutschland, in Dänemark oder in Spanien lebt, muss nicht hungern. Ein Durchschnittsdeutscher isst 690 Kilo Nahrung pro Jahr.
In Togo, Indien oder Honduras haben viele Menschen nie genug zu essen. 500 Millionen Menschen in den armen Ländern, darunter fast die Hälfte Kinder, sind chronisch unterernährt. Die Sterblichkeitsrate unter Kindern ist dort sechsmal höher als in den Industrieländern. Wenn sie gerecht verteilt würden, könnten die Nahrungsmittel auf der Erde für alle Menschen reichen. Mit 20 Milliarden Euro, das ist ein Zehntel des Gewinns aus dem internationalen Drogenhandel, könnten die Hungerkrankheiten besiegt werden.

QUIZ: GERECHTIGKEIT IN DER WELT

1 Frauen sind in den Entwicklungsländern und auch in den Industrieländern wesentlich mehr von Armut betroffen, als Männer. Ihnen gehört

◯ 1% ◯ 10% ◯ 34% des Welteigentums?

2 Die Lebenserwartung liegt in Deutschland bei 80 Jahren für Frauen und bei 73 Jahren für Männer. In Schwarzafrika liegt sie durchschnittlich (Frauen und Männer zusammen) bei

◯ 43 Jahren ◯ 51 Jahren ◯ 69 Jahren?

3 Die 366 reichsten Menschen dieser Erde verfügen über ein Vermögen in Milliardenhöhe. Ihr Vermögen beträgt zusammen genauso viel wie das von

◯ 750 000 ◯ 900 Millionen ◯ 2,3 Milliarden Menschen in der 3. Welt?

4 In den USA werden jährlich 125 kg Fleisch pro Person gegessen, in Deutschland 86 kg – und in Indien?

◯ 3 kg ◯ 11 kg ◯ 31 kg

5 In Deutschland fährt jeder zweite Bundesbürger einen PKW. Wie viel Prozent der Menschen in den Dritte-Welt-Ländern besitzt ein Auto?

◯ 1% ◯ 7% ◯ 23%

6 Ein Kilo Bananen kostet etwa 3.– Euro. Wie viel Geld erhält davon ein Landarbeiter, der die Bananen gepflückt hat?

◯ ca. 50 Cent ◯ ca. 20 Cent ◯ ca. 5 Cent

SHILPI LEBT IN INDIEN

Shilpi ist eine 14-jährige Textilarbeiterin in Indien. Sie arbeitet als Hilfskraft in einer Bekleidungsfabrik und faltet dort Hemden. Damit verdient sie 400 Taka im Monat (1 Taka = 8 Pfennig). Sie würde sehr gern zur Schule gehen, aber sie muss sich zuerst um ihren Lebensunterhalt kümmern. Ursprünglich wollte sie gern Lehrerin werden. Ihrem Bruder hat sie das Lesen beigebracht. Der Schulbesuch ist für Shilpi zu einem unerfüllbaren Traum geworden.

50 Cent kosten Schulhefte für 8 Kinder.
20 Euro kostet das Unterrichtsmaterial für einen Grundschullehrer.
900 Euro kostet eine Grundschule für 150 Schüler pro Tag.
1000 Milliarden Euro werden jedes Jahr für Waffen ausgegeben.

KINDERPROSTITUTION

Reenuu war 12 Jahre alt, als ihre Eltern, bettelarme thailändische Bauern, sie für 300,– € verkauften. Sie kam als Hausmädchen in die Familie eines städtischen Beamten. Dort wurde sie misshandelt und lief fort. Der Beamte forderte sein Geld zurück, das die Eltern aber nicht mehr aufbringen konnten. So reiste der Vater mit ihr nach Bangkok und verkaufte sie an ein „Teehaus", in dem Reenuu seitdem als Kinder-Prostituierte arbeitet. Reenuu gehört zu den etwa 600.000 Kindern und Jugendlichen, die in Thailand als Prostituierte ihren Lebensunterhalt verdienen. Ähnlich sieht es auf den Philippinen, in Indien und Brasilien aus. Die große Armut dieser Länder begünstigt diesen Menschenhandel.
Zu den Kunden der Kinder-Prostituierten gehören besonders viele deutsche Männer. Allein nach Thailand fliegen jedes Jahr etwa 100.000 Sextouristen aus Deutschland.

» Überlegt zu zweit, was getan werden könnte, um die Situation von Reenuu zu verbessern. Bringt eure Ergebnisse in die Gesamtgruppe ein.

„Hier ist jeder Mann ein König."... „So viele verfügbare Frauen, noch dazu jung und schön, da sagt keiner nein."... „So eine junge Asiatin hat halt noch das, was der deutsche Mann sucht."
(Äußerungen von Sextouristen)

Dein Kommentar:

	DER ALLTAG VON PEPE (12) AUS SAO PAULO	MEIN ALLTAG
Name	Pepe	
Frühstück	Ein Stück Weißbrot	
Schulbesuch	Keiner. Als Pepe 6 Jahre alt war, verließ der Vater die Familie. Seither muss Pepe arbeiten, um Geld zu verdienen.	
Tagesablauf	Um 6.00 Uhr aufstehen, Papier, Eisen und Aluminium sammeln. Schuhe putzen. Gelegenheitsarbeiten.	
Mittagessen	Wird oft erbettelt: Reis, Bohnen, Gemüseabfälle vom Markt.	
Freizeit	Mit Freunden durch die Straßen ziehen. Mit Dosen Fußball spielen. Leim schnüffeln, um den Hunger zu vertreiben.	
Abends	Schlafstelle suchen, die nicht von der Polizei kontrolliert wird.	

STRASSENKINDER

So wie Pepe leben Hunderttausende Kinder auf den Straßen der Städte – überall auf der Welt. Sie versuchen irgendwie zu überleben: indem sie Bonbons oder Zeitungen verkaufen, Autos waschen, Lumpen sammeln, betteln, stehlen oder im Müll nach Essbarem suchen.
Die Straßenkinder haben den Kontakt zu ihren Eltern und Verwandten verloren, sind oft wegen Misshandlung von dort oder aus Heimen geflohen. Viele haben sich zu Banden zusammengeschlossen – oft eine Hilfe zum Überleben auf der Straße. Allein in Lateinamerika leben 25 bis 30 Millionen Kinder auf der Straße.

Folter – das sind Elektroschocks, ausgedrückte Zigaretten auf nackter Haut, Auspeitschen, das Amputieren von Gliedmaßen. Folter – das sind Schmerzen bis zur Bewusstlosigkeit.

Folter ist auch im 21. Jahrhundert tagtägliche Realität – in mehr als 130 Ländern.

Düsseldorf, 8.3. Immer mehr Frauen aus Asien, Südamerika und Osteuropa kommen als Opfer von professionellen Menschenhändlern nach Deutschland. Sie werden mit falschen Versprechungen wie Arbeitsangeboten als Kellnerinnen nach Deutschland gelockt und landen meist in der Prostitution. Oder sie werden für Preise von 5.000 bis 10.000 Euro mit Umtauschrecht an heiratswillige Deutsche vermittelt.

Amnesty, 1.7. Die ethnische Minderheit der Montagnard wird in Vietnam seit langem verfolgt. Als Tausende von Angehörigen dieser Volksgruppe für Meinungsfreiheit und für die Ausübung ihres christlichen Glaubens protestierten, wurden sie von vietnamesischen Sicherheitskräften mit elektrischen Schlagstöcken, Metallstangen und Tränengas angegriffen. Zahlreiche Personen wurden getötet, viele wurden verhaftet, andere sind seitdem „verschwunden". Eine unabhängige Untersuchung der Ereignisse wurde verboten.

Texas, 18.5. Am Abend des 18.5.2004 wurde der schwer geistesgestörte Kelsey Patterson im US-Bundesstaat Texas hingerichtet. Es gilt als sicher, dass Patterson zwei Morde infolge einer wahnhaften Erkrankung verübt hatte und nicht verhandlungsfähig war. Gouverneur Perry lehnte die Umwandlung des Todesurteils in eine Haftstrafe, die der Begnadigungsausschuss des Bundesstaates gefordert hatte, ab. Mit Patterson sind in den vergangenen 25 Jahren in den USA fast 1.000 Gefangene hingerichtet worden – am meisten in Texas.

» Lest die oben stehenden Zeitungsmeldungen! Setzt euch in Gruppen zusammen und überlegt, in welcher Form ihr gegen Menschenrechtsverletzungen protestieren würdet. Sucht in den Zeitungen der letzten Tage nach Berichten, in denen von Ungerechtigkeiten die Rede war. Schneidet sie aus und bringt sie zum nächsten Mal mit.

KINDER HABEN RECHTE

1. Das Recht auf Gleichheit, unabhängig von Rasse, Religion, Herkunft und Geschichte.
2. Das Recht auf eine gesunde geistige und körperliche Entwicklung.
3. Das Recht auf einen Namen und eine Staatsangehörigkeit.
4. Das Recht auf eine ausreichende Ernährung, menschenwürdige Wohnverhältnisse und medizinische Versorgung.
5. Das Recht auf besondere Betreuung im Falle körperlicher oder geistiger Behinderung.
6. Das Recht auf Liebe, Verständnis und Geborgenheit.
7. Das Recht auf unentgeltlichen Unterricht, auf Spiel und Erholung.
8. Das Recht auf Schutz im Krieg und auf der Flucht.
9. Das Recht auf Schutz vor Grausamkeit, vor wirtschaftlicher und sexueller Ausbeutung.
10. Das Recht auf Schutz vor Verfolgung und auf eine gewaltfreie Erziehung.

UN- Kinderrechtskonvention von 1989

» Einigt euch in Partnerarbeit auf die fünf wichtigsten Kinderrechte! Welche Rechte sind a) in Deutschland und b) weltweit am wenigsten verwirklicht?

INFO

„Alle Menschen sind frei und gleich an Würde und Rechten geboren. Sie sind mit Vernunft und Gewissen begabt und sollen einander im Geiste der Brüderlichkeit begegnen", lautet der erste Artikel der „Allgemeinen Erklärung der Menschenrechte", die die Vollversammlung der Vereinten Nationen am 10.12.1948 beschlossen hat. Die hier formulierten Rechte, z. B. Religions-, Gewissens- und Meinungsfreiheit, die Gleichheit vor dem Gesetz oder das Verbot der Sklaverei und Folter gelten als allgemein gültig und unverletzlich – unabhängig von Geschlecht, Rasse und Besitz. Trotzdem vergeht kein Tag, an dem nicht in den Medien von Verletzungen der Menschenrechte berichtet wird.

INTERESSANTES ZUM THEMA

Internet

www.brot-fuer-die-welt.de
www.eine-welt-mvg.de
www.gepa3.de
www.dekade2005.de
www.child-hood.com

Bücher

J. Ziegler, Wie kommt der Hunger in die Welt, 2002

T. Ben Jelloun, Die Schule der Armen, 2002

MADAGASKAR

Die meisten Menschen leben hier von kleinbäuerlicher Arbeit. Die Ernte reicht oft nicht einmal für den Eigenbedarf. Brot-für-die-Welt unterstützt die Anschaffung eines kompletten Bienenstocks im Wert von 10 Euro. Der damit gewonnene Honig lässt sich auf dem Markt verkaufen und bringt den Bauern dringend benötigtes Bargeld.

NICARAGUA

Die Mehrheit der Bevölkerung kann sich eine teure ärztliche Behandlung nicht leisten. Brot-für-die-Welt unterstützt daher die Ausbildung von ehrenamtlichen Gesundheitshelfern. Für 50 Euro kann ein kleiner Apothekenschrank mit einfachen Medikamenten angeschafft werden, mit dem ein ganzes Dorf versorgt werden kann.

In „Dritte-Welt-Läden", aber auch in vielen Supermärkten gibt es immer mehr Waren, die das Transfair-Siegel tragen: Kaffee, Tee, Schokolade, Bonbons, Honig, Bananen. Wer diese Waren kauft, trägt dazu bei, dass Kleinbauern in der Dritten Welt einen fairen Lohn für ihre harte Arbeit erhalten.

Ein Beispiel: Kaffee
Transfair-Kaffee ist in Deutschland meist etwa 1 € teurer als vergleichbarer anderer Kaffee.
Aber:

- Der Kaffee stammt direkt von Kleinbauernfamilien in Lateinamerika und Afrika.
- Es gibt garantierte Mindestpreise für die Erzeuger.
- Es werden langfristige Lieferbedingungen vereinbart.
- Die Kleinbauern werden über ihre Genossenschaften an allen Entscheidungen beteiligt.

» Wenn es in eurer Nähe einen „Dritte-Welt-Laden" gibt, dann besucht ihn einmal und informiert euch über die Artikel, die dort angeboten werden. Sollte eure Gemeinde ein Projekt von „Brot-für-die-Welt" unterstützen, dann besorgt euch dazu Informationsmaterial und gestaltet damit den Schaukasten eurer Gemeinde!

Rund 80 Prozent der Weltfußballproduktion stammt aus Nordwestpakistan. Bis vor einigen Jahren stammten diese Bälle zu einem großen Teil aus Kinderarbeit. Inzwischen haben sich die großen Markenhersteller verpflichtet, Kinderarbeit beim Nähen von Fußbällen zu verbieten. Die GEPA, eine „Gesellschaft für partnerschaftlichen Handel", bietet „faire" Fußbälle an. Sie stammen auch aus Pakistan, sind aber etwas teuer, damit die erwachsenen Näherinnen dieser Fußbälle einen gerechten Lohn bekommen. Kinderarbeit wird dadurch überflüssig.

„Wir finden es wichtig, Initiativen wie den fairen Handel zu unterstützen ... Der Fußballsport schlägt die Brücke zu den Kindern in Pakistan, deren Situation es zu verbessern gilt."

Volker Finke, Fußballtrainer

Jesus erzählt: Es war einmal ein reicher Mann, der trug die teuerste Kleidung und lebte jeden Tag im Luxus. Vor seiner Tür lag ein Armer, der hieß Lazarus. Sein Körper war ganz mit Geschwüren bedeckt. Er hatte Hunger und sehnte sich nach den Resten, die vom Tisch des Reichen übrig blieben. Er war so schwach, dass er sich nicht einmal gegen die Hunde wehren konnte, die seine Geschwüre leckten.
Da starb der Arme, aber die Engel kamen und trugen ihn zu Abraham in den Himmel. Auch der Reiche starb und wurde mit allen Ehren begraben. In der Totenwelt litt er große Qualen. Als er auf-blikkte, sah er Abraham, und Lazarus bei ihm, den er zeitlebens übersehen hatte. Da rief er laut: „Vater Abraham, habe Mitleid mit mir. Schick Lazarus, damit er mir etwas Wasser bringen kann. Denn hier ist es furchtbar." Aber Abraham antwortete: „Denk daran, dass es dir im Leben immer gut gegangen ist, Lazarus aber schlecht. Außerdem besteht zwischen uns eine abgrundtiefe Kluft, die niemand überbrücken kann."
Da bat der reiche Mann: „Dann schick doch Lazarus wenigstens zu meinen Brüdern. Er soll sie warnen, damit ihnen das erspart bleibt, was ich hier erleide." Doch Abraham sagte: „Deine Brüder haben Mose und die Propheten, auf die sollen sie hören." Der Reiche ließ nicht nach: „Das genügt nicht. Aber wenn einer von den Toten zu ihnen käme, dann würden sie sich ändern." Abraham aber erwiderte: „Wenn sie nicht auf die Bibel hören, dann lassen sie sich auch nicht überzeugen, wenn jemand von den Toten aufersteht."

Nach Lukas 16,19-31

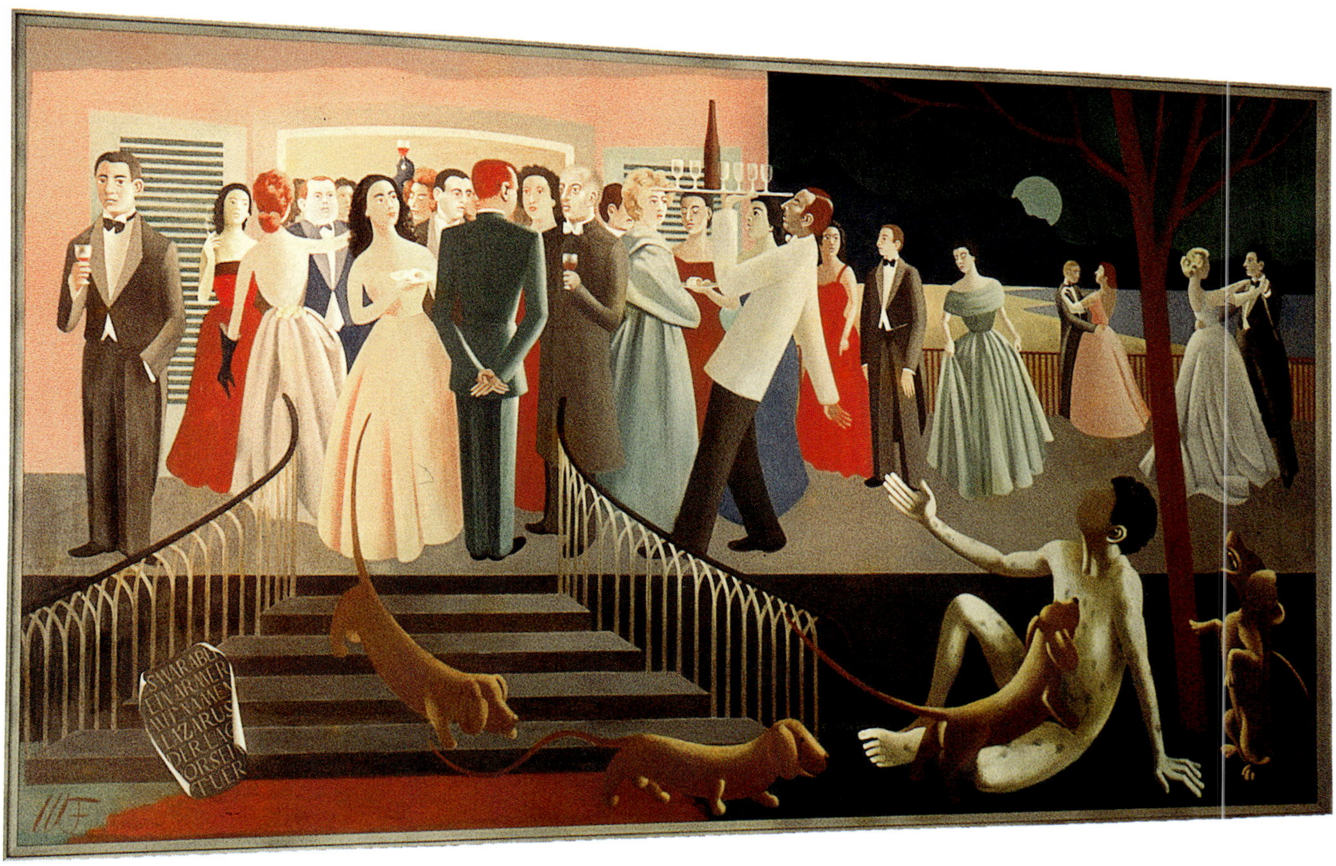

Willy Fries, Er lag vor seiner Tür

LIED

Liebe ist nicht nur ein Wort,
Liebe, das sind Worte und Taten.
Als Zeichen der Liebe ist Jesus geboren, als Zeichen der Liebe für diese Welt.

SO WIE ICH BIN

Wer bin ich? Wie möchte ich sein?
Was ist wichtig? Wer mag mich?
Wer hält zu mir? Was bringt die Zukunft?

1 Was bewunderst du am meisten bei deinem/deiner Freund/in?

2 Worauf könntest du am wenigsten verzichten?

3 In welchem Land würdest du am liebsten leben?

4 Wem möchtest du gerne nacheifern?

5 Was ist dein größter Fehler?

6 Was kannst du gut?

7 Welche Eigenschaft hättest du gerne?

„Sag mal, was ist eigentlich mit dem Florian los?" – „Ach, weißt du, den muss man zur Zeit etwas schonend behandeln. Der steckt zur Zeit so richtig in der Pubertät."
Erwachsene reden von der berühmten Pubertät oft wie von einer Krankheit. Dabei ist das, was jetzt im Alter von 11-15 (bei den Mädchen früher als bei den Jungen) passiert, etwas Spannendes:

- Du merkst immer mehr, was du alles kannst.
- Du fängst an, dir eine eigene Meinung zu bilden – ohne die Eltern zu fragen.
- Du interessierst dich für's andere Geschlecht und merkst, dass Sexualität schön ist.
Du machst Pläne für deine Zukunft.

Keiner kann von dir erwarten, dass du jetzt immer ausgeglichen und fröhlich durch die Gegend läufst. Du musst jetzt so vieles ausprobieren, dass du auch ruhig mal auf die Schnauze fallen darfst. Wer sich nichts traut, dem geht auch nichts schief.

» „Wer zerrt an dir?" Schreibe in die Hände, wer dich beeinflussen oder bestimmen will! Welche Fäden möchtest du am liebsten abschneiden?

„Meine Eltern mischen sich überall ein. Ich bin jetzt 15 Jahre alt und bin es leid, immer bevormundet zu werden. Meine Freunde, was ich anziehe, wie oft ich in die Stadt gehe – immer geben sie ihre Kommentare ab. Ich weiß, sie wollen alles für mich tun, aber genau das will ich nicht. Ich muss allein mit meinen Problemen fertig werden. Wenn sie das doch nur begreifen könnten!" Robert, 15 Jahre

„Mein Problem ist: Ich traue mir nichts zu. Andere sind locker und immer gut drauf. Die machen nur einen Witz und alle lachen. So möchte ich auch sein. Aber das werde ich wohl nie schaffen." Eva, 14 Jahre

» Versucht gemeinsam, das Bild zu deuten!

MÄDCHEN ÜBER JUNGEN – JUNGEN ÜBER MÄDCHEN

„Ich finde, manche Jungen haben, was Mädchen angeht, etwas altertümliche Erwartungen. Erstens müssen Mädchen kleiner sein als sie selbst. Zweitens sind schlanke, vollbusige Blondinen immer noch das höchste aller Gefühle. Drittens können sie es nicht ertragen, wenn Mädchen mehr wissen oder etwas besser können als sie. Ich finde Jungen ziemlich faul oder bequem, wenn es um das Besprechen von Problemen geht. Sie scheinen sich nicht so viele Gedanken zu machen. Allerdings gibt es auch intelligente und vernünftige Jungen, die sogar zur Selbstkritik fähig sind. Leider zu wenig. Meistens trifft man auf egoistische Chauvis.“ Alexandra, 15 Jahre

„Was mir auffällt, ist, dass die Mädchen oft so eingebildet sind. Sie glauben, wer weiß wie schön zu sein, und geben sich mit Jungen in ihrem Alter gar nicht ab. Meist stehen sie in ihrer Clique zusammen, tratschen über andere und schütteln ihre Haare. Einzeln sind sie oft natürlicher. Dann lassen sie einen auch schon mal abschreiben.“ Ulf, 14 Jahre

FRAGEBOGEN FÜR MÄDCHEN UND JUNGEN

		JA	NEIN
1.	Für ein Mädchen ist es wichtiger, gut auszusehen, als eine gute Ausbildung zu haben.	○	○
2.	Es ist vor allem Sache des Mannes, das Geld für die Familie zu verdienen.	○	○
3.	Es gehört sich nicht, dass ein Mädchen einen Jungen anspricht, ob er nicht mit ihr gehen will.	○	○
4.	Es liegt an den Männern, dass so wenige Frauen ein öffentliches Amt ausüben.	○	○
5.	Jungen haben ein besseres technisches Verständnis als Mädchen.	○	○
6.	Von Kindererziehung verstehen Frauen mehr als Männer.	○	○
7.	Hausmänner sind keine richtigen Männer.	○	○
8.	Jungen können abends länger ausgehen als Mädchen, denn für sie ist es nicht so gefährlich.	○	○
9.	Hausarbeit ist in erster Linie Frauensache.	○	○
10.	Frauen sollen in der Politik genauso stark vertreten sein wie Männer.	○	○

INFO

„Und Gott schuf den Menschen zu seinem Bilde; und Gott schuf sie als Mann und Frau.“ 1. Mose 1,27

So steht es am Anfang der Bibel: Mann und Frau gleich geschaffen, ebenbürtig und mit gleicher Würde. Doch an anderen Stellen der Bibel steht es leider auch anders: Die Frau soll sich dem Mann unterordnen, soll dienen, soll in der Gemeinde schweigen. So hat auch die Bibel dazu beigetragen, dass Frauen in einer von Männern beherrschten Welt zum Teil bis heute nicht als gleichberechtigt behandelt wurden oder werden. So dürfen Frauen in der Evangelischen Kirche Deutschlands erst seit 1966 als Pfarrerinnen arbeiten, während Frauen in der Katholischen Kirche bis heute keine Priesterinnen werden dürfen.
In den ersten christlichen Gemeinden war das anders. Alle Bereiche der Gemeinde waren für Frauen und Männer offen. Sie waren gleichgeachtet und gleichberechtigt. Im Galaterbrief schreibt Paulus: „Denn ihr alle, die ihr auf Christus getauft seid, habt Christus angezogen. Da ist nicht Jude noch Grieche, nicht Sklave noch Freier, nicht Mann noch Frau. Ihr seid vielmehr alle eins in Jesus Christus.“

Sandra ist die Schönste. Sie ist erst 15, aber sie wirkt schon wie ein Fotomodell. Braungebrannt, dunkelblond und toll angezogen, zieht sie auf dem Schulhof die Blicke der Jungen auf sich. Sie ist der Star in ihrer Klasse – und das weiß sie.

Marc ist der Größte. Lässig raucht er auf dem Schulhof, obwohl das verboten ist. Er traut sich, was andere sich nicht trauen, aber er kann es sich auch leisten. Denn Marc ist clever und schlagfertig, er kann mit Lehrern umgehen. Marc ist beliebt, so wie er möchten viele sein.

Auf dem Bild sind zwei Personen zu sehen. Welche siehst du zuerst?

WER IST DER ODER DIE GRÖSSTE?

- Bill Gates (Microsoft-Gründer und einer der reichsten Männer der Welt)
- Britney Spears (Englisches Pop-Idol)
- Michael Schumacher (xfacher Formel-1-Weltmeister)
- Königin Elisabeth (Englische Königin seit 1953)
- __________
- __________
- __________

» Ergänze die Liste! Warum sagt man von diesen Personen, sie gehörten zu den Größten?

ANLEITUNG ZUM COOLSEIN

Wer cool ist, darf nicht den Eindruck erwecken, er würde sich dafür besonders anstrengen. Er muss lässig wirken und gleichzeitig distanziert zu den Reaktionen des Umfelds.
Zwei coole Konfirmanden zeigen, wie man cool auf dem Stuhl sitzt. Es ist cool, sich möglichst wenig zu bewegen und wenn notwendig, dann langsam und entspannt.
Zwei coole Konfirmanden gehen zur Tafel und wischen sie sauber. Wer cool wirken will, muss die unnahbare Fassade aufrechterhalten. Er wirkt distanziert und abwesend und zeigt dies durch Mimik und Körperhaltung.
Wie reagieren coole Konfirmanden, wenn sie keine Lust haben, die Tafel zu wischen?
Für das Coolsein ist die Kleidung besonders wichtig. Mit ihr kann die Zugehörigkeit zu einer Gruppe, aber auch die eigene Besonderheit ausgedrückt werden. Die Gruppe entscheidet, was ein cooler Konfirmand trägt.

» Zwei Konfirmandinnen oder Konfirmanden befolgen diese Anleitung genau. Die Gruppe beobachtet und entscheidet im Zweifelsfall, was cool ist und was nicht.

Unter den Jüngern kam es zu einem Streit, wer von ihnen der Größte sei. Jesus kannte ihre Gedanken. Er nahm ein Kind, stellte es neben sich und sagte zu ihnen: „Wer dieses Kind in meinem Namen aufnimmt, der nimmt mich auf. Und wer mich aufnimmt, der nimmt den auf, der mich gesandt hat. Also: Wer der Geringste unter euch ist, der ist wirklich groß."

Lukas 9,46-48

Edvard Munch, Der Schrei, 1893

SELBSTMORD VON JUGENDLICHEN

Nach Verkehrsunfällen ist der Selbstmord (Suizid) zweithäufigste Todesart unter Jugendlichen.

Aus dem Abschiedsbrief eines 15-jährigen Schülers: „…Wenn ihr diesen Brief lesen werdet, habe ich etwas getan, das sich nicht mehr rückgängig machen lässt. Ich werde mir das Leben nehmen. Macht euch keine Vorwürfe, jetzt ist es dafür zu spät. Ich habe es nicht mehr ausgehalten, dass ich nicht ich selbst sein konnte. Ständig habt ihr auf mir herumgehackt. Nie habt ihr mir zugehört. Immer war ich auf mich selbst angewiesen. Vertrauen zu euch habe ich schon lange nicht mehr. Jetzt lasse ich das alles zurück. Ich weiß genau, was ich tue. Ich habe mir das alles lange überlegt …“

» Versuche, den Brief zu charakterisieren!
Wie wirkt der Schüler auf dich?
Wie könnte man einem Jugendlichen, der sich umbringen will, helfen? Was würdest zu tun?

ALARMZEICHEN VOR EINEM SUIZIDVERSUCH

1 Auffälliges, verändertes Verhalten, Leistungsabfall, Zurückgezogenheit, riskantes Verhalten …
2 Verbale Äußerungen: „Ich bring mich um“, zweideutige Botschaften, Andeutungen
3 Verschenken von wertvollen Gegenständen
4 Beschäftigung mit dem Thema „Tod“

INTERESSANTES ZUM THEMA

Internet
www.kids-hotline.de

WAS JUGENDLICHE SCHON ERLEBT HABEN

Kritisches Ereignis	16-18-Jährige
Oma oder Opa gestorben	64%
Ein Haustier gestorben	64%
Schwere Krankheit in der Familie	59%
Umzug der Familie	52%
In der Schule „sitzen“ geblieben	32%
Eigene schwere Krankheit	31%
Selbst einen Verkehrsunfall gehabt	24%
Trennung oder Scheidung der Eltern	19%

„Ich sorge mich um meinen Vater, der krank ist und jetzt für 4 Monate in einer Spezial-Klinik ist. Aber ich sorge mich auch um meine Mutter, weil das Unternehmen, in dem sie arbeitet, Ende des Jahres aufgelöst wird. Ich hoffe, dass sie trotzdem ihre Arbeit behält.“
Silvia, 13 J.

„Ich bin ‚sitzen‘ geblieben. Ich muss die 8. Klasse wiederholen. Und das ist ‚Scheiße‘ für mich. Ich zeige das nicht, aber innerlich tut es mir voll weh. In meiner neuen Klasse fühle ich mich nicht so wohl.“
Marcel, 15 J.

„Meine Eltern haben sich letzten Sommer getrennt. Jetzt lebe ich mit meiner Mutter und Schwester allein. Ich wünsche mir von ganzem Herzen, dass meine Eltern sich wieder versöhnen. Jedes 2. Wochenende müssen wir zu meinem Papa. Wenn Mama und Papa telefonieren, hören wir Mama immer durchs ganze Haus schreien.“ Klara, 14 J.

FRAGEBOGEN – NUR FÜR DICH

Mit wem kannst du am ehesten über deine Probleme reden?

Wovor hast du am meisten Angst?

Wem möchtest du am liebsten mal deutlich deine Meinung sagen?

Wann hast du das letzte Mal gebetet?

Was ist zur Zeit dein größtes Problem?

ich wurde nicht gefragt
bei meiner geburt
und die mich gebar
wurde auch nicht gefragt
bei ihrer geburt
niemand wurde gefragt
außer dem Einen
und der sagte
ja

Kurt Marti

Hier ist Platz für deine Unterschrift und deinen Fingerabdruck. Beide gehören unverwechselbar zu dir.

Ich kann nicht malen wie Picasso
Ich bin nicht so schlau wie Einstein
Ich kann nicht so gut singen wie Britney Spears
Ich bin nicht so bekannt wie Angela Merkel

ABER

kann reden — wie ich rede
kann tanzen — wie ich tanze
kann lachen — wie ich lache
kann weinen — wie ich weine
kann singen — wie ich singe

Ich bin nicht überragend
Ich bin nicht berühmt
Ich bin nicht reich

ABER

Ich bin etwas Besonderes
Mich gibt es nur einmal
Ich bin einmalig
Gott hat mich wunderbar gemacht

» Schreibe in das leere Feld „Ich“. Das „Ich“ kannst du zugleich besonders gestalten oder schön schreiben.

WAS MIR AN DIR GEFÄLLT

» Setzt euch zu zweit zusammen. Jede(r) schreibt vom anderen 3 Verhaltensweisen auf, die ihm oder ihr am anderen gut gefallen. Schreibt jeweils in das Buch des Partners oder der Partnerin.

GOTT SAGT JA

So spricht Gott, der dich geschaffen hat: Fürchte dich nicht, denn ich habe dich erlöst. Ich habe dich bei deinem Namen gerufen. Du bist mein.

Jesaja 43,1

„Als meine Oma im Krankenhaus war, sollte ich sie immer besuchen, aber ich hatte keine Lust. Dann ist sie plötzlich gestorben. Damit hatte keiner gerechnet, aber ich mache mir jetzt Vorwürfe."

„Zu Schuld fallen mir die Sexualtäter ein, die Kinder missbrauchen und dann auch noch umbringen. Die können so etwas ja nie wieder gutmachen, egal wie lange die im Gefängnis sitzen."

„Ich habe einen Film über Kinder gesehen, die auf der Straße leben. Was können die dafür? Ich kann zwar auch nichts dafür, trotzdem hatte ich hinterher Schuldgefühle."

„Ich denke an die Leute, die schuld sind, dass es der Umwelt immer schlechter geht. Politiker, Manager und solche Leute. Die könnten etwas tun und tun nichts. Das finde ich schlimm."

„Ich habe einmal bei Karstadt eine CD geklaut. Hinterher habe ich mich so geschämt. Ich wollte sie schon wieder hinbringen, aber das habe ich doch nicht geschafft."

„Wenn ich mich mit meiner Schwester streite, dann werfe ich ihr Sachen an den Kopf, die mir hinterher Leid tun. Bei ihr ist das genauso."

„Einmal hätte ich meinem Freund aus der Klemme helfen können, aber ich habe es nicht getan. Er war ziemlich sauer und hat 2 Wochen nicht mit mir geredet. In der Zeit habe ich mich ziemlich schlecht gefühlt."

» Was fällt dir zu „Schuld" ein? Ergänze die Äußerungen Jugendlicher! Ihr könnt auch eine Gesprächsrunde veranstalten: „Als ich einmal ein schlechtes Gewissen hatte!"

DIE KLASSENKONFERENZ

Es fing schon an, als Sascha zu uns in die Klasse kam. Er war 16, zwei Jahre älter als wir, er war schon zweimal sitzen geblieben. Irgendwie passte er von Anfang an nicht zu uns. Er hatte immer eine große Klappe und wollte alles bestimmen. Und wenn wir nicht mitmachten, dann drohte er uns mit seinen Freunden: „Die sind stärker als ihr alle zusammen. Wenn ich denen Bescheid sage, habt ihr nichts zu lachen." Ob er wirklich Freunde hatte, hat keiner von uns herausbekommen; gesehen hat sie jedenfalls keiner.
Klar, dass es bald Ärger mit ihm gab. Er fing immer Streit an. Das fiel Herrn Fricke, unserm Klassenlehrer, natürlich auch auf. Er muss wohl mal ein deutliches Wort mit ihm gesprochen haben, jedenfalls wurde es für kurze Zeit besser. Dann wollte er uns imponieren und legte sich mit Frau Hecker an. Wir konnten Frau Hecker alle nicht so gut leiden. Aber ihr zu sagen, sie sei eine „blöde Kuh" und sie könne sich noch so sehr anmalen, wie sie wolle, es nütze sowieso nichts – das ging doch ein bisschen zu weit. So ritt er sich immer mehr rein. Er bekam einen Brief nach Hause und seine Mutter musste in die Schule kommen.
Aus irgendeinem Grund dachte er, ich könnte sein Freund sein. Ich weiß gar nicht, wie er auf die Idee kam. Jedenfalls kaufte er mir ab und zu Schokolade in der Pause und versuchte sich mit mir zu verabreden. Ich ließ ihn abblitzen.
Eines Tages hörten wir, Sascha kriegt eine Klassenkonferenz. Was war passiert? In der Pause soll er Frau Hecker absichtlich angerempelt haben, und als sie nach der Schule mit ihrem Fahrrad nach Hause fahren wollte, soll ihr Fahrrad beschädigt gewesen sein. Der Vorderlenker war verbogen und die Lampe war aus der Halterung gerissen.
Als ich das hörte, lief es mir über den Rücken. Ich wusste, mit dem Fahrrad – das war ich. Ich hatte es an dem Morgen eilig, und als ich mein Rad in den Ständer stellen wollte, fielen einige andere um. Auch das von Frau Hecker. Ich kannte es, sie hatte einen auffallenden Sattel. Ich habe es wieder hingestellt, aber habe nicht gemerkt, dass etwas kaputt gegangen war. Sollte ich jetzt hingehen und es sagen?

Ich tat es nicht. Irgendwie hatte Sascha die Klassenkonferenz doch sowieso verdient – ob das mit dem Fahrrad nun dazukam oder nicht. Zur Klassenkonferenz wurde auch seine Mutter eingeladen. Außerdem konnte noch ein Schüler teilnehmen, den Sascha vorschlagen konnte. Wen hat er vorgeschlagen? Ausgerechnet mich! Ich habe ihm gesagt, ich hätte keine Zeit, er sollte sich einen anderen suchen. Er hat keinen gefunden. Seine Mutter hat bei der Klassenkonferenz kaum etwas gesagt, höchstens den Lehrern zugestimmt. Er darf jetzt nicht bei unserer Klassenfahrt mitfahren. Das war die Strafe, die sie ihm aufgebrummt haben. Als wir das in der Klasse hörten, hat ihn keiner bedauert. Nur mir ist nicht ganz wohl bei der Sache, aber was kann ich jetzt noch machen?

» Nimm Stellung zu der Geschichte! Spielt die Klassenkonferenz in einem Rollenplanspiel nach! Bereitet in Gruppen 5 Rollen vor: 1. Herr Fricke 2. Frau Hecker 3. Sascha 4. Saschas Mutter 5. Der Erzähler (er ist doch noch zur Klassenkonferenz gegangen).

VERZEIHLICH ODER UNVERZEIHLICH?

	verzeihlich	unverzeihlich		verzeihlich	unverzeihlich
Ladendiebstahl	○	○	Habgier	○	○
Drogenhandel	○	○	Faulheit	○	○
Tierquälerei	○	○	Brutalität	○	○
Schwarzfahren	○	○	Verrat	○	○
Erpressung	○	○	Dummheit	○	○
Kindesmissbrauch	○	○	Gefühllosigkeit	○	○
Raubüberfall	○	○	Egoismus	○	○
Gewaltausübung	○	○	Neid	○	○
Nächtliche Ruhestörung	○	○	Verleumdung	○	○
____________	○	○	____________	○	○
____________	○	○	____________	○	○

» Was würdest du noch ergänzen?
Was hältst du für verzeihlich und was für unverzeihlich?
Was ist am schlimmsten? Stelle eine Rangfolge auf!

Sieger Köder, Zachäus

Jesus kam nach Jericho und zog durch die Stadt. Dort lebte ein Mann namens Zachäus, der oberste Steuereinnehmer der Stadt. Er war sehr reich, doch niemand mochte ihn. Zachäus wollte Jesus unbedingt sehen, denn er hatte viel von ihm gehört. Aber er war klein, und die Menschenmenge versperrte ihm den Weg. Da lief er voraus und kletterte auf einen Maulbeerbaum, um Jesus sehen zu können, wenn er vorbeizog. Als Jesus an den Baum kam, blieb er stehen, schaute hinauf und redete Zachäus an: „Zachäus, komm schnell herunter, denn ich möchte noch heute in deinem Haus dein Gast sein." Zachäus stieg sofort vom Baum und nahm Jesus mit großer Freude bei sich auf.
Als aber die Menge das sah, entrüsteten sich alle: „Ein Skandal! Weiß dieser Jesus nicht, was Zachäus für ein Mensch ist? Ein Gauner und Betrüger!" Zachäus aber stand vor Jesus und sagte: „Ich verspreche dir, ich werde die Hälfte meines Besitzes den Armen geben. Und wenn ich jemanden betrogen habe, will ich es ihm vierfach zurückgeben." Jesus antwortete: „Heute ist das Heil in dein Haus eingekehrt." Und zu allen sagte er: „Auch Zachäus gehört zu den Kindern Abrahams. Der Menschensohn ist gekommen, um die zu suchen und zu retten, die verloren sind."

Lukas 19,1-10

» Ihr könnt in mehreren Gruppen verschiedene Szenen dieser Erzählung in lebenden Standbildern darstellen.

FRAGEBOGEN – NUR FÜR DICH

Hast du einen Traum, den du dir irgendwann noch einmal erfüllen möchtest?

Welche Gruppen oder Organisationen würdest du unterstützen?

Kennst du jemand, der so lebt, wie du einmal leben möchtest?

Gibt es für dich etwas Wichtigeres, als das Leben zu genießen?

Wenn du dir ein Lebensmotto wählen würdest, wie würde es heißen?

Wenn du an deinem 80. Geburtstag zurückblickst, was möchtest du dann erreicht haben?

WORAUF ES IM LEBEN ANKOMMT

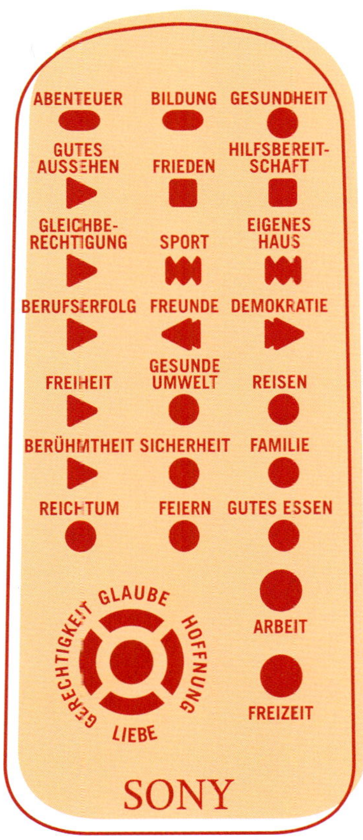

» Suche 10 Lebensziele aus, die dir besonders wichtig sind. Stelle eine Reihenfolge auf. Wie sieht die Reihenfolge in deiner Gruppe aus?

Einmal kam ein Mann zu Jesus und fragte ihn: „Lehrer, was muss ich Gutes tun, um das ewige Leben zu bekommen?" „Warum fragst du mich, was gut ist?", antwortete Jesus. „Es gibt nur Einen, der gut ist! Wenn du bei ihm leben willst, dann befolge seine Gebote." „Welche Gebote?", fragte der Mann. Jesus antwortete: „Morde nicht, zerstöre keine Ehe, beraube niemand, sag nichts Unwahres, ehre deinen Vater und deine Mutter und liebe deinen Mitmenschen wie dich selbst!" „Ich habe alle diese Gebote befolgt", erwiderte der junge Mann. „Was muss ich noch tun?" Jesus sagte zu ihm: „Wenn es dir ums Ganze geht, dann verkaufe deinen Besitz und gib das Geld den Armen, so wirst du bei Gott einen unverlierbaren Reichtum haben. Und dann geh mit mir!" Als der junge Mann das hörte, ging er traurig weg; denn er war sehr reich.

Matthäus 19,16-22

» Überlegt, wieso die Antwort Jesu etwas mit der Frage nach dem Sinn des Lebens zu tun haben könnte!

MACHT GELD SÜCHTIG?

„Geld ist für mich total wichtig. Mein Taschengeld, zum Beispiel, das reicht nie. Ich kriege 60 Euro die Woche, aber davon muss ich alles zahlen. Klamotten, für die Schule, für mein Rennrad, Computer und so. Darum lasse ich mir auch immer Geld schenken, zum Geburtstag oder zu Weihnachten.“ Max, 15 Jahre

„Ich bekomme im Monat 50 Euro. Ich finde, das ist sehr viel Geld. Trotzdem komme ich damit nicht aus. Ich käme aber auch mit 100 Euro nicht aus. Wenn ich etwas Schönes sehe, muss ich es mir kaufen.“ Nina, 14 Jahre

„Wenn ich pleite bin, brauche ich meist auch nichts. Wenn ich Geld in der Tasche habe, gebe ich es meist gleich aus. Ich glaube, Geld macht süchtig. Man will immer mehr.“ Julia, 14 Jahre

» Wie viel Geld brauchst du? Wofür gibst du es hauptsächlich aus?

SCHULDENFALLE HANDY

Berlin (dpa). Immer häufiger geraten Jugendliche in die Schuldenfalle, weil sie ihre Handyrechnungen nicht bezahlen können. „Mehr als drei Viertel der Jugendlichen mit denen wir zu tun haben, hat Handyschulden – oft von einigen tausend Euro“, weiß der Berliner Schuldnerberater Peter Z. „Viele Jugendliche telefonieren hemmungslos und schicken eine SMS nach der anderen. Oft wissen sie aber gar nicht, was das kostet. Und dann ist das Erschrecken umso größer.“ Jeder vierte Schuldner in Deutschland ist heute jünger als 25 Jahre.

Ein Fischer sitzt am Strand und blickt auf das Meer, nachdem er die Ernte seiner mühseligen Ausfahrt auf den Markt gebracht hat. Warum er nicht einen Kredit aufnehme, fragt ihn ein Tourist. Dann könne er einen Motor kaufen und das Doppelte fangen. Das brächte Geld für einen Kutter und für einen zweiten Mann ein. Zweimal täglich auf Fang hieße das Vierfache verdienen. Warum er eigentlich herumtrödele. Auch ein dritter Kutter wäre zu beschaffen; das Meer könnte viel besser ausgenutzt werden, ein Stand auf dem Markt, Angestellte – dem Touristen leuchten die Augen. „Und dann?“, unterbricht ihn der Fischer. „Dann brauchen Sie gar nichts mehr zu tun. Dann können Sie den ganzen Tag sitzen und glücklich auf Ihr Meer hinausblicken!“ – „Aber das tue ich doch jetzt schon“, sagt der Fischer.

Nach Heinrich Böll

„Niemand kann zwei Herren zugleich dienen. Er wird den einen vernachlässigen und den anderen bevorzugen. Er wird dem einen treu sein und den anderen hintergehen. Ihr könnt nicht beiden zugleich dienen: Gott und dem Geld.
Darum sage ich euch: Macht euch keine Sorgen um Essen und Trinken und um eure Kleidung. Das Leben ist mehr als Essen und Trinken und der Körper ist mehr als die Kleidung. Seht euch die Vögel an! Sie säen nicht, sie ernten nicht, sie sammeln keine Vorräte – aber euer Vater im Himmel sorgt für sie. Und ihr seid ihm doch viel mehr wert als alle Vögel! Wer von euch kann durch Sorgen sein Leben auch nur um einen Tag verlängern? Und warum macht ihr euch Sorgen um das, was ihr anziehen sollt? Seht, wie die Blumen auf den Feldern wachsen! Sie arbeiten nicht und machen sich keine Kleider; doch ich sage euch: Nicht einmal Salomo bei all seinem Reichtum war so prächtig gekleidet wie irgendeine von ihnen. Wenn Gott sogar die Feldblumen so ausstattet, die heute blühen und morgen verbrannt werden, wird er sich dann nicht erst recht um euch kümmern? Habt doch mehr Vertrauen! Macht euch also keine Sorgen! Fragt nicht: ‚Was sollen wir essen?‘ ‚Was sollen wir trinken?‘ ‚Was sollen wir anziehen?‘ Damit plagen sich Menschen, die Gott nicht kennen. Euer Vater im Himmel weiß, dass ihr all das braucht. Sorgt euch zuerst darum, dass ihr euch seiner Herrschaft unterstellt, und tut, was er verlangt, dann wird er euch schon mit all dem anderen versorgen.“

Matthäus 6,24-33

» Gibt es in dieser Rede Jesu Sätze, mit denen du nicht einverstanden bist? Markiere sie mit einem Fragezeichen! Unterstreiche die Sätze, die dir gefallen!

TANZEN BIS ZUM MORGEN

Es ist 20 Uhr. Janina (16) hat die Haare gestylt, das Make-up aufgetragen und einen besonders kurzen Rock an. Das Outfit stimmt. Es klingelt an der Tür, sie wird abgeholt. Das Ziel ist eine Disco in der Nähe. Heute Abend will sie mal richtig abtanzen, mit der Musik verschmelzen, einfach ihren Spaß haben. Die Disco ist gerammelt voll, die Stimmung ist super. Tanzen bis zum Umfallen, zwischendurch 'ne Cola, ein bisschen flirten, einfach sich treiben lassen. Für sie endet die Nacht um drei. Ihr Freund setzt sie zu Hause wieder ab. Sie ist fix und fertig, es war toll.

VOR DER GLOTZE

„Wenn ich von der Schule nach Hause komme, gehe ich sofort in mein Zimmer und mache den Fernseher an. Zuerst kommen die Gerichtsshows. Das ist ja alles erfunden, aber es ist trotzdem voll spannend, wenn die bei so einer Verhandlung ausrasten. Um 4 Uhr kommt „Interaktiv" auf Viva, das darf ich auf keinen Fall verpassen. Danach zappe ich durch die Talk-Shows. Um halb sechs fängt ‚Unter uns' auf RTL an, dabei will ich nicht gestört werden." Nick, 13 J.

IN ODER OUT?

Bei einer Befragung antworteten 62 Prozent der Jugendlichen, es sei für sie besonders wichtig, „im Trend zu sein". Doch was ist gerade „in" und was ist gerade „out"? Die Trends wechseln sehr schnell und es ist meist nicht ganz billig, immer trendy zu sein und mithalten zu können: Kino, Politik, Partys, Fitness, Lesen, HipHop, McDonalds, Handy, Kirche, Piercen, Musikinstrumente spielen, Jugendgruppen, Internet, Sportverein, Alkohol, Modellbau, Musik hören, Hausarbeit, Viva, Tagebuch, Schwimmbad, Reiten, Computerspiele, Mountainbike, Gesellschaftsspiele, Markenklamotten ...

IN	OUT

» Du kannst die Liste noch ergänzen. Schreibe in die linke Spalte, was gerade „in" ist, und in die rechte, was gerade „out" ist. Vergleiche deine Ergebnisse mit denen der Gruppe.

WAS IST GLÜCK?

„Glück ist für mich, wenn ich etwas geschafft habe, was mir keiner zugetraut hat." Daniel, 13 Jahre

„Glück ist für mich, samstags shoppen zu gehen und genug Geld dabei zu haben." Berit, 15 Jahre

„Glück ist für mich, wenn man einen hat, der einen liebt." Marie, 14 Jahre

WAS IST GLÜCK FÜR DICH?

____

____

____

____

ICH FINDE ES BEKNACKT, MEIN LEBEN LANG ZU ARBEITEN!

„Ich habe ein Riesenproblem: Ich finde es total beknackt, mein Leben lang zu arbeiten und dann endlich als Opa Freizeit zu haben. Dann hat man doch gar nichts mehr davon. Ich finde, irgendwie ist das falsch eingerichtet. Wenn man jung ist, braucht man viel mehr Geld und auch mehr Freizeit als später. Wenn ich das anderen sage, halten die mich für verrückt. Aber, spinne ich denn? Mich würde mal Ihre Meinung interessieren. Ich werde jedenfalls nicht mein Leben lang arbeiten.“
Sascha, 14 Jahre (Leserbrief an eine Jugendzeitschrift)

» Was ist eure Meinung? Ihr könnt Sascha auch einen Antwortbrief schreiben.

MIT 20, MIT 30, MIT 40 ...

Bei einer Befragung gaben Jugendliche an, was sie in welchem Alter erreicht haben wollen:

- zum ersten Mal sehr verliebt sein 13,5 Jahre
- das erste eigene Handy (eigene Nummer) 14,2 Jahre
- weggehen und nach Hause kommen, wann man will 16,8 Jahre
- eine eigene Urlaubsreise machen 17,2 Jahre
- das erste eigene Auto fahren 18,7 Jahre
- genug Geld verdienen, um für sich selbst sorgen zu können 21,5 Jahre
- aus dem Elternhaus ausziehen 23,0 Jahre

WELCHES LEBEN MÖCHTEST DU FÜHREN?

Wenn du frei wählen könntest, welches Leben würdest du führen?

- Als Lehrerin/Lehrer einer Grundschule auf dem Land
- Als Künstlerin/Künstler in einer alten Fabrik
- Als Wirtin/Wirt in deiner eigenen Kneipe
- Als Büroangestellte/r mit geregelter Arbeitszeit und Eigentumswohnung
- Als Fernsehmoderatorin/-moderator mit eigener Talk-Show
- Als Politiker im Bundestag mit einem Bürgerbüro in der Stadt
- Als Krankenschwester/-pfleger in einem Krankenhaus
- Als Globetrotter auf einem Segelboot um die Welt
- Als Hausfrau/Hausmann mit zwei kleinen Kindern
- Als Managerin/Manager in einer größeren Firma mit 70-Stunden-Job
- Als Vogelwärter/in auf einer Insel im Wattenmeer
- Als karrierebewusste/r Single in einer Penthouse-Wohnung
- Als Sozialarbeiter/in im Drogenmilieu einer Großstadt
- Als Bäuerin/Bauer auf einem Bauernhof mit vielen Tieren
- Als Facharbeiter/in mit sicherem Arbeitsplatz und Wohnmobil auf einem Campingplatz
- Als Aktivist/in von Greenpeace
- Als ______________________

» Welches Leben möchtest du gerne führen? Wie möchtest du auf keinen Fall leben? Kannst du deine Wahl begründen? Wenn du dir die Ergebnisse in deiner Gruppe ansiehst, unterscheiden sich Mädchen und Jungen?

als sie mit zwanzig
ein kind erwartete
wurde ihr heirat
befohlen

als sie geheiratet hatte
wurde ihr verzicht
auf alle studienpläne
befohlen

als sie mit dreißig
noch unternehmenslust zeigte
wurde ihr dienst im hause
befohlen

als sie mit vierzig
noch einmal zu leben versuchte
wurde ihr anstand und tugend
befohlen

als sie mit fünfzig
verbraucht und enttäuscht war
zog ihr mann
zu einer jüngeren frau

liebe gemeinde
wir befehlen zu viel
wir gehorchen zu viel
wir leben zu wenig

Kurt Marti

WOFÜR SETZT DU DICH EIN?

- Für den Schutz von Tieren ○
- Für die Integration von Ausländern ○
- Für inernationale Verständigung ○
- Für deinen Sportverein ○
- Für alte Menschen ○
- Für den Schutz der Umwelt ○
- Für behinderte Menschen ○
- Für deine Kirchengemeinde ○
- Für die Menschenrechte ○
- Für die Armen in der Dritten Welt ○
- Für die Rechte der Jugend ○
- Für ________________ ○
- Ich setze mich für nichts davon ein. ○

» Wofür setzt ihr euch in der Konfirmandengruppe am meisten ein? Stellt eine Reihenfolge auf!

Seit zwei Jahren arbeitet David in der Umwelt-AG seiner Schule mit. Da er sehr technikinteressiert ist, hat er zusammen mit dem Physiklehrer und einigen anderen Schülern eine Solaranlage gebaut, die nun die Duschen der Turnhalle mit Warmwasser versorgt. Nächstes Projekt ist die umweltgerechte Veränderung der Schul-Cafeteria. Für David steht fest, dass er später in einem Beruf arbeiten will, der mit Ökologie zu tun hat.

Sara geht noch zum Konfirmandenunterricht, aber sie arbeitet schon in der Teestube mit, die montags und mittwochs im Kirchenkeller für Jugendliche geöffnet ist. Es ist der einzige Treffpunkt für Jugendliche in ihrem Dorf. Musik hören, Filme ansehen, miteinander reden, Leute treffen – Sara macht es Spaß. Im nächsten Jahr will sie bei einer Kinderfreizeit der Gemeinde als Helferin mitfahren.

Vor 250 000 Demonstranten hält Martin Luther King am 28.8.1963 in Washington seine berühmte Rede: „I have a dream…“

ICH TRÄUME DAVON

Ich träume davon, dass eines Tages die Menschen sich erheben und einsehen werden, dass sie geschaffen sind, um als Brüder miteinander zu leben. … Ich träume davon, dass eines Tages alle Schwarzen in diesem Land und alle Farbigen in der ganzen Welt aufgrund ihres Charakters und nicht ihrer Hautfarbe beurteilt werden und dass jeder Mensch die Würde und den Wert der menschlichen Persönlichkeit achten wird … Ich träume davon, dass eines Tages die Söhne früherer Sklaven und die Söhne früherer Sklavenhalter zusammen an einem Tisch sitzen können. … Ich träume davon, dass Brüderlichkeit mehr sein wird als ein paar Worte am Ende eines Gebets, vielmehr das vordringliche Anliegen im Handeln jedes Gesetzgebers. … Ich träume auch heute noch davon, dass in all unsere Parlamentsgebäude und Rathäuser Männer gewählt und einziehen werden, die Gerechtigkeit und Gnade üben und demütig sind vor ihrem Gott. … Ich träume auch heute noch davon, dass eines Tages der Krieg ein Ende nehmen wird. … Ich träume auch heute davon, dass eines Tages die Herrlichkeit des Herrn offenbar werden wird und alle Menschen sie schauen werden.

Martin Luther King (1929-1968)

„Als größten Zukunftswunsch habe ich mir eigentlich nur einen Ausbildungsplatz, eine feste Arbeitsstelle und eine kleine Familie vorgestellt. Angst habe ich eigentlich nur davor, im späteren Leben allein zu sein, keine Arbeit zu haben und auf Stütze leben zu müssen. Sorgen mache ich mir um meine Kinder (wenn ich mal welche haben sollte). Weil die Welt bestimmt nicht friedlicher und besser wird."
Paul, 15 J.

„Meine Zukunft? Also eigentlich will ich eine Ausbildung zur Hotelfachfrau machen. Aber ob das so einfach geht? Erst mal muss ich ja mein Abitur schaffen. Und dann? Vielleicht sollte man seine Zukunft nicht genau planen, da es immer Sachen gibt, die unvorhergesehen passieren.
Andere Frage: Wie sieht die Welt in 10 Jahren aus? Wahrscheinlich nicht so rosig. Ich denke, dass mit der Zeit immer mehr Hass und Krieg in der Welt verteilt wird. Wohin das noch führt? Besser gar nicht daran denken." Cora, 14 J.

TIEFES LOCH BEI LEHRSTELLEN

Berlin, 25. September In diesem Jahr sind bisher 36.000 Jugendliche ohne Lehrstelle. Die Bundesregierung appellierte an die Wirtschaft, Ausbildungsplätze zur Verfügung zu stellen. Nur 23 Prozent der Firmen bilden gegenwärtig aus. „Es darf nicht sein, dass ein junger Mensch von der Schulbank direkt in die Arbeitslosigkeit geschickt wird", warnte der Wirtschaftsminister. Die Wirtschaft sprach von Panikmache und betonte, dass zu viele Jugendliche keine ausreichenden Qualifikationen mitbrächten.

WIE SIEHT DIE ZUKUNFT AUS?

- Es wird für alle einen angemessenen Arbeitsplatz geben.
- Es wird immer weniger Arbeitsplätze geben.
- Die Menschen werden friedlicher und gewaltfreier zusammenleben.
- Gewalttätige Konflikte werden das Leben zunehmend verunsichern.

» Nehmt Stellung zu diesen Behauptungen! Wer ihnen jeweils zustimmt, begibt sich in die eine Ecke des Raumes; wer sie ablehnt, in die andere. Entscheidet euch für eine Position und begründet sie gegenüber den anderen!

Was brauchen wir für ein sinnvolles Leben in der Zukunft?

Auto		Popmusik	
Bäume		Religion	
Computer		Reisen	
Demokratie		Sauberes Wasser	
Fernsehen		Arbeitsplätze	
Bildung		Sport	
Gleichberechtigung		Waffen	
Medikamente		Werbung	

» Du hast 100 Punkte zur Verfügung. Verteile sie auf die einzelnen Begriffe! Vergleiche dein Ergebnis mit dem der Gruppe!

AUS JULIAS TAGEBUCH

Montag, 8. September: Ich habe Tim heute wiedergesehen. Er hat zu mir hingesehen. Ich bin ganz rot geworden. Warum traut er sich nicht, mich anzusprechen? Ich glaube, ich bin doch verliebt in ihn.

Freitag, 12. September: Wen traf ich heute am Fahrradständer? Tim!! Zufall? Er ist gar nicht so schüchtern. Wir haben 10 Minuten miteinander geredet. Über alles Mögliche. Er ist unheimlich nett! Morgen treffen wir uns im Eis-Cafe. Ich bin vielleicht gespannt.

Mittwoch, 17. September: Ein Tag, den ich nie vergessen werde. Ich war bei Tim. Wir saßen nebeneinander. Dann hat er seinen Arm um mich gelegt und mich geküsst. Mein Herz klopfte ganz wild. Ich kann es gar nicht beschreiben. Er hat gesagt, dass er mich toll findet. Es war total schön.

» Denk dir eine kleine Szene zu dem Bild aus!

WIE ICH MIR EINEN FREUND ODER EINE FREUNDIN VORSTELLE!

Man muss sich mit ihm* über alles unterhalten können!
* oder ihr

Ich muss finden, dass er/sie gut aussieht!

Sie* sollte zu mir Vertrauen haben.
* oder er

» Ergänze diese Vorstellungen!
Kommentiere die genannten Sätze mit einem ? oder einem !, je nachdem, ob du sie ablehnst oder ihnen zustimmst!

Im Alten Testament steht das „Hohelied", eine Sammlung von Liebesliedern, in denen zwei Verliebte sich aneinander freuen und sich nach geschlechtlicher Liebe sehnen. Das steht in der Bibel!
Gott sagt Ja zur Verliebtheit und zur Zärtlichkeit, zur Lust und Sinnlichkeit, zur Liebe zwischen Mann und Frau.

Sie:
„Komm doch und küss mich!
Deine Liebe berauscht mich
mehr noch als Wein ...
Komm, lass uns eilen,
nimm mich mit dir nach Hause,
fass meine Hand.
Du bist mein König. Deine Zärtlichkeit
gibt mir Freude und Glück."

Er:
„Verzaubert hast du mich, Geliebte!
Ein Blick aus deinen Augen,
und ich war gebannt ...
Wie glücklich du mich machst
mit deiner Zärtlichkeit.
Ich bin von deiner Liebe
berauschter als von Wein.
Und mehr noch als jeder andere Duft
verzaubert mich der Geruch deiner Haut."

» Schlagt die Bibel auf und lest das Hohelied einmal selbst!

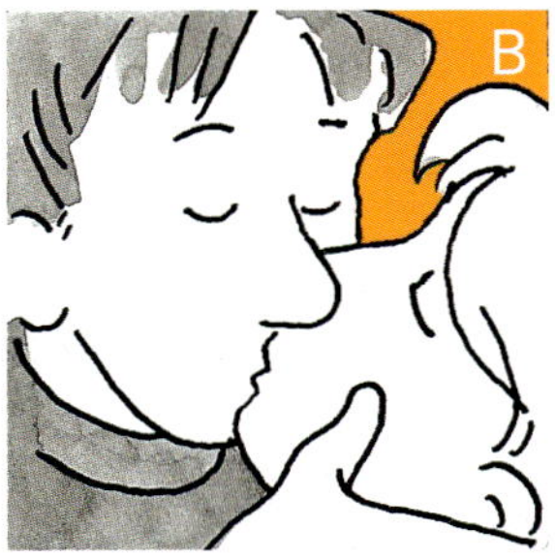

» Welches Bild kommt deiner Vorstellung von Liebe am nächsten?

AUS JULIAS TAGEBUCH

Dienstag, 28. Oktober: Tim hat mir sein Armband geschenkt. Ich habe es sofort umgemacht. Es riecht noch nach ihm. Morgen nehme ich es mit in die Schule. Ich werde ihm auch etwas schenken, etwas Persönliches von mir. Ich weiß nur noch nicht was.

Sonntag, 2. November: Wir sind im Park spazieren gegangen. Als es zu regnen anfing, haben wir uns in einer Hütte untergestellt. Dann haben wir uns ganz lange geküsst. Er riecht so gut. Jetzt kommt's: Am nächsten Wochenende sind seine Eltern nicht da. Ich könnte ja zu Hause sagen, ich übernachte bei Maren. Ob ich's machen soll? Ich möchte es ja gern, aber ich habe auch ein bisschen Angst.

WIE WICHTIG SIND (IN EINER FESTEN FREUNDSCHAFT):

ganz unwichtig > ganz wichtig

	1	2	3	4
Ähnliche Interessen	○	○	○	○
Gespräche	○	○	○	○
Ehrlichkeit	○	○	○	○
Spaß	○	○	○	○
Treue	○	○	○	○
Gleichberechtigung	○	○	○	○
Toleranz	○	○	○	○
Geld	○	○	○	○
Viele Freunde	○	○	○	○
Gemeinsame Unternehmungen	○	○	○	○
Zärtlichkeiten	○	○	○	○
Gleiche Ansichten	○	○	○	○

INTERESSANTES ZUM THEMA

Internet
www.carrazza.de

WAS ES IST

Es ist Unsinn
sagt die Vernunft
Es ist was es ist
sagt die Liebe

Es ist Unglück
sagt die Berechnung
Es ist nichts als Schmerz
sagt die Angst
Es ist aussichtslos
sagt die Einsicht
Es ist was es ist
sagt die Liebe

Es ist lächerlich
sagt der Stolz
Es ist leichtsinnig
sagt die Vorsicht
Es ist unmöglich
sagt die Erfahrung
Es ist was es ist
sagt die Liebe

Erich Fried

Gott, ich wünsche mir so sehr einen Menschen, der mich versteht und dem ich alles sagen kann. Ich sehne mich nach einem Menschen, der mich liebt. Lass mich einen finden, dem ich ganz vertrauen kann.
Ich wünsche mir einen, der mich verteidigt und zu mir hält, wenn ich allein bin. Gott, hilf mir, ihn zu finden. Lass uns miteinander glücklich sein!

AUS JULIAS TAGEBUCH

Donnerstag, 20. November: Mit Tim stimmt irgendetwas nicht. Seit einer Woche habe ich ihn nicht mehr gesehen. Er ruft auch nicht an. Ob er immer noch enttäuscht ist, weil ich an dem Wochenende nicht bei ihm war? Er hat aber doch gesagt, das mache ihm nichts. Er könnte noch warten.

Montag, 24. November: Vielleicht ist alles aus. Ich habe mit Tim telefoniert. Er hatte sich zwischendurch zweimal mit Svenja getroffen. Diese Schlange! Maren hatte die beiden zusammen gesehen. Ich wollte es nicht glauben. Tim sagt, es täte ihm Leid. Er wäre vor zwei Wochen so enttäuscht gewesen. Wir sollten doch wieder neu anfangen. Ich bin unsicher. Er hätte mich doch auch anrufen können. Ich habe ihm gesagt, ich müsste es mir erst richtig überlegen.

» Welchen Rat würdet ihr Julia geben? Schreibt ihr einen Brief!

LIEBE JULIA!

LÜGE

Du sprachst von Liebe
und meintest Sex.
Du sprachst von Glück
und meintest Befriedigung.
Du sprachst von immer
und meintest nie.
Du sprachst von mir
und meintest dich.

Der König David hatte eine Tochter, Tamar, die war sehr schön. Ihr Halbbruder Ammon hatte sich in sie verliebt. Er wurde geradezu krank vor Liebe, denn er sah keine Möglichkeit, sich ihr zu nähern. Er sprach mit seinem Freund darüber und der gab ihm den Rat: Leg dich ins Bett und stell dich krank. Dann soll Tamar kommen und dir etwas zu essen bringen. Der Plan ging auf. Tamar kam mit einem Teig, aus dem sie vor Ammons Augen einen Kuchen backte. Als sie ihm den bringen wollte, sagte er, sie solle erst alle Diener wegschicken. Als sie dann mit dem Kuchen an sein Bett kam, packte er sie und sagte: „Komm, leg dich zu mir!" – „Nein, tu mir das nicht an", wehrte sie sich. „Was soll aus mir werden, wenn du mich so entehrst?"
Aber Ammon fiel über sie her und vergewaltigte sie.
Danach empfand er eine solche Abneigung gegen das Mädchen, dass er es nicht mehr ausstehen konnte. „Steh auf! Mach, dass du fortkommst", schrie er. Er rief seinen Diener und befahl, Tamar aus dem Haus zu werfen.
Tamar zerriss ihr Gewand und lief laut weinend nach Hause. Dort sah sie ihr Bruder Absalom. Er fragte: „Hat Ammon dir etwas angetan? Sprich nicht darüber, er ist schließlich dein Bruder."

Nach 2. Samuel 13

» Nehmt Stellung zu dieser Geschichte!
Kennt ihr noch andere Formen von Nötigung und Gewalt von Männern gegenüber Frauen – und zwischen Frauen und Männern?

Ein Totempfahl.
Zensuren von Eins bis Sechs.
Leistungen, die angebetet werden.
Schüler, Eltern und Lehrer
verehren einen Götzen:
den strahlend überheblichen Einser –
die Leistung, den Erfolg, den Sieg.
Doch der Einser steht auf der Zwei,
einer drückt den anderen hinunter,
Fünfer und Sechser sind schon ganz verkrümmt.

Wir stehen gern groß da und finden
es gut, wenn man uns bewundert.
Wir setzen uns gern in Szene und genießen
es, wenn man Respekt vor uns hat.
Wer möchte schon gern im Schatten stehen?
Doch vor dir, Gott, zählen die Selbstgefälligen nicht,
du liebst die Unsicheren und Unscheinbaren.

„Ich wusste gar nicht, wie stark ich bin,
bis ich bei einer Prügelei dazwischengegangen bin
und sie allein beendet habe."
„Ich wusste gar nicht, was in mir steckt,
bis ich in den Sommerferien eine 15 Kilometer
lange Kanutour geschafft habe."
Gott, du hast uns etwas in die Wiege gelegt.
Du hast uns mit Fähigkeiten und Talenten reich
gesegnet.

Ich bin nicht die Schönste.
Ich bin nicht der Klügste.
Wenn ich mich mit anderen vergleiche,
rage ich nicht besonders heraus.
Ich bin nur einer von vielen.

Und doch hat Gott etwas Besonderes mit dir vor:
Du sollst ein freier Mensch werden,
frei und niemandem untertan.
Du brauchst nicht jede Mode mitzumachen.
Du kannst dir eine eigene Meinung leisten.
Du musst nicht verzweifeln,
wenn du dich mit anderen vergleichst.
Du bist einmalig.
Gott hat dich wunderbar gemacht.
Zusammen mit ihm wirst du deinen Weg finden.

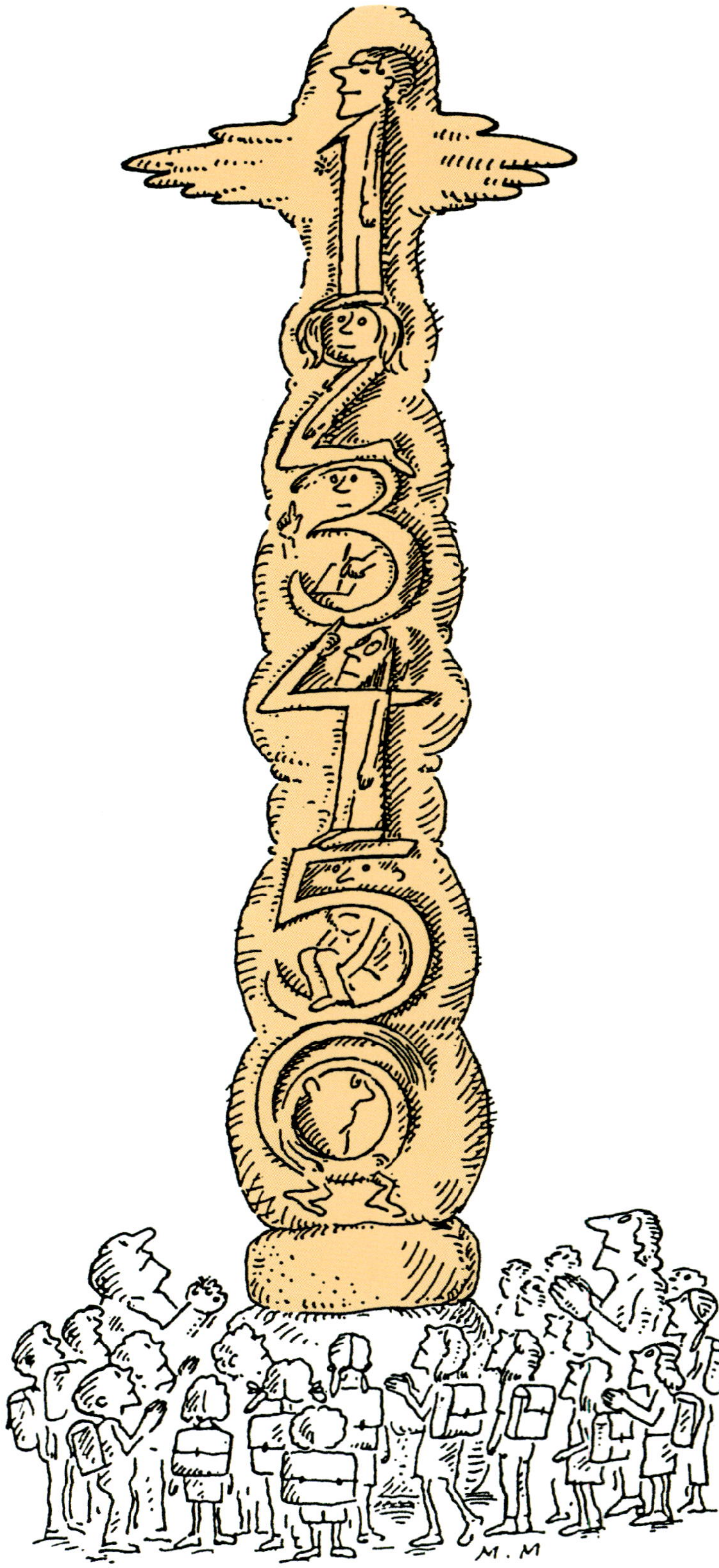

GOTT

„Ich würde an Gott glauben, wenn er sich mal richtig zeigen würde."

„Gott ist eine Erfindung von Menschen, die Angst vor dem Tod haben."

„Ich glaube an Gott, denn irgendeiner muss doch alles gemacht haben."

„Ich glaube, dass es Gott gibt. Das zeigt doch die ganze Geschichte mit Jesus."

„Ob Gott wirklich existiert, weiß ich nicht. Ich würde es mir aber wünschen. Denn manchmal brauche ich Gott."

GOTT ?

„In der Welt gibt es zu viel Leid und Ungerechtigkeit, als dass ich an Gott glauben kann."

„Ich kann mir nicht vorstellen, dass Gott erfunden ist, wo doch die Religion über die ganze Welt verbreitet ist."

„Gott ist überall. Er ist vor allem da, wo sich Menschen helfen."

» Welchen Meinungen kannst du zustimmen, welche lehnst du ab? Begründe deine Entscheidung!
In das leere Feld kannst du deine persönliche Meinung schreiben.

INFO

Bisher hat es kein Volk auf der Erde gegeben, das keine Religion gehabt hätte. Offenbar konnten die Menschen von Anfang an nicht leben, ohne zu fragen: Wer hat die Welt geschaffen? Wem bin ich mit meinem Leben verantwortlich? Welchen Sinn hat mein Leben?
Verschiedene Religionen haben unterschiedliche Antworten auf diese Fragen gegeben. Sie haben die Existenz Gottes bis heute nicht beweisen können.
Umgekehrt kann man aber auch nicht beweisen, dass es Gott nicht gibt.
Gott ist ein Geheimnis, das Menschen nicht erforschen können.
Zugang zu Gott finden wir nur im Glauben, im Vertrauen.
In der Bibel heißt es von Gott, dass ihn kein Auge je gesehen hat. Trotzdem wird in der Bibel von Gott erzählt.
Juden und Christen glauben, dass Gott sich selbst den Menschen bekannt gemacht hat: in der Geschichte mit dem Volk Israel und im Leben des Jesus von Nazareth.

» Jemand fragte mich: Wenn ich dir mathematisch beweise, dass es Gott nicht gibt, was machst du dann? Ich sagte zu ihm: Ich warte, bis du deinen Rechenfehler gefunden hast. «

Martin, 17 Jahre

Der alte Mann aus Afrika hieß Daniel.
Er glaubte an Gott.

Jemand wollte sich über ihn lustig machen.
Er fragte: Woher weißt du, Daniel, dass es einen Gott gibt?

Daniel antwortete: Woher weiß ich, ob ein Mensch oder ein Hund oder ein Esel nachts um meine Hütte gegangen ist?
An den Spuren im Sand sehe ich es.

Auch in meinem Leben sind Spuren eingedrückt,
Spuren Gottes.

INTERESSANTES ZUM THEMA

Bücher

H. Geißler, Wo ist Gott? 2002
J. H. Clausen, Moritz und der liebe Gott, 2003
M. E. Pearson, Unterbrich mich nicht Gott, 2003

„Wenn ich an Gott denke, denke ich an Natur – und vor allem ans Meer, an Brandung und Wellen.“
Marie-Luise Marjan

„Sicher ist, da oben ist etwas. Für mich ein sehr alter Mann mit langem weißen Bart.“
Arabella Kiesbauer

Eigentlich möchte ich mir von Gott kein Bild machen. Er ist für mich eine Kraft oder Energie, die jeder Mensch spüren kann. Man kann Gott schön beschreiben, aber man kann ihn auch durch seine Taten erfahren.
Sophie, 15 Jahre

» Lieber Gott!
Sind Jungen besser als Mädchen? Ich weiß, du bist ein Junge, sei fair!
Deine Laura «

» Lieber Gott!
Wieso sieht man dich nie im Fernsehen?
Dein Malte «

» Ist Gott ein Mann oder eine Frau? Diskutiert diese Frage in eurer Gruppe!
Schreibt Malte eine Antwort! Vergleicht eure Antworten!

GOTT IST WIE...

- eine Quelle — Psalm 36,10
- ein Hirte — Psalm 23,1
- eine Mutter — Jesaja 66,13
- die Sonne — Psalm 84,12
- eine Hand — Psalm 139,5
- ein Vater — Psalm 103,13
- eine Burg — Psalm 31,4
- ein Auge — Psalm 33,18
- ein Richter — Psalm 50,6
- ein K — Psalm 47,3

» In der Bibel wird von Gott meist in Bildern oder Vergleichen gesprochen. Schlage die Bibelstellen auf und sieh nach, womit Gott dort verglichen wird! Den Bibelvers, der dir am besten gefällt, schreibe in den Rahmen.

» Welches Bild kommt deiner Vorstellung von Gott am nächsten? Welche Bilder kannst du mit Gott nicht in Verbindung bringen?

Marc Chagall, Der brennende Dornbusch, 1966

» Was siehst du auf dem Bild? Versuche es zu beschreiben! Was verstehst du nicht?

In der Bibel wird erzählt, wie Mose von Gott berufen wird, das Volk Israel aus der Sklaverei in Ägypten herauszuführen.
Mose begegnet Gott in der Wüste. Aus einem brennenden Dornbusch hört er die Stimme Gottes, der ihn beauftragt, das Volk Israel in die Freiheit zu führen. Doch Mose zögert und fragt: „Wenn ich nun zu den Israeliten gehe und zu ihnen sage: ‚Der Gott eurer Vorfahren hat mich zu euch geschickt', dann werden sie mich fragen: ‚Wie heißt er?'"
Gott antwortete Mose: „Ich bin der Ich-bin-da" und er fügte hinzu: „Sage zu den Israeliten: ‚Der Ich-bin-da hat mich zu euch geschickt. Er ist der Gott eurer Vorfahren Abraham, Isaak und Jakob'. Denn das ist mein Name für alle Zeiten. So sollen mich auch die kommenden Generationen nennen."

Nach 2. Mose 3,13-15

Der hebräische Name für Gott heißt יהוה = Jahwe. Die Juden haben sich aber gescheut, dieses Wort auszusprechen. Sie haben statt Gott lieber „Herr" gesagt, weil sie nicht in die Gefahr kommen wollten, den Namen Gottes für eigene Interessen zu missbrauchen.

DU SOLLST DIR KEIN GOTTESBILD MACHEN, DAS DU ANBETEST UND DEM DU DIENST!

יהוה

Mit dem 2. Gebot wird den Israeliten im Alten Testament verboten, Gott in irgendeiner Weise bildlich darzustellen. Juden, Muslime und auch manche Christen halten sich bis heute daran.

» Wie siehst du das? Hältst du das Gebot für überholt? Oder sollten die Bilder von Gott in den Kirchen entfernt werden?

Einmal brachte eine Mutter ihren Sohn zum Rabbi. Da fragte der Rabbi den Jungen: „Ich gebe dir einen Gulden, wenn du mir sagst, wo Gott wohnt." Er antwortete: „Und ich gebe dir zwei Gulden, wenn du mir sagen kannst, wo er nicht wohnt."

DU SOLLST DEN NAMEN DES HERRN, DEINES GOTTES, NICHT MISSBRAUCHEN!

Gott ist weder Mann noch Frau
weder Deutscher noch Türkin
weder weiß noch schwarz
Gott ist auch kein Außerirdischer

Gott ist weder Christ noch Jüdin
weder Muslim noch Buddhistin
weder evangelisch noch katholisch
Gott ist auch kein Atheist

Gott ist weder ein Computer noch ein Gefühl
weder eine Formel noch ein Erlebnis
weder im Sonnenuntergang noch im Wald
Gott ist auch nicht irgendwo im Weltall

Gott ist da, auch wenn wir ihn nicht sehen
Gott ist da, wo Menschen leiden
Gott ist da, wo Menschen lieben
Gott ist Gott – das Geheimnis der Welt

Behinderte Schülerinnen und Schüler fragten einmal den Kabarettisten Hanns Dieter Hüsch, ob er manchmal Zweifel an seinem Glauben habe.
Seine Antwort:
„Jetzt nicht mehr. Aber als ich so alt war wie ihr, da hatte ich die auch. Es gab Zeiten, da glaubte ich überhaupt nicht, dass es Gott gibt. Aber das Nachdenken und Zweifeln – das ist ja eine ganz aktive Geschichte, das ist ja ein ständiges Überlegen und Nachdenken über Gott. Er liebt die Zweifler und die Sucher. Ich bin felsenfest davon überzeugt, dass sie für ihn die wichtigsten Menschen sind. Glauben an Gott kann man nicht erzwingen."

» Vergleicht die Äußerung von Hanns Dieter Hüsch mit der Meinung von Olaf!

OB ICH AN GOTT GLAUBE?

Was soll die Frage? Gott interessiert mich nicht.
Ich habe meine Arbeit, ich habe meine Freundin, ich habe mein Auto, ich habe meine Freunde. Ich brauche Gott nicht. Wenn ich Probleme habe, bespreche ich das mit meiner Freundin. Auf die kann ich mich verlassen.
Mag ja sein, dass es Leute gibt, die Gott brauchen – Kinder und Kranke vielleicht, auch alte Leute – aber für mich ist das nichts. So schlecht geht's mir noch nicht, dass ich mich freiwillig mit Gott beschäftigen würde. Mit meinem Leben komme ich schon selbst klar, da brauche ich keinen, der mir Vorschriften macht. Olaf (20)

Paul Klee, Grenzen des Verstandes, 1927

„Wenn ihr mich von ganzem Herzen suchen werdet, dann will ich mich von euch finden lassen", spricht Gott.

Jeremia 29,13.14

WELCHE ROLLE SPIELT GOTT FÜR DICH?

1 Hast du in manchen Situationen schon einmal unwillkürlich an Gott gedacht, z. B. bei:

- Einsamkeit
- Glück
- Lesen eines Buches
- Not anderer Menschen
- Tod und Trauer
- großer Freude
- noch nie
- ____________

2 Mit wem sprichst du gelegentlich über Gott?

- Eltern oder Großeltern
- Geschwistern
- Freunden oder Freundinnen
- Lehrer oder Lehrerin
- Pastor oder Pastorin
- mit mir selbst
- mit niemandem
- ____________

3 In welchem Zusammenhang wird bei dir in der Familie schon mal von Gott gesprochen?

____

____

4 Mit welchen Gefühlen ist Gott für dich verbunden?

- Angst
- Zuversicht
- Enttäuschung
- Hass
- Liebe
- Freude
- Geborgenheit
- ____________

5 Was ist für dich Gott?

- Eine Vorstellung aus der Kindheit
- Der Schöpfer
- Eine unbeantwortete Frage
- So wie Jesus
- Hilfe für's Leben
- Eine menschliche Erfindung
- ____________

Ein Mann hatte zwei Söhne. Der jüngere sagte: „Vater, gib mir den Teil der Erbschaft, der mir zusteht!“ Da teilte der Vater seinen Besitz unter die beiden auf. Nach ein paar Tagen machte der Jüngere seinen ganzen Anteil zu Geld und zog in die Fremde.

Rembrandt, Der verlorene Sohn, 1669

Dort lebte er in Saus und Braus und verjubelte alles. Als er nichts mehr hatte, brach in jenem Land eine große Hungersnot aus; da ging es ihm schlecht. Er fand schließlich Arbeit bei einem Bürger des Landes, der schickte ihn zum Schweinehüten aufs Feld. Er war so hungrig, dass er mit dem Schweinefutter zufrieden gewesen wäre; aber selbst das verwehrte man ihm. Endlich ging er in sich und sagte: „Die Arbeiter meines Vaters bekommen mehr, als sie essen können, und ich werde hier vor Hunger umkommen. Ich will zu meinem Vater gehen und ihm sagen:
„Vater, ich bin vor Gott und vor dir schuldig geworden; ich verdiene es nicht mehr, dein Sohn zu sein. Nimm mich als Arbeiter in Dienst!“ So machte er sich auf den Weg zu seinem Vater. Der sah ihn schon von weitem kommen und voller Mitleid lief er ihm entgegen, fiel ihm um den Hals und küsste ihn.

„Vater“, sagte der Sohn, „ich bin vor Gott und dir schuldig geworden, ich verdiene es nicht mehr, dein Sohn zu sein.“ Aber der Vater rief seine Diener: „Schnell, holt das beste Kleid für ihn, steckt ihm einen Ring an den Finger und bringt ihm Schuhe. Holt das Mastkalb und schlachtet es. Wir wollen ein Fest feiern und uns freuen. Mein Sohn hier war tot, jetzt lebt er wieder. Er war verloren, jetzt ist er wiedergefunden. Und sie begannen zu feiern.
Der ältere Sohn war noch auf dem Feld. Als er zurückkam und sich dem Haus näherte, hörte er das Singen und Tanzen. Er rief einen Diener herbei und fragte, was los sei. Der sagte: „Dein Bruder ist zurückgekommen und dein Vater hat das Mastkalb schlachten lassen, weil er ihn gesund wieder hat.“ Da wurde der ältere Bruder zornig und wollte nicht ins Haus gehen. Schließlich kam der Vater heraus und redete ihm gut zu. Aber der Sohn sagte zu ihm ...

» Bildet zwei Gruppen: die des älteren Bruders und die des Vaters. Überlegt in den Gruppen, was der ältere Bruder gesagt und wie der Vater geantwortet haben könnte. Tauscht dann die Argumente gegeneinander aus!

Wie geht es aus? Feiert der ältere Bruder schließlich doch noch mit? Lest den Schluss der Geschichte in Lukas 15,28-32

» Wenn ihr das Verhältnis der drei Personen mit Farben beschreibt, welche Farben würdet ihr den drei Personen geben? Und welche Farben den Beziehungen der drei Personen untereinander?

» Jesus hat diese Geschichte als ein Gleichnis erzählt – ein Gleichnis, das das Verhältnis zwischen Gott und den Menschen beschreibt. Wer steht in dem Gleichnis für Gott? Wie würdet ihr die unterschiedlichen Beziehungen der beiden Söhne zum Vater charakterisieren?

Am 11. September 2001 rasen zwei von Terroristen entführte Flugzeuge in die Türme des World Trade Centers in New York. Die 411 Meter hohen Zwillingstürme stürzen wenig später ein. 2800 Menschen kamen bei dem terroristischen Anschlag ums Leben.

Welche Frage würdest du Gott stellen?

Mein Gott, warum lässt du es zu, dass …

____

____

____

____

Mein Gott, warum unternimmst du nichts gegen …

____

____

____

____

GOTT

ich bin auf dich
zurückgekommen
als ich sprachlos wurde
gott
ich bin auf dich
zurückgekommen
als sie mir sagten
da ist keine rettung mehr
gott
ich bin auf dich
zurückgefallen
als die düsen
aussetzten
als das triebwerk
aussetzte
als mein herz
aussetzte
als kein gleitflug
mehr möglich war
als kein fallschirm
mehr aufging
als alles aus war
da bin ich
auf dich
zurückgefallen
gott
wohin
sollte ich sonst
fallen
auf dich
oder ins nichts
denn niemand war da
der mich auffing.

Wilhelm Willms

In vielen Gesprächen und in zahllosen Briefen, die wir erhielten, wurde die Frage nach dem Warum des Todes von Moritz in seinem Alter gestellt. Wir als Eltern wissen darauf keine Antwort. Aber wir haben sehen dürfen, wie Moritz seine Krankheit bis zum Ende getragen hat, wie alle aus der Familie mit Liebe und Zuwendung bei ihm waren, wie Ärzte und Schwestern ihn mit Fürsorge umgaben.
Wir glauben, dass in alledem etwas von Gottes Liebe sichtbar wurde.

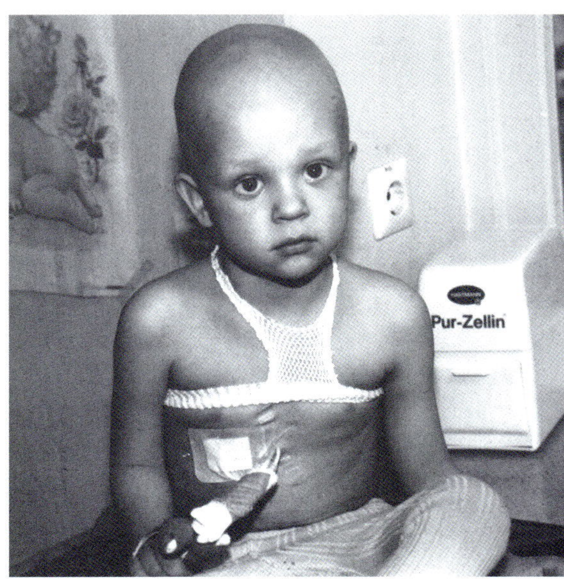

Linda hat alle CDs von Anastacia. Tobias steckt sein ganzes Geld in sein Motorrad. Lindas Vater verpasst kein Spiel von Schalke 04. Bei Tobias Mutter dreht sich alles um die Gesundheit. Eigentlich hat jeder so etwas wie einen „Gott“, dem er oder sie Geld, Zeit und manchmal auch das ganze Leben opfert. Martin Luther hat Recht:
„Was heißt, einen Gott haben, oder was ist Gott? Woran du dein Herz hängst und worauf du dich verlässt, das ist eigentlich dein Gott.“

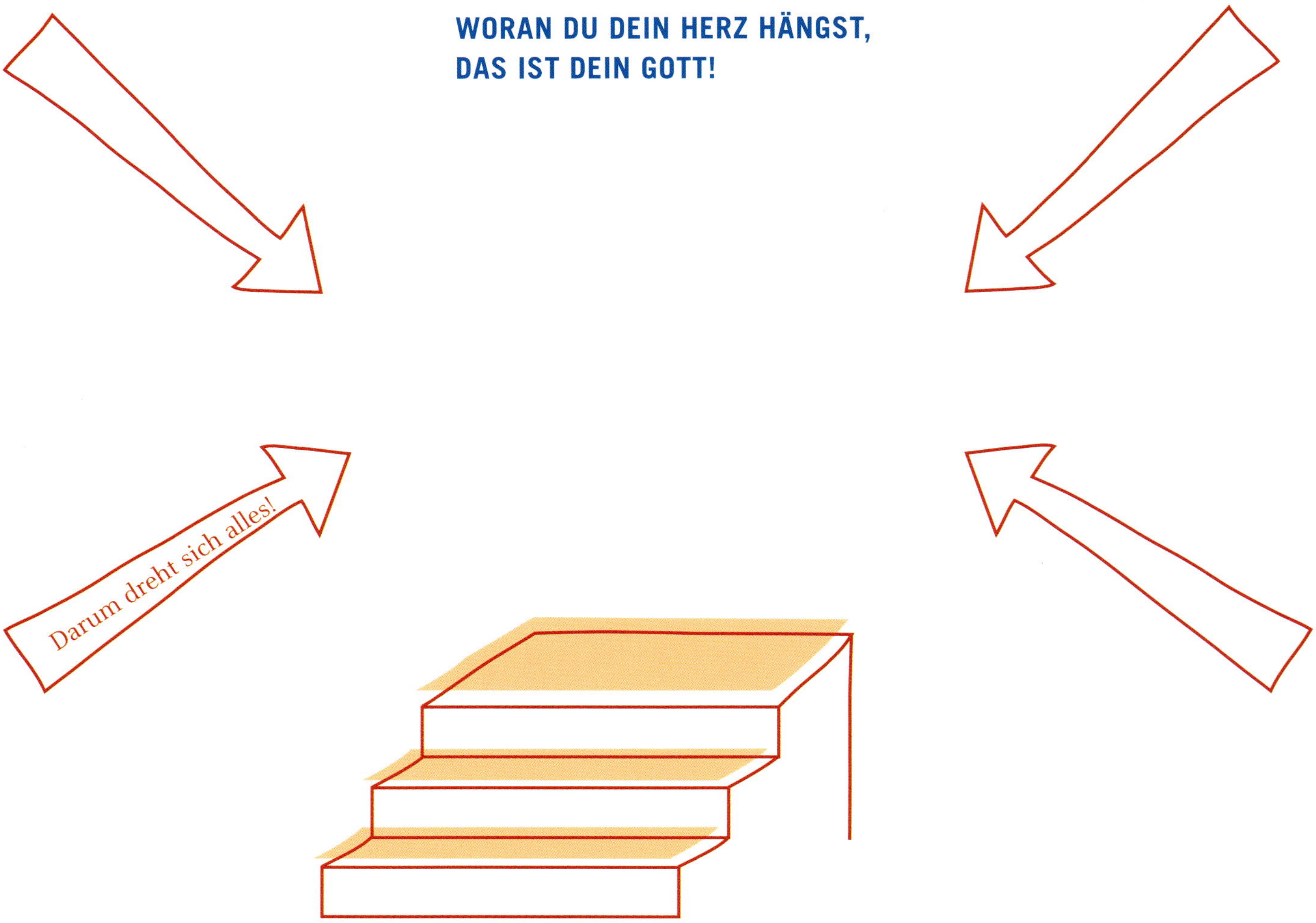

» Male in das Bild hinein, was deiner Meinung nach zur Zeit wie ein Gott verehrt wird. Die Sätze in den Pfeilen kannst du ergänzen.
Führt dann in eurer Gruppe einen „Götterwettkampf“ durch, bei dem die „Hauptgötter“ von ihren „Anhängern“ angepriesen werden.
Welcher Gott hat gegenwärtig die größte Macht?
Wie unterscheidet sich der Gott der Bibel von diesen „Hauptgöttern“?

Die Welt ist voller Götter. Die entscheidende Frage lautet: Wer ist in Wahrheit Gott?
Auf wen kann ich mich wirklich verlassen?
Wer hilft mir, einen Sinn im Leben zu finden?
Das erste Gebot sagt:
Ich bin der Herr, dein Gott. Du sollst keine anderen Götter haben neben mir.
Was ist das?
Wir sollen Gott über alle Dinge fürchten, lieben und vertrauen.

Es standen einige Bettler beieinander, die nichts voneinander wussten. Sie waren blind und versuchten sich mit ihren Händen zurechtzufinden. Alle aber betasteten, ohne es zu wissen, den gleichen Elefanten, der zwischen ihnen stand. Der eine hatte den Stoßzahn ergriffen und dachte, es sei ein Stein. Ein anderer hielt ein Bein in Händen und glaubte, es sei ein Baumstamm. Ein dritter betastete ein Ohr des Elefanten, und weil es sich leicht bewegte, hielt er es für ein Palmblatt. Wieder ein anderer schwang den Schwanz hin und her und war der festen Meinung, es sei ein Seil. Aber keiner von ihnen hatte den ganzen Elefanten ergriffen.

KATJAS BESTE FREUNDIN

Katjas beste Freundin ist Leyla, eine Türkin. Beide haben noch nie über ihren unterschiedlichen Glauben gesprochen. Doch als Leyla eine Kette mit einem Kreuz kauft, fragt Katja ganz erstaunt: „Aber das ist doch ein christliches Zeichen. Glaubst du denn an Jesus?“ „Ach, für mich hat die Kette gar nichts mit Religion zu tun“, antwortet Leyla. „Und außerdem, ob ich an Allah glaube und du an den christlichen Gott, das ist doch sowieso dasselbe.“ „Ich weiß nicht“, zweifelt Katja. „Ich finde aber doch, dass es einen Unterschied gibt zwischen Christen und Muslimen. Eure Religion ist viel strenger.“ „Vielleicht kommt dir das so vor, weil ihr eure Religion gar nicht mehr so ernst nehmt“, erwidert Leyla. „Aber in Wirklichkeit weiß doch keiner, welche Religion die wahre ist. Darum ist es doch das Wichtigste, tolerant zu sein, egal, ob man Christ ist, Buddhist, Hindu oder so wie ich zu Allah betet.“ „Tolerant schon“, räumt Katja ein, „aber es ist doch nicht alles dasselbe.“

» Nehmt Stellung zu dem Gespräch!

	Jüdischer Rabbiner	Frage deine/n Pfarrer/in	Muslimischer Imam
Vorstellung von Gott	Gott ist der Schöpfer der Welt. Am Berg Sinai hat Er sich dem jüdischen Volk gezeigt und ihm durch Mose die Gebote gegeben. Dadurch hat Er mit dem jüdischen Volk einen Bund geschlossen und es erwählt, den Glauben an ihn in der Welt zu bekennen. Er ist unser Gott – und wir sind sein Volk, das seine Gebote hält.		Islam heißt Hingabe an Gott, den wir mit einem arabischen Wort Allah (= „der Gott“) nennen. Allah ist einzig und ewig, außer ihm gibt es keinen Gott. Er hat immer wieder Propheten gesandt, darunter auch Jesus, um den Menschen den Weg zu einem Leben der Hingabe an Gott zu zeigen. Der wichtigste war Mohammed, der uns den Koran, das Wort Gottes, gebracht hat.
Gebote und Verhalten	Das Judentum kennt 613 Ge- und Verbote, die alle Bereiche des Lebens betreffen. Sie laufen darauf hinaus, Gerechtigkeit und Liebe gegenüber den Mitmenschen zu üben. Religiöse Pflichten sind außerdem: tägliche Gebete, der Besuch der Synagoge am Sabbat und an hohen Festtagen, koscheres Essen und einige Fastentage im Jahr.		Die wichtigsten Pflichten, die zum islamischen Glauben gehören, sind: das täglich fünfmalige rituelle Gebet, das Fasten im Monat Ramadan, die Sozialabgabe und das Almosen für Arme, die Pilgerfahrt nach Mekka und das Leben nach dem islamischen Glaubensbekenntnis.

„Irgendein höheres Wesen wird es schon geben.“ So antworten viele, wenn man sie fragt, ob sie an Gott glauben.
Irgendwie, irgendein. Der Irgendwieglaube an irgendeinen Gott: Irgendwie wird es schon gut gehen. Irgendwie wird Gott mich schon nicht im Stich lassen. Irgendwie werden wir später alle einmal in den Himmel kommen. Denn irgendeiner muss doch letztlich für alles zuständig sein.
Doch die Bibel weiß nichts von irgendwie und irgendein. Nicht irgendein höheres Wesen, sondern Jesus von Nazaret wird in einem Stall geboren. Er geht nicht irgendwohin, sondern zu den Armen und Kranken; er redet nicht irgendwas, sondern spricht von Nächstenliebe; er endet nicht irgendwo, sondern als Unruhestifter am Kreuz. Und dann ist nicht irgendwie Schluss, sondern er lebt und wirkt weiter. Nicht irgendwie, sondern so handelt Gott.

GOTT, DU KENNST MICH DURCH UND DURCH. OB ICH SITZE ODER STEHE, DU WEISST, WER ICH BIN UND WAS ICH DENKE. OB ICH LIEGE ODER GEHE, DU BIST UM MICH UND SIEHST ALLE MEINE WEGE. JA, ICH SAGE KEIN WORT, DAS DU NICHT HÖRST UND NICHT VERSTEHST. VON ALLEN SEITEN UMGIBST DU MICH UND HÄLTST DEINE HAND ÜBER MIR. DAS ÜBERSTEIGT MEINEN VERSTAND, ES IST MIR ZU HOCH, ICH KANN'S NICHT BEGREIFEN.

WOHIN KÖNNTE ICH VOR DIR FLIEHEN, WO KÖNNTE ICH MICH VOR DIR VERSTECKEN? STEIGE ICH HINAUF IN DEN HIMMEL – BIST DU DORT. VERSTECKE ICH MICH IRGENDWO GANZ UNTEN – DORT BIST DU AUCH. FLIEGE ICH DORTHIN, WO DIE SONNE AUFGEHT, ODER ZUM ENDE DES MEERES, WO SIE VERSINKT: AUCH DORT WIRD DEINE HAND MICH ERGREIFEN, AUCH DORT LÄSST DU MICH NICHT LOS.

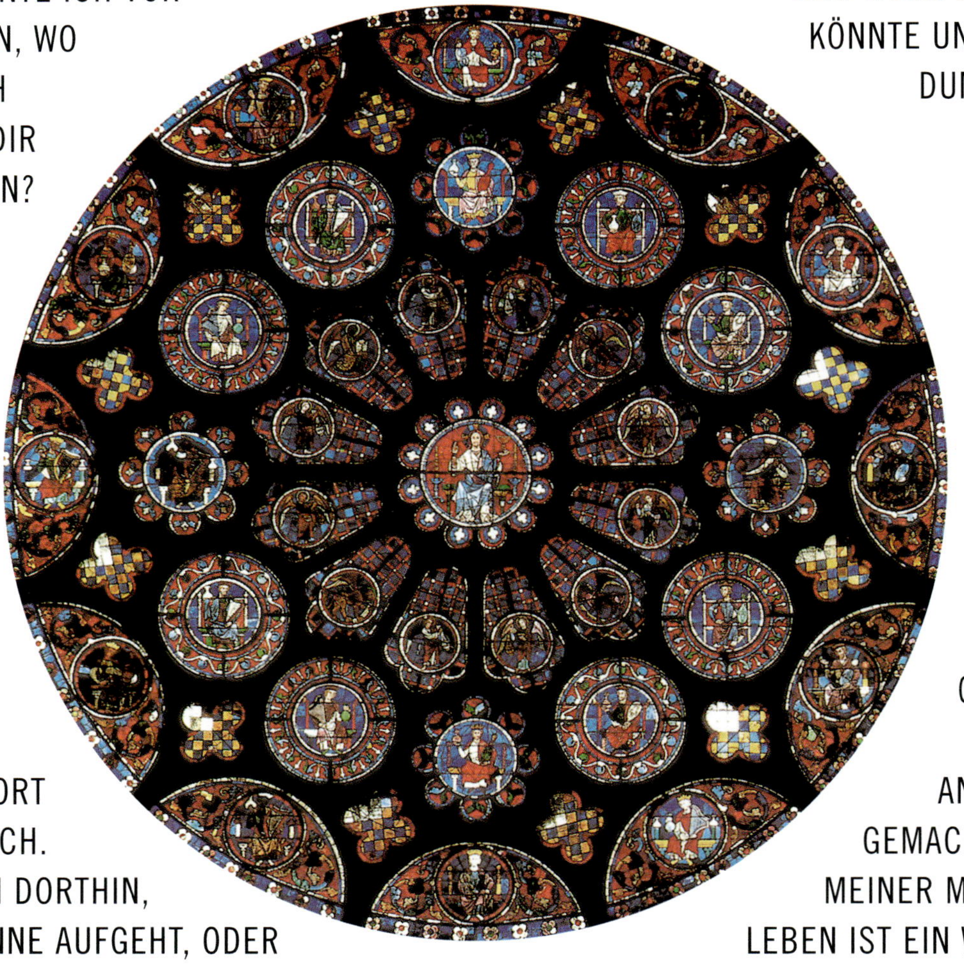

UND WENN ICH ZAUBERN KÖNNTE UND ES WÜRDE DUNKEL WIE DIE NACHT – DU WÜRDEST MICH NICHT AUS DEN AUGEN VERLIEREN, DIE NACHT LEUCHTETE WIE DER TAG. DU HAST MICH GESCHAFFEN, VON ANFANG AN, HAST MICH GEMACHT IM BAUCH MEINER MUTTER. MEIN LEBEN IST EIN WUNDER, EIN GESCHENK AUS DEINER HAND. MEINE TAGE STANDEN SCHON VOR DEINEN AUGEN, NOCH EHE DER ERSTE BEGANN.

SCHWER FÄLLT MIR, GOTT, DAS ALLES ZU VERSTEHEN. RÄTSELHAFT SIND MIR DEINE GEDANKEN UND UNERMESSLICH IST IHRE FÜLLE. SIE SIND ZAHLREICHER ALS DER SAND AM MEER. IMMER DENKE ICH ÜBER DICH NACH, GOTT, UND KOMME DOCH AN KEIN ENDE. SCHAU MIR IN'S HERZ, GOTT, UND STELLE FEST, WIE ICH ES MEINE. UND WENN ICH AUF FALSCHEM WEGE BIN, BRING MICH ZURÜCK AUF DEN WEG ZU DIR.

PSALM 139 IN AUSWAHL

René Magritte, Die unendliche Besichtigung, 1963

GEBET

Gott,
ich habe lange nicht gebetet.
Ich weiß gar nicht, ob ich es noch kann.
Dabei habe ich so viel auf dem Herzen.
Ich kann es keinem sagen außer dir, Gott.

Bitte, hör mich an!!
Ich weiß, dass du da bist.
Du kannst mir einen Weg zeigen, Gott,
und ich bitte dich, dass du es tust.
Amen

Jonathan Borofsky, Der Himmelsstürmer, 1992

Was meinst du?

	JA	NEIN
Beten lernt man in der Not.		
Im Gebet kann man alles sagen.		
Wer betet, spricht mit sich selbst.		
Wer betet, erkennt seine Grenzen.		
Beten nutzt doch nichts.		
Beten heißt, zur Ruhe kommen.		
Zum Beten muss man die Hände falten.		
Wer betet, will etwas ändern.		
Beten heißt, nichts tun.		
Beten kann man überall.		
Beten ist nur etwas für Kinder und für alte Leute.		
Wer betet, spricht mit Gott.		
Beten gibt neue Kraft.		
Beten kann man am besten in der Kirche.		

Welche Meinung findet in eurer Gruppe die größte Zustimmung?

AUS DEN BESUCHERBÜCHERN VON KIRCHEN UND KRANKENHÄUSERN

- Lieber Gott, hilf meiner Schwester, dass sie das Casting übersteht! Bitte!
- Lieber Gott, ich bitte dich, lass bei der Operation alles gut gehen, ich wäre so gerne noch bei meiner Familie. Aber wenn ich fall, weiß ich, ich falle in deine Hände.
- Lieber Gott, mein Mann hat heute Geburtstag, er hat mich rausgeschmissen von zu Hause. Wir haben uns auseinander gelebt. Ich liebe ihn doch noch, bitte hilf mir! Zurzeit lebe ich auf der Straße, es ist kalt.
- Danke für's Alter. Bin wieder o.k. Heinz
- Lieber Gott, ich glaube nicht an dich, weil ich schon so viel Leid ertragen musste. Trotzdem komme ich jeden Tag hierher und erhoffe deine Hilfe. Bringe mich bitte auf den rechten Weg.
- Lieber Gott, ich habe jetzt meine Ausbildung angefangen und habe ein wenig Angst! Steh mir zur Seite!
- Gott, ich kann nicht mehr – kämpfe du bitte für mich!
- Lieber Gott, die erste Chemotherapie habe ich dank deiner Hilfe gut überstanden. Bitte, gib mir auch Kraft für die nächsten. Und gib mir Selbstbewusstsein, wenn mir die ersten Haare ausfallen. Ich bin stark.
- Endlich wieder eine Arbeit haben. Danke!
- Lieber Gott, du hast mir vor einem Jahr meinen kleinen Sohn genommen. Damit komme ich nicht klar. Bitte hilf mir.
- Lotta ist nichts passiert. Wir haben Glück gehabt. Danke!

Was ist Beten? Nennt einige Stichworte! Vielleicht könnt ihr in eurer Kirche ein Besucherbuch auslegen.

INFO

Viele Jugendliche beten, aber oft trauen sie sich nicht, das zuzugeben. Ist Beten etwas Rückständiges, etwas Peinliches?
Beten ist etwas ganz Menschliches. In allen Religionen auf der Erde wird gebetet. Die einen bekreuzigen sich dabei, andere verneigen sich in Richtung Mekka. Buddhisten versenken sich im Lotussitz, Juden legen sich beim Beten einen Schal um. Es gibt viele unterschiedliche Gebetshaltungen und Gebetsbräuche. Für Christen gibt es dabei keine Vorschriften. Wir können beten, ohne die Hände zu falten und ohne besonders gekleidet zu sein. Wir können in der Kirche beten und unterwegs auf dem Fahrrad. Gott hört alles.
Manche meinen, sie tun Gott einen Gefallen, wenn sie beten. Das ist falsch. Jesus hat einmal gesagt: „Macht nicht viele Worte. Euer himmlischer Vater weiß schon, was ihr braucht." Das heißt: Wir sind es, die das Beten nötig haben. Denn kein Mensch ist so stark, dass er alles im Griff hat und alle Probleme mit sich selbst abmachen kann.
Beten – das kann darum alles Mögliche sein: danken, klagen, schimpfen, sich freuen, bitten, fragen, glücklich sein. Über alles reden, was mich bewegt – mit jemandem, dem ich alles anvertrauen kann: mit Gott.

INTERESSANTES ZUM THEMA

Internet
www.gebete.de

Bücher
H. M. Lübking, Jugendgottesdienst plus, 2000
J. Burgschweiger, Heute leben, 2000

Joschi lebt mit seiner Mutter: Der Vater hat sich von ihr getrennt. Die Mutter arbeitet tagsüber im Büro. Joschi ist viel allein.
Auf einem verwilderten Grundstück, wo früher eine Villa stand, richtet er sich einen Garten ein. Der Besitzer hat es ihm erlaubt. Er macht eine alte verfallene Hütte wieder bewohnbar. Als seine Mutter ein paar Tage verreist ist, übernachtet er da.
Ein Klassenkamerad, mit Spitznamen „Flabes“ genannt, hat sehr strenge Eltern. Sein Vater hat ihm angedroht: Wenn der nächste Aufsatz wieder „6“ wird, kann er was erleben. Er wird wieder „6“. Flabes hat Angst, nach Hause zu gehen. Joschi lädt ihn ein, bei ihm in der Hütte zu bleiben. Abends liegen sie auf ihrem Strohlager. In der Ferne kommt ein Gewitter auf ...

Es wurde früher dunkel als sonst, weil der Himmel nun ganz bedeckt war. Manchmal zuckte ein flackernder Schein über die Lichtung, ein Wetterleuchten, aber man hörte keinen Donner.
In der Hütte war es so heiß, dass sie die Decke fortwarfen, als sie sich zum Schlafen niederlegten. Laut rauschte draußen das Wasser im Brunnen, kein Blatt rührte sich in den Bäumen. Sie zündeten die Kerze an. Joschi hörte, wie der Flabes leise die Lippen bewegte:
„Hast du etwas gesagt, Flabes?“
„Amen“, flüsterte Flabes und drehte den Kopf zur Wand.
Joschi setzte sich auf und spielte mit dem Kerzenwachs.
„Wenn du Angst vor dem Gewitter hast“, sagte er, „dann brauchst du nicht zu beten. Das kommt oder es kommt nicht. Meinst du, Gott könnte sich um alles und alles auf der Welt kümmern? Von überall her schreien die Menschen: Hilf mir! Gib mir! Lass dies oder das geschehen oder nicht geschehen! Die einen sind krank, die anderen haben Hunger, die einen machen sich Sorgen, die anderen fürchten sich. Irgendwo ist Krieg oder ein Erdbeben oder eine Überschwemmung und das alles geschieht, obwohl die Leute beten. Keiner kann Gott zu sich herrufen, damit er schnell alles gutmacht. Man muss sich selbst helfen.“

Gerhard Hepp, Himmelsleiter, 1988

Der Flabes hielt den Kopf immer noch weggewendet. Er zupfte Heuhalme aus der Wand und stopfte sie wieder zurück.
Er flüsterte: „Vielleicht ist es umgekehrt? Wenn du von einem etwas willst, dann musst du zu ihm hingehen. Ich glaube, so ist das mit dem Beten. Wenn du Zahnschmerzen hast und du gehst zu deiner Mutter und sie legt ihre Hand auf deine Backe, dann hast du immer noch Zahnschmerzen, aber sie kommen dir nicht mehr so schlimm vor.“
Joschi lachte und warf ein Wachskügelchen durch die Tür ins Freie. „Wenn du zum Zahnarzt gehst, hören die Zahnschmerzen ganz auf!“
Lange Zeit sprachen sie nichts. Draußen fuhr ein Windstoß durch die Bäume und mit dem nächsten Wetterleuchten grollte ferner Donner.

Sand und Heuhalme wirbelten zu ihnen herein. Die Kerze flackerte, als wollte sie verlöschen. Dann wieder brannte sie hoch auf und warf ihrer beider Schatten riesig und drohend an die Hüttenwand.
„Und wenn man nicht weiß, was man tun soll?“, fragte der Flabes.
„Dann muss man doch beten.“
Joschi antwortete ihm nicht.
Das Gewitter kam schnell. Sie saßen nebeneinander auf dem Heulager, die Decke um die Schultern gelegt, und schauten hinaus. Sturmwind peitschte die Büsche, sie beugten sich tief und schnellten wieder auf. Die Baumwipfel warfen sich von einer Seite zur anderen, Donner knatterte hell und rollte polternd rings um den Horizont und Blitze flammten rot, grellviolett und weißblau. Der kleine Raum war ...
(Fortsetzung auf S. 112)

(Fortsetzung von S. 111)
keine Höhle mehr, in der man sich bergen konnte. Der Wind stob durch die Tür und bog die Kerzenflamme nieder, bis in den letzten Winkel fuhr der Blitzschein. Dann ein scharfer, kurzer Knall, als zerplatze etwas über ihnen – und gleich darauf rauschte der Regen nieder. Er war wie ein Vorhang aus Wasser vor dem Türviereck und der tobenden Nacht. Schon rannen mit Gurgeln und Schmatzen kleine Bäche neben der Hütte. Joschi schüttelte die Decke ab und lief zur Tür. „Herrlich ist das, herrlich!", rief er. „Und wenn ich bete, dann sage ich: Lieber Gott, du hast alles wunderbar gemacht, auch das Gewitter und den Sturm und alles, was in meinem Garten ist!"

Er ließ die warmen Tropfen über sein Gesicht laufen, er streckte die Arme aus, fing den Regen in gehöhlten Händen und schlürfte ihn auf. „Lieber Gott!", sagte er, „wie gut dein Regen schmeckt!"

Nun kam auch der Flabes zur Tür und sie ließen das Wasser vom Dach in ihre offenen Münder laufen und lachten, wenn sie sich verschluckten.

„Hast du immer noch Angst?", fragte Joschi. „Weißt du immer noch nicht, was gut ist?" Da wandte der Flabes sich weg und sagte so leise, dass Joschi nichts davon hörte: „Du hast mich nicht richtig verstanden. Aber ich weiß jetzt, was ich tun muss."

Joschi gähnte und legte sich nieder. Die Kerze brannte nun wieder still und gleichförmig rauschte der Regen.

„Gute Nacht, Flabes."

„Gute Nacht, Joschi."

Joschi atmete tief und ruhig, als der Flabes die Decke über ihn breitete, die Kerze ausblies und leise hinausging.

Als Joschi aufwachte, war heller Tag. Immer noch trommelte der Regen aufs Dach.

Er murmelte: „Ich gehe nicht zur Schule", und rollte sich auf die andere Seite.

Niemand antwortete ihm.

Ursula Wölfel

» Nehmt Stellung zu der Geschichte!
Versucht die unterschiedlichen Meinungen der beiden Jungen über das Gebet zu charakterisieren!
Überlegt euch zu zweit einen Titel für diese Geschichte! Ihr könnt ihn über die Geschichte schreiben.

UMFRAGE: MEHRHEIT DER DEUTSCHEN GLAUBT AN WIRKUNG VON GEBETEN

Köln (epd). Einer repräsentativen Umfrage zufolge glaubt die Mehrheit der Deutschen an die Wirksamkeit von Gebeten, doch nicht alle von ihnen beten. Rund 63 Prozent glaubten, dass Beten hilft, erklärte die Zeitschrift „Lenz" in Köln, in deren Auftrag mehr als 1000 Frauen und Männer befragt wurden.
23 Prozent der Befragten gaben an, täglich zu beten, 15 Prozent beten einmal die Woche. Knapp die Hälfte (48 Prozent) gab an, gar nicht zu beten. Der Umfrage zufolge beten vor allem jüngere und ältere Menschen.

Der Herr ist mein Hirte,
mir wird nichts mangeln.
Er weidet mich auf einer grünen Aue
und führet mich zum frischen Wasser.
Er erquicket meine Seele:
Er führet mich auf rechter Straße
um seines Namens willen.
Und ob ich schon wanderte im finstern Tal,
fürchte ich kein Unglück:
Denn du bist bei mir,
dein Stecken und Stab trösten mich.
Du bereitest vor mir einen Tisch
im Angesicht meiner Feinde.
Du salbest mein Haupt mit Öl
und schenkest mir voll ein.
Gutes und Barmherzigkeit
werden mir folgen mein Leben lang
und ich werde bleiben
im Hause des Herrn immerdar.

Psalm 23

Der Psalm 23 ist einer der bekanntesten Texte der Bibel. Viele Christen können ihn auswendig aufsagen oder beten.

» Wenn du ihn dir einprägen willst, könnt ihr in der Gruppe folgende Übung machen: Lies den Psalm in Ruhe durch und unterstreiche den Vers oder die Zeile, die dir wichtig sind. Dann liest eine(r) den ganzen Psalm laut vor und jede(r) in der Gruppe liest nur das laut mit, was er oder sie unterstrichen hat. Ihr könnt das auch auf Kassettenrekorder aufnehmen.

Der Psalm beschreibt in vielen Bildern und Vergleichen, was es heißt auf Gott zu vertrauen.

» Welche Bilder und Vergleiche kannst du in dem Psalm entdecken? Suche drei heraus, die dir gut gefallen. Schreibe sie unten rechts neben die Kästen und male die Kästen mit Farben oder einfachen Bildern dazu passend aus!

PSALM 23 – IN EINER ERKLÄRENDEN SPRACHE

„Du behandelst mich
wie einen Ehrengast."

„Er schenkt mir alles,
was ich zum Leben brauche."

„Er zeigt mir den Weg,
der für mich gut ist."

„Auch wenn es mir schlecht geht,
ich muss keine Angst haben."

„Er schenkt mir
Augenblicke der Ruhe."

„Gott passt auf mich auf,
es wird mir an nichts fehlen."

„Du bist bei mir."

„Er lässt mich nicht im Stich und
ich kann mich immer an ihn
wenden, wenn ich es brauche."

» Bringe die Sätze in die richtige Reihenfolge! Welche Sätze passen zu deinen Bildern?

Das Vaterunser ist das bekannteste Gebet der Christen. Es stammt von Jesus. Als die Jünger ihn fragten, wie sie beten sollten, hat er es ihnen vorgesprochen. Bis heute ist es wie ein sicheres Geländer, an dem man sich beim Beten festhalten kann, wenn einem keine eigenen Worte einfallen.
Es vergeht keine Sekunde, in der es nicht irgendwo auf der Erde gebetet würde. Denn das Vaterunser verbindet alle Christen: evangelische und katholische, orthodoxe und anglikanische. Es wird in allen Sprachen gebetet:

Vater unser im Himmel,
may your holy name be honoured;
que ton règne vienne,
che la tua volontá si compia in terra come in cielo.
Wårt daglia bröd gif os i dag.
En vergeef ons onze schulden,
zoals ook wij onze schuldenaars vergeven;
og led os ikke ind i fristelse, men fri os fra det onde.
Dar via estas la regno kaj la potenco kaj la gloro eterne.
Amen

» Ein Vaterunser aus neun Sprachen.
Welche Sprachen kannst du identifizieren?

» Bildet für diese Aufgabe kleine Gruppen!

Vater unser im Himmel	Was zeichnet einen guten Vater oder eine gute Mutter aus? Überlegt euch 5 Eigenschaften oder Verhaltensweisen! Welche davon können auch auf Gott übertragen werden?
Geheiligt werde dein Name	Muslime kennen 99 Namen für Allah, z. B. „der weise Richter“ oder „der Wachsame“. Welche Namen fallen euch für Gott ein?
Dein Reich komme	Denkt euch eine kleine Geschichte aus: „Wenn Gott in … (Name eures Ortes) regiert, dann …“
Dein Wille geschehe, wie im Himmel, so auf Erden	Denkt euch kleine Szenen aus, in denen Gottes Wille nicht geschieht (Streit, Beleidigung usw.). Spielt sie pantomimisch den anderen vor. Eure Zuschauer können dann versuchen, das Gegenteil zu spielen.
Unser tägliches Brot gib uns heute	Überlegt, was ihr an einem Tag a) zum Überleben braucht, b) normalerweise esst und trinkt und wo c) die Überernährung beginnt!
Und vergib uns unsere Schuld, wie auch wir vergeben unsern Schuldigern	Zwei Personen, die seit langem verfeindet sind, begegnen sich zufällig auf der Straße. Spielt diese Begegnung ohne Worte! Überlegt euch auch, wie ihr ohne Worte eine Versöhnung dieser beiden Personen spielen könnt.
Und führe uns nicht in Versuchung, sondern erlöse uns von dem Bösen	Nennt verschiedene Grenzen, die wir Menschen (z. B. in der Technik, im Lebensstil, im Verhältnis zur Natur usw.) nicht überschreiten sollten, weil wir uns und künftigen Generationen damit großen Schaden zufügen würden.
Denn dein ist das Reich und die Kraft und die Herrlichkeit in Ewigkeit. Amen	Stellt euch vor, nicht Gott, sondern einzelne Menschen hätten die Macht in der Welt und würden von allen angebetet! Wäre das besser, als wenn Gott „das Reich und die Kraft und die Herrlichkeit“ gehörte? Überlegt euch ein paar Beispiele, an denen ihr eure Meinung verdeutlichen könnt!

„UNTERBRICH MICH NICHT!“

Beter/in: „Vater unser im Himmel ...“
Gott: „Ja?“
B.: „Unterbrich mich nicht! Ich bete.“
G.: „Aber du hast mich doch angesprochen!“
B.: „Ich dich angesprochen? Äh ... nein, eigentlich nicht! Das beten wir eben so: Vater unser im Himmel!“
G.: „Da, schon wieder. Du rufst mich an, um ein Gespräch zu beginnen, oder? Also, worum geht's?“
B.: „Geheiligt werde dein Name ...“
G.: „Meinst du das ernst? Weißt du, was das bedeutet?“
B.: „Es bedeutet ... es bedeutet ... meine Güte, ich weiß nicht, was es bedeutet. Woher soll ich das denn wissen?“
G.: „Es heißt, dass ich dir viel bedeute und dass du meinem Namen Ehre machst.“
B.: „Aha, hm, das verstehe ich. Also: Dein Reich komme, dein Wille geschehe, wie im Himmel, so auf Erden ...“
G.: „Tust du das wirklich?“
B.: „Natürlich. Ich zahle Kirchensteuer und gehe ab und zu in den Gottesdienst.“
G.: „Das ist schön, aber was ist denn dein persönlicher Beitrag zu mehr Frieden und mehr Gerechtigkeit in der Welt?“
B.: „Warum fragst du mich das? Da gibt es noch andere, die vor Geld nicht aus den Augen sehen können und nichts tun.“
G.: „Entschuldige, ich dachte, du wärst persönlich daran interessiert, dass mein Wille mehr beachtet wird auf Erden. Du betest doch darum.“
B.: „Kann ich jetzt mal weiterbeten? Unser tägliches Brot gib uns heute ...“
G.: „Es freut mich, dass du nicht nur um dein Brot bittest, sondern um Brot für alle.“
B.: „Stimmt, habe ich gar nicht dran gedacht.“
G.: „Es gibt ja noch genug Arme und Hungernde auf der Erde, die mehr brauchen als nur eine kleine Spende.“
B.: „Eigentlich hast du Recht, ich weiß. Darum bete ich ja auch: Und vergib uns unsere Schuld, wie auch wir vergeben unsern Schuldigern.“
G.: „Und deine Nachbarin?“
B.: „Hör mit der auf? Mit der will ich nichts mehr zu tun haben. Die grüßt mich ja auch nicht mehr.“
G.: „Habe ich gehört. Aber dein Gebet?“
B.: „Mit meiner Nachbarin hat das nichts zu tun. Soll die sich doch erst bei mir entschuldigen.“
G.: „Fühlst du dich denn gut dabei?“
B.: „Nee.“
G.: „Ich will dir helfen. Vergib ihr doch und ich vergebe dir. Ich vergebe dir auch jetzt schon. Und du weißt, da ist einiges.“
B.: „Ich werd's mir überlegen. Und führe uns nicht in Versuchung, sondern erlöse uns von dem Bösen ...“
G.: „Gut, wenn du mich darum bittest, aber du kannst auch etwas dazu beitragen.“
B.: „Wie denn?“
G.: „Das Böse, fängt das nicht im eigenen Kopf und im eigenen Herzen an: Alle Schuld auf die Ausländer schieben oder immer bequemer leben wollen und sich nicht um die Schöpfung scheren oder mit der Faust zuschlagen, statt miteinander zu reden? Hast du diese Versuchung noch nie gespürt?“
B.: „Ich finde, jetzt wird es aber ungemütlich. Ich wollte doch einfach nur ein Vaterunser beten.“
G.: „Bete ruhig zu Ende.“
B.: „Denn dein ist das Reich und die Kraft und die Herrlichkeit in Ewigkeit.“
G.: „Amen.“
B.: „Ja, das stimmt. Wenn ich an die Reichen und Mächtigen denke, die es hier auf Erden gibt, dann bin ich froh, dass sie nicht über alles bestimmen können. Die Macht und die Kraft und die Herrlichkeit ist bei dir doch besser aufgehoben.“

» Versucht, das Vaterunser mit dem Körper zu beten! Dazu einige Anregungen:

Vater unser im Himmel, geheiligt werde dein Name.

Die Hände nach oben öffnen.

Dein Reich komme.

Sich mit erhobenen Armen anfassen.

Dein Wille geschehe, wie im Himmel so auf Erden.

Der rechte Arm zeigt nach oben, der linke nach unten.

Unser tägliches Brot gib uns heute.

Die Hände vor dem Bauch geöffnet.

Und vergib uns unsere Schuld, wie auch wir ..... Schuldigern.

Die Arme vor der Brust überkreuzen.

Und führe uns nicht in Versuchung, sondern ..... Bösen.

Die geöffneten Hände in Höhe des Gesichts.

Denn dein ist das Reich und die Kraft ... in Ewigkeit.

s. Dein Reich komme!

Amen

Tiefe Verneigung!

Gott, ich möchte beten,
doch es fällt mir schwer.
Mir fällt nichts ein,
ich finde keine Worte.
Ich weiß nicht, was ich sagen soll.
Ich weiß auch nicht, ob du mich
hörst.
Dann möchte ich einfach
so an dich denken
oder ganz still werden
oder ganz einfache Worte finden.
Lass mich spüren, dass du da bist.
Ich hoffe, dass du mir zuhörst.
Ich möchte an dich glauben.
Hilf mir, Gott!
Amen

Ich weiß nicht, womit ich das verdient habe. Alle hacken auf mir herum. Ich kann tun, was ich will, nie mache ich es richtig.
Mit Gerechtigkeit hat das nichts zu tun. Gott, muss ich mir alles gefallen lassen? Man kann nicht immer alles schlucken. Gut, dass du auch noch da bist.
Amen

Lieber Gott,
ich weiß gar nicht,
warum ich mich so selten freue.
Dass es mir richtig schlecht geht,
kommt nicht so oft vor.
Dass das Leben überhaupt keinen
Spaß macht, stimmt doch gar nicht.
Dass alles schief geht,
ist doch nur selten.
Meistens läuft es ganz gut:
Es gibt jeden Tag etwas zu lachen,
ich habe jeden Tag etwas zu tun,
ich habe Freunde,
mit denen ich gern zusammen bin.
Was will man mehr?
Ich habe Grund, mich zu freuen.
Danke!

» Dies ist ein Mandala, ein Meditationsbild. Du kannst es ausmalen: von innen nach außen oder von außen nach innen, ganz wie du willst.

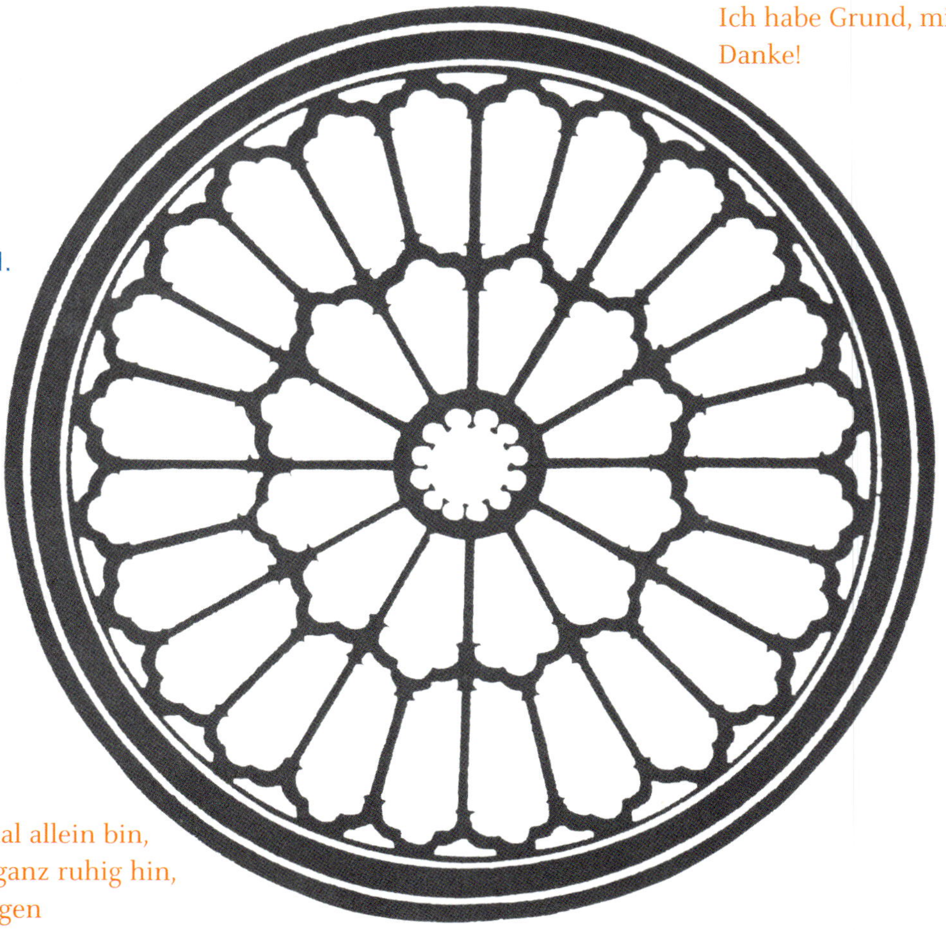

Das Ausmalen kann eine Hilfe sein, ruhig zu werden und sich ganz zu konzentrieren auf das, was dir wichtig ist.

Vielleicht kann es auch eine Hilfe sein, eigene Worte fürs Beten zu finden.

Wenn ich einmal allein bin,
setze ich mich ganz ruhig hin,
schließe die Augen
und denke nach.
Keiner stört mich.
Dann stelle ich mir vor,
dass einer da ist, dem ich
alles sagen kann.
Der mich ernst nimmt und
dem ich vertrauen kann.
Gott hört mir zu.
Ich kann ihm alles sagen:
was mich ärgert und
was mich freut,
worüber ich traurig bin
und was ich mir wünsche.
Ich bin sicher, er hört mich.

Ich sitze am Fenster,
sehe nach draußen, alles ist ruhig.
Das Fenster ist offen
und ich spüre den warmen
Sommerwind.
Mir geht so vieles durch den Kopf.
Ich denke über Menschen nach,
die ich gern habe und über andere,
über die ich mich geärgert habe.
Es ist Abend, und die Sonne ist
schon untergegangen.
Ich sehe die Sterne und den Mond.

Dabei denke ich an dich, Gott,
und ich merke,
wie ich anfange, leise in Gedanken
mit dir zu sprechen.
Ich erzähle dir von meinem Leben,
von meinen Träumen, Ängsten
und von meinen Geheimnissen.
Ich weiß, du bist da.
Du lässt mich ausreden und ich
spüre, dass sich vieles klärt,
was verworren war und mir zu
schaffen machte.
Amen

GEBOTE

Wenn alles erlaubt wäre…

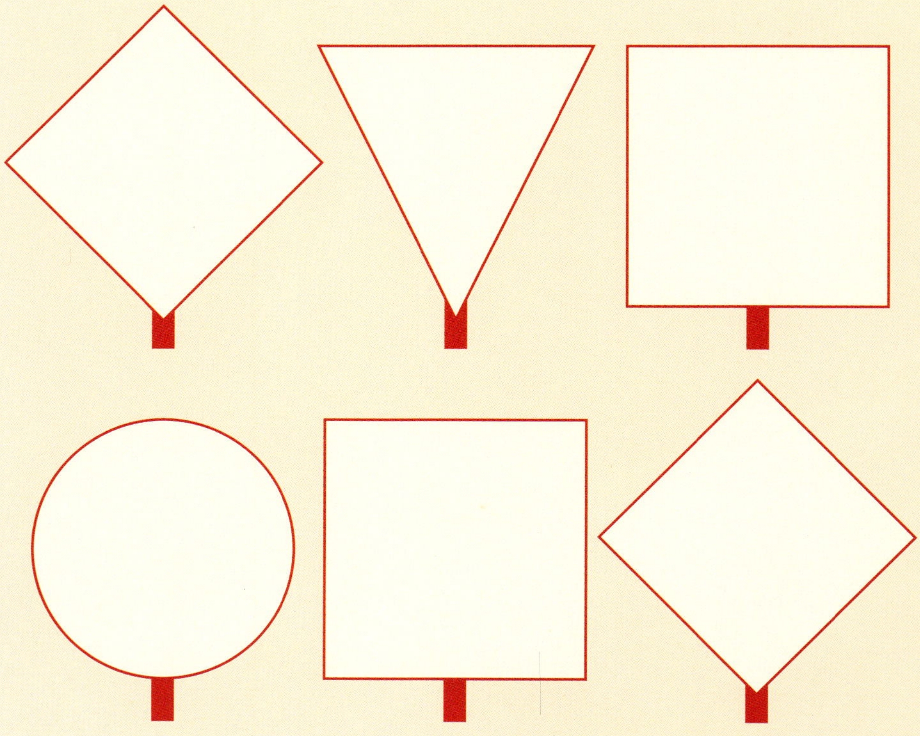

- Sich nichts gefallen lassen!
- Respektieren, dass Menschen verschieden sind.
- Gut ist, was mir nützt.
- Gut ist, was auch anderen nützt.
- Jeder sollte tun und lassen können, was er oder sie will.
- Liebe deinen Nächsten wie dich selbst.
- Man muss sich an die Gesetze halten!
- Tun, was mein Gewissen mir sagt.
- Die „Schöpfung“ bewahren!
- Ich mache nur, was mir Spaß macht.
- Keinem Menschen Leid zufügen!
- ______________________

Schreibe die Lebensregeln, die dir wichtig sind, in die Schilder!

Die Anne-Frank-Schule beteiligt sich an einer Demo gegen Ausländerfeindlichkeit. Auch in der 8.3 sind Plakate und Transparente gemalt worden. Fünf Minuten nach Beginn der Veranstaltung verschwinden Christian und Brian. Lehrerin Lutz geht ihnen nach.

Lutz: „Könnt ihr mir mal sagen, wohin ihr gehen wollt?“
Christian: „Wir gehen in die Stadt. Politik interessiert uns nicht!“
Lutz: „Findet ihr nicht, dass das unfair ist gegenüber den anderen aus eurer Klasse?“
Brian: „Wenn denen das was bringt ... Mir bringt das nichts.“
Lutz: „Das bringt aber den Ausländern in Deutschland etwas, wenn sie sehen, wie viele Leute für ihre Rechte demonstrieren.“
Christian: „Was gehen mich die Ausländer an, die können doch für sich selbst demonstrieren.“
Brian: „Außerdem ist das freiwillig hier. Da kann mir keiner Vorschriften machen. Ich mache nur, was mir Spaß macht.“

» Nimm Stellung zu dem Gespräch!

INTERESSANTES ZUM THEMA

Internet
www.diezehngebote2.de

DIE ZEHN GEBOTE

Sie gehören zu den bekanntesten und wichtigsten Lebensregeln. Für Juden und Christen sind die Zehn Gebote bis heute eine Richtschnur für ein verantwortliches Leben in der Gesellschaft.

1. Ich bin der Herr, dein Gott. Du sollst keine anderen Götter haben neben mir.
2. Du sollst dir kein Gottesbild machen, das du anbetest und dem du dienst.
3. Du sollst den Namen des Herrn, deines Gottes, nicht missbrauchen.
4. Du sollst den Feiertag heiligen.
5. Du sollst deinen Vater und deine Mutter ehren, auf dass es dir wohl ergehe und du lange lebest auf Erden.
6. Du sollst nicht töten.
7. Du sollst nicht ehebrechen.
8. Du sollst nicht stehlen.
9. Du sollst nicht falsch Zeugnis reden wider deinen Nächsten.
10. Du sollst nicht begehren, was deinem Nächsten gehört.

Diese Reihenfolge der Zehn Gebote entspricht der biblischen Fassung in 2. Mose 20,2-17 (Reformierte, orthodoxe und jüdische Zählung. Lutheraner und Katholiken fassen die beiden ersten Gebote zusammen und ziehen das letzte in zwei Gebote auseinander).

Durch die Wüste bewegte sich ein endloser Zug von Menschen. Alte, Junge, viele Familien mit Kindern, dazwischen Tiere und Karren mit Töpfen und Hausrat: Die Israeliten, die es geschafft hatten, aus Ägypten herauszukommen. Wie sie es geschafft hatten, das grenzte an ein Wunder.
Als Sklaven hatten sie in Ägypten arbeiten müssen: Ziegel brennen, Kanäle graben, auf den Feldern arbeiten. Die Ägypter befahlen, die Israeliten mussten gehorchen. So ging das viele Jahre. Die meisten hatten die Hoffnung längst aufgegeben, noch einmal freizukommen. Da erhielten sie durch Gott einen neuen Anführer: Mose. Er trat vor seine Landsleute und sagte ihnen: „Gott hat euer Elend gesehen, er will euch befreien. Er will euch in ein Land führen, in dem ihr frei leben könnt und genug zu essen habt."
Nicht alle Israeliten haben Mose anfangs geglaubt. Doch dann erlebten sie unglaubliche Dinge:
Das Wasser des Nils verwandelte sich in Blut, Heuschrecken überfielen die Felder, eine Finsternis verdunkelte drei Tage das Land. Gott hatte den Ägyptern diese Plagen geschickt, damit die Israeliten das Land verlassen durften. Endlich gab der Pharao nach. Doch kaum waren die Israeliten weg, da bereute der Pharao seinen Entschluss. Wer sollte nun die Sklavenarbeit machen in Ägypten? Mit seinem Heer setzte er den Israeliten nach.
Als diese die Streitwagen der Ägypter näher kommen sahen, wurden ihnen die Knie weich. Was konnten sie gegen diese hoch gerüsteten Soldaten schon ausrichten? Doch wie durch ein Wunder wurden sie gerettet. Sie schafften es noch einen Meeresarm zu durchqueren. Über den Ägyptern jedoch brachen die Fluten zusammen.
Nun waren sie in der Wüste. Eigentlich hatten sie allen Grund Gott dankbar zu sein. Aber sie murrten: Nichts als Wüste! Kaum etwas Richtiges zu essen. Und dann der Durst – und der Staub. Jeden Tag! „Wo ist das versprochene Land?", hielten sie Mose entgegen. „Du mit deinem Gott! Uns geht die Wüste langsam auf die Nerven."
Da wurde Mose böse: „Habt ihr vergessen, dass Gott euch gerettet hat? Undankbares Volk! Gott hat euch aus Ägypten befreit und er wird weiter zu euch halten. Verlasst euch drauf!"

Marc Chagall, Mose empfängt die Gesetzestafeln

» Beschreibe das Bild – die Szene, die Personen, die Farben! Wer wird nicht dargestellt?

Nach einigen Wochen kamen sie an einen großen Berg. Hier ließ Mose anhalten. Dann sagte er: „Gott will einen Bund mit euch schließen. Er will euch zu seinem Volk machen und immer für euch da sein. Er will aber auch, dass ihr ihn anerkennt und alle anderen Götter vergesst."
Am nächsten Tag stieg Mose den Berg hinauf. Es war der Berg Horeb, der Berg, auf dem Mose Gott begegnete. Den ganzen Tag über blieb Mose auf dem Berg, den Blicken der Israeliten entzogen. Als er wieder hinunterkam, hatte er zwei Steintafeln bei sich. Auf ihnen standen die Zehn Gebote. Gott hatte sie Mose gegeben als Zeichen für den Bund, den er mit den Israeliten geschlossen hatte. Die Zehn Gebote waren Gottes Regeln für das Leben in der Freiheit, das nun vor den Israeliten lag.

Die Zehn Gebote haben in der Bibel eine Überschrift, die zeigt, wie die Gebote verstanden werden wollen. Sie heißt: „Ich bin der Herr, dein Gott. Ich habe dich aus Ägypten, aus der Sklaverei, befreit." Die Zehn Gebote sind die Spielregeln für die Freiheit.

Manche halten die ersten Gebote für nicht so wichtig wie die folgenden (nicht töten, nicht stehlen, Vater und Mutter ehren ...). Aber die ersten drei Gebote bilden die Grundlage und klären die Verhältnisse: Menschlich bleiben wir nur dann, wenn wir einen Gott über uns anerkennen und uns nicht selbst an die Stelle Gottes setzen.

1. GEBOT
ICH BIN DER HERR, DEIN GOTT. DU SOLLST KEINE ANDEREN GÖTTER HABEN NEBEN MIR!

Am 11.6.1934 wird in einem Hunsrückdorf ein Hitlerjunge beerdigt. Nach der Ansprache des Pfarrers Paul Schneider tritt der Kreisleiter der NS-Partei ans Grab und ruft: „Du bist hinübergegangen in den himmlischen Sturmbann Horst Wessels" (junger, früh ums Leben gekommener Nationalsozialist, von den Nazis wie ein Heiliger verehrt). Da kann Paul Schneider nicht schweigen. Er sagt: „Ob es einen Sturmbann Horst Wessels im Himmel gibt, weiß ich nicht, aber Gott, der Herr, segne deinen Ausgang und Eingang in Ewigkeit." Darauf wird Paul Schneider das erste Mal verhaftet.

2. GEBOT
DU SOLLST DIR KEIN GOTTESBILD MACHEN, DAS DU ANBETEST UND DEM DU DIENST!

Es folgen weitere Verhaftungen. 1937 wird Paul Schneider in das Konzentrationslager Buchenwald gebracht. Als er sich weigert, am Geburtstag des „Führers" die Hakenkreuzfahne zu grüßen, wandert er unter grausamen Haftbedingungen in den Bunker. Auch von dort ruft er seinen Mitgefangenen zur Stärkung immer wieder Bibelworte zu. Er kann freikommen, wenn er über Buchenwald schweigt. Seine Antwort: „Der erste Bordstein draußen wird die Kanzel, von der ich eure Verbrechen dem ganzen Volk predigen werde." Am 18.7.1939 wird Paul Schneider mit der Giftspritze ermordet.

3. GEBOT
DU SOLLST DEN NAMEN DES HERRN, DEINES GOTTES, NICHT MISSBRAUCHEN!

„Wir beenden einen Irrweg der Menschheit. Die Tafeln vom Sinai haben ihre Gültigkeit verloren. Das Gewissen ist eine jüdische Erfindung." Diese Worte stammen von Adolf Hitler. Der Nationalsozialismus war auch ein Aufstand gegen die Zehn Gebote. „Es gibt nur ein Recht in der Welt und dieses Recht liegt in der eigenen Stärke", sagte Hitler.
So ließ er sich als „Führer" verehren und überall Hitlerbilder aufstellen. Der „deutsche Gruß" hieß „Heil Hitler" und wer ihn verweigerte, wurde von der GESTAPO verhört. In der Öffentlichkeit redete Hitler gern von der „Vorsehung", die ihn berufen hätte; intern machte Hitler kein Hehl daraus, dass Bibel und Christentum ihm zuwider waren.

Wir glauben
auf dieser Erde allein an Adolf Hitler.
Wir glauben,
dass der Nationalsozialismus der allein
selig machende Glaube für unser Volk ist.
Wir glauben,
dass es einen Herrgott im Himmel gibt, der uns
geschaffen hat, der uns führt, der uns lenkt und
der uns sichtbarlich segnet.
Und wir glauben,
dass dieser Herrgott uns Adolf Hitler gesandt hat,
damit Deutschland für alle Ewigkeit ein Fundament
werde.

Reichsleiter Robert Ley 1937

DU SOLLST DEN FEIERTAG HEILIGEN!

„Sechs Tage kannst du schaffen, aber am siebenten Tag sollst du aufhören." Das ist der ursprüngliche Sinn des biblischen Sabbatgebotes: einmal in der Woche mit der Arbeit aufhören – zum Zeichen dafür, dass der Mensch nicht von seiner Arbeit, sondern von der Güte Gottes lebt. Bis heute feiern die Juden (von freitags 18.00 bis samstags 18.00) diesen Sabbat. Der Sonntag, den die Christen feiern, ist der Tag der Auferstehung Jesu. Seitdem finden in den Gemeinden – als Erinnerung an diesen Ostertag – an jedem Sonntag Gottesdienste statt.
In Deutschland ist der Sonntag als Ruhetag gesetzlich geschützt. Alle „öffentlich bemerkbaren Arbeiten oder Handlungen, die geeignet sind, die äußere Ruhe des Tages zu stören", sind verboten – also z. B. Rasen mähen, Teppich klopfen oder Auto waschen.

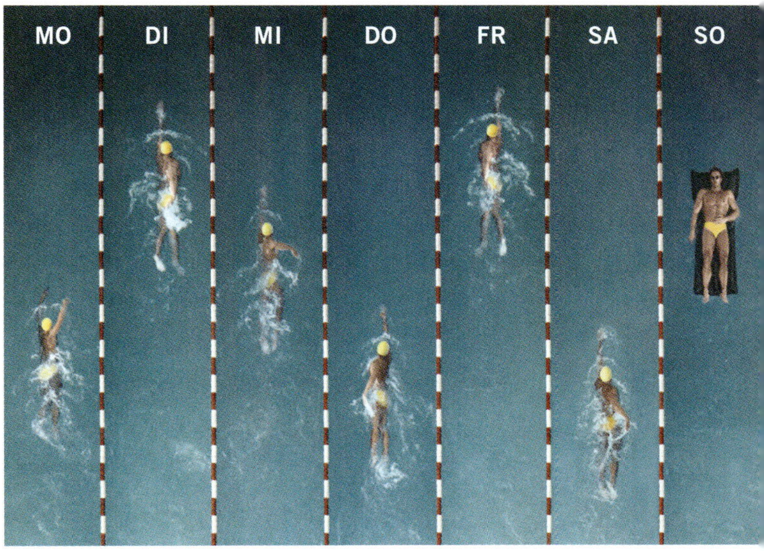

ENTSCHEIDUNGSSPIEL

Antrag auf Einführung von Sonntagsarbeit

Die Textilfirma Huber, die vor allem Sportbekleidung herstellt, hat einen Antrag auf Genehmigung von Sonntagsarbeit gestellt. Firmenchef Jürgen Huber begründet das so: „Nur wenn unsere Maschinen auch am Wochenende laufen, können wir gegen die Billig-Konkurrenz aus Asien bestehen. Es geht auch um den Erhalt unserer Arbeitsplätze."
Die 45 Arbeiterinnen und Arbeiter sollen eine Sonntags-Zulage bekommen. Dennoch ist die Meinung innerhalb der Belegschaft geteilt. Monika Lange, Näherin, spricht aus, was viele denken: „Mehr Geld wäre ja ganz schön, aber nicht auf Kosten des gemeinsamen Wochenendes mit meiner Familie. Ein freier Dienstag ist nicht dasselbe wie der Sonntag." Betriebsratsvorsitzende Elke Klein hat noch andere Bedenken. Sie ist auch Presbyterin in der Evang. Kirchengemeinde: „Ich denke natürlich an die Arbeitsplätze, aber ich denke auch an die Probleme für die Familien und für die eigene Gesundheit. Das Feiertagsgebot hat schon seinen Sinn."

» Überlegt in Gruppen, welche Argumente für und gegen die Sonntagsarbeit sprechen. Führt eine „Betriebsversammlung" durch, zu der auch Familienangehörige eingeladen sind.

Stell dir vor, es ist Sonntag und keiner merkt es. Auf Baustellen dröhnen Presslufthämmer, in den Kaufhäusern durchwühlen Kunden die Sonderangebote. Die Müllabfuhr fährt durch die Straßen, das Fernsehen bringt dasselbe Programm wie immer, es ist ein normaler Schultag …

„Wenn der Sonntag Werktag würde, müssten wir zur Schule gehen und hätten noch weniger Freizeit. Der Sonntag ist für mich ein Familientag und das sollte er auch bleiben." Dominik, 15 J.

„Ich fände es nicht schlecht, wenn die Geschäfte auch sonntags geöffnet hätten. Falls ich noch dringend etwas benötige, könnte ich sofort einkaufen gehen und es mir holen." Julia, 25 J.

„Sonntags gehe ich (ganz ehrlich) in die Kirche. Ich bin da als Kindergottesdienstmitarbeiterin tätig und es macht mir eine Menge Spaß, mit den Kindern zu basteln, zu singen oder einfach nur zu quatschen. Darauf möchte ich nicht verzichten." Lotta, 16 J.

„Ich arbeite sechs Tage die Woche als Verkäuferin in der Bäckerei. Wenn ich am Sonntag auch arbeiten soll, dann sehe ich meine Familie gar nicht mehr. Und irgendwann brauche ich auch einmal etwas Ruhe." Rita, 47 J.

» Was ist deine Meinung? Sollte man den Sonntag abschaffen oder sollten sonntags zumindest die Geschäfte geöffnet haben?

ERZIEHEN – GENAU SO ODER ANDERS?

Kinder und Jugendliche wurden gefragt: „Was würdest du in der Erziehung anders als deine Eltern machen?“ Die Antworten:

• Mehr Zeit haben	36 %
• Erklären, nicht befehlen	27 %
• Nichts, genauso wie meine Eltern	27 %
• Mehr mit mir reden	25 %
• Mehr Selbstständigkeit	25 %
• Mehr Taschengeld	23 %

» Was würdest du anders machen?

» Was mich manchmal an meinen Eltern stört! (Schreib es in die Umrissfigur!)

» Was meine Eltern an mir manchmal nicht gut finden! (Schreib es in die Figur!)

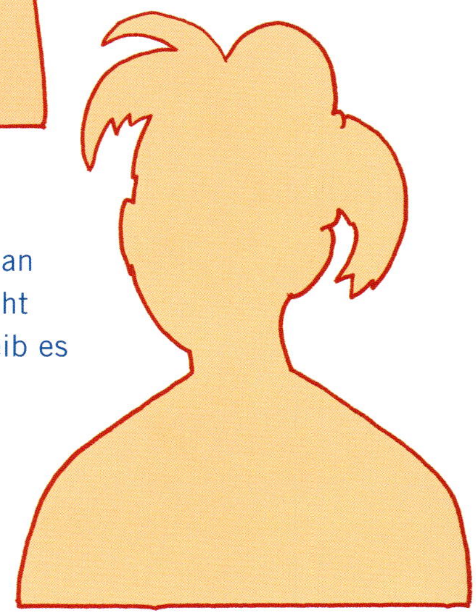

FAMILIE KRÜGER BESUCHT DIE TANTE

Sonntagnachmittag. Wieder einmal will die Familie Krüger Tante Gisela besuchen. Herr Krüger steht schon im Anzug auf dem Flur und wartet auf die anderen.

Vater Krüger:
„Wo bleibt ihr denn? Es ist doch jedesmal dasselbe. Immer muss ich auf euch warten.“

Frau Krüger und Tochter Lisa erscheinen ebenfalls im Flur.

Vater Krüger:
„Wo bleibt Nils denn?“

Mutter Krüger:
„Muss Nils denn unbedingt mit zu Tante Gisela? Er langweilt sich dort doch immer so.“

Vater Krüger:
„Marion, du weißt doch, dass Tante Gisela Wert darauf legt, dass wir alle kommen. Sie hat doch sonst keinen, der sie besucht.“

Lisa:
„Lass Nils doch hier bleiben, Papa. Wenn er seine 10.– Euro nicht haben will!“

Vater Krüger:
„Kommt gar nicht in Frage. Nils!“

Nils (13 J.) erscheint im Flur, hat sich aber noch nicht umgezogen.

Nils:
„Was soll ich denn bei der Tante? Da ist es doch langweilig. Und ihr langweilt euch doch genauso – seid doch ehrlich!“

Mutter Krüger:
„Nils, wenn du mal so alt bist wie Tante Gisela und hast sonst keine Verwandten mehr, würdest du dich doch auch über so einen Besuch freuen, oder?!“

Nils:
„Für die Tante Gisela ist es doch sowieso egal, ob ich mitkomme, oder nicht. Die redet ja auch kaum mit mir.“

Vater Krüger:
„Das ist ja noch schöner! Wir sollen also in den sauren Apfel beißen und der Herr macht sich zu Hause ein schönes Leben. Daraus wird nichts!“

Lisa:
„Willst du denn keine 10.– Euro?“

Nils:
„Nee, ich bin ja nicht so geldgierig wie du. Und ihr geht ja auch immer nur zu Tante Gisela, weil ihr später mal ihr Haus erben wollt. Gebt es doch zu!“

Vater Krüger:
„Marion, muss ich mir so etwas gefallen lassen? Ich besuche Tante Gisela, weil sie die Schwester meiner Mutter ist. Ich weiß noch, was sich gehört, was man von dir nicht sagen kann.“

Nils:
„Und warum macht ihr euch hinterher immer so lustig über Tante Gisela, wenn wir wieder im Auto sitzen? Das ist doch alles Heuchelei!“

Mutter Krüger:
„Nils!“

Vater Krüger:
„Also das geht jetzt zu weit, Nils! Du bleibst hier. Aber hinterher sprechen wir uns noch.“

Familie Krüger verlässt ohne Nils die Wohnung. Nils geht ins Wohnzimmer und schaltet den Fernseher ein.

DU SOLLST DEINEN VATER UND DEINE MUTTER EHREN!

In der Zeit der Bibel gab es keine Renten- und keine Krankenversicherung. Alte Menschen waren darauf angewiesen, von ihren Kindern versorgt zu werden. Dies ist die ursprüngliche Situation des Elterngebotes. Es richtet sich zunächst nicht an Kinder, sondern an Erwachsene. Sie sollen ihre alt gewordenen Eltern nicht abschieben, sondern versorgen und würdig behandeln.

ANTEIL JUNGER UND ALTER MENSCHEN IN DER BEVÖLKERUNG:

	bis 20 Jahre	über 60 Jahre
1871	45 %	7 %
1950	31 %	14 %
2005	20 %	26 %
2030	16 %	37 %

WAS MACHEN WIR MIT OMA?

Karl Richter ist mit 81 Jahren gestorben. Er hat mit seiner kranken Frau, die er immer noch pflegen und versorgen konnte, in einer eigenen Wohnung gelebt. Wo soll Frau Richter nun hin? Allein kann sie sich auf Dauer nicht helfen.
Ihr Sohn wohnt mit seiner Familie in einer anderen Stadt. Ein Umzug von Frau Richter in die Wohnung des Sohnes würde Probleme schaffen, denn ihre Schwiegertochter hat eine Halbtagsbeschäftigung und möchte diese nicht aufgeben. Auch ihr Sohn möchte seine Arbeit nicht reduzieren. Außerdem ist die Wohnung nicht übermäßig groß. Wenn die Oma einziehen sollte, müssten Steffi (13 J.) und Dennis (11 J.), die beiden Kinder, auf ihre eigenen Zimmer verzichten.
Soll Frau Richter nicht vielleicht doch ins Altersheim gehen? Davor schreckt sie aber noch sehr zurück. Oder gibt es noch andere Möglichkeiten?
Familie Richter hat sich mit der Oma zusammengesetzt, um die Situation zu beraten.

» Bildet Arbeitsgruppen und diskutiert, wie sich die einzelnen Personen in diesem Gespräch verhalten können! Stellt das Gespräch in einem Rollenspiel dar!

FRAGEN ZUM ALTER

1 Ab wann ist man alt?

2 Welcher Meinung stimmst du zu?
- Alte Menschen können schlechter hören.
- Im Alter nimmt die Lernfähigkeit ab.
- Im Alter nehmen die Krankheiten zu.

3 Wie lange sollte man arbeiten: bis 65 oder jede(r) so lange er oder sie will?

4 Sollten bei Menschen ab 80 Jahren noch teure Operationen durchgeführt werden?

5 Wenn du selbst einmal alt bist, wo möchtest du dann wohnen?

6 Wie alt möchtest du werden?

Es war einmal ein sehr alter Mann, der konnte nur noch schlecht hören und sehen und die Hände zitterten ihm sehr. Wenn er am Tisch saß und seine Suppe löffelte, verschüttete er die Suppe oft auf den Tisch und manchmal floss ihm auch wieder etwas aus dem Mund. Sein Sohn und seine Schwiegertochter ekelten sich davor und deswegen musste sich der alte Mann in eine Ecke hinter den Ofen setzen, wo man ihn nicht sofort sah. Er bekam auch eine Holzschüssel und einen Holzlöffel, die nicht zerbrechen konnten. Einige Tage später trägt der kleine Enkel Bretter und Nägel zusammen. „Was machst du da?“, fragt der Vater. „Ich baue eine Holzschüssel, aus der ihr dann essen könnt, wenn ich groß bin“, antwortet der Enkel.

INTERESSANTES ZUM THEMA

Buch

M. Peterson Haddix, Experiment Ewige Jugend, 2003

DU SOLLST NICHT TÖTEN!

Im Alten Testament verbietet dieses Gebot ursprünglich den Mord, also die Tötung eines anderen Menschen aus Hass, Habsucht, Rache oder ähnlichen Motiven. Gotteslästerer, Ehebrecher oder auch die Feinde Israels (im Krieg) waren damals von dem Tötungsverbot ausgenommen. Doch später wurde das Gebot dahin ausgeweitet, dass dadurch jeder Mensch als Ebenbild Gottes vor Mord und Totschlag geschützt wird. Martin Luther hat das Gebot so erklärt: Wir sollen Gott fürchten und lieben, dass wir unserm Nächsten an seinem Leibe keinen Schaden noch Leid tun, sondern ihm helfen und beistehen in allen Nöten.

15-jähriger Steinewerfer wegen Mordes verurteilt

Essen, 15. März. Ein 15 Jahre alter Schüler, der einen 25 Kilogramm schweren Steinbrocken auf die Autobahn geworfen hatte, ist wegen Mordes und mehrfachen Mordversuchs zu sechs Jahren Jugendstrafe verurteilt worden. Der Schüler hatte den Stein von einer Brücke aus auf die A 31 im Ruhrgebiet geworfen. Das Geschoss durchschlug die Frontscheibe des Wagens von drei Abiturienten und tötete einen 19-Jährigen. Die beiden anderen Insassen wurden schwer verletzt. Als Motiv gab der Schüler Langeweile an.

Tödliche Unfälle im Nebel

Bremen, 9. November. Bei einer Massenkarambolage in dichtem Nebel auf der Autobahn Hamburg-Bremen sind am Freitag zwei Menschen getötet worden. Mindestens elf Menschen wurden schwer, zwölf weitere leicht verletzt. Laut Polizei kam es zu einer Unfallserie, in die 40 bis 60 Fahrzeuge verwickelt waren. Unfallursache sei wahrscheinlich überhöhte Geschwindigkeit gewesen. Die Sichtweite lag zur Zeit des Unfalls unter 20 Metern. Augenzeugen berichteten, dass Autofahrer trotz des Nebels mit Geschwindigkeiten von 140 km/h gefahren waren.

8 Jahre Haft für Jugendliche

Hamburg, 21. Dezember. Wegen Raubmordes an einem Lebensmittelhändler wurden zwei 16 und 17 Jahre alte Jugendliche zu einer Jugendstrafe von acht Jahren verurteilt. Mit Messern bewaffnet hatten die beiden vor dem Laden gewartet, bis die letzten Kunden gegangen waren. Danach zogen sie Strumpfmasken über den Kopf und betraten den Laden. Es kam zu einem Gerangel mit dem Ladeninhaber, wobei ein Jugendlicher mehrfach auf den Mann einstach, der kurz darauf starb. Die Beute betrug 120 Euro. Die Jugendlichen waren wegen verschiedener Straftaten zuvor schon zu kleineren Strafen verurteilt worden.

Rechtsradikaler verurteilt

Frankfurt/Oder, 26. Juli. Wegen versuchten Mordes an einem nigerianischen Asylbewerber hat das Bezirksgericht Frankfurt einen 20-jährigen Rechtsradikalen zu einer siebenjährigen Jugendstrafe verurteilt. Der Angeklagte Mike D. hatte sich mit den Worten „Was will der Neger?“ auf sein Opfer gestürzt, nachdem es auf dem Frankfurter Bahnhofsvorplatz zu einer Rangelei zwischen dem Nigerianer und deutschen Jugendlichen gekommen war. Er zückte sein Messer und verletzte den Nigerianer durch Stiche in die Brust lebensgefährlich. Vor Gericht gab Mike D. an, zur Tatzeit stark betrunken gewesen zu sein.

» Besprecht in Gruppen jeweils einen Fall!
Welche Ursachen haben zu diesem Konflikt beigetragen?
Welche Maßnahmen sollen in Zukunft ergriffen werden, um solche Tötungsfälle zu verhindern?
Bereitet aus euren Überlegungen einen Beitrag für die Tagesschau vor. Er sollte nicht länger als 2 Minuten dauern. Nehmt den Beitrag auf Video oder auf dem Kassettenrekorder auf!

GEWALT DURCH COMPUTERSPIELE

Im US-Bundesstaat Kentucky erschoss der 14-jährige Michael Carneal drei Mitschülerinnen und verletzte fünf Schüler schwer. Carneal hatte lange Zeit mit Videospielen den Schusswaffengebrauch trainiert. In Erfurt erschoss der 19-jährige Robert Steinhäuser an seiner ehemaligen Schule 16 Menschen und anschließend sich selbst. Auch Steinhäuser hatte zuvor immer wieder mit Gewalt-Videos gespielt.
Können Computerspiele die Gewaltbereitschaft Jugendlicher verstärken?
„Kurzfristig fördern Gewaltvideos aggressive Gedanken und Handlungen“, ist der amerikanische Experte Anderson überzeugt. Nicht jeder, der Gewaltspiele spielt, dreht auch in der Wirklichkeit durch – halten andere dagegen.

» Wie siehst du das? Welche Auswirkungen haben Computerspiele auf Kinder und Jugendliche?

GEWALT AN SCHULEN

In Hildesheim wurde ein 18-jähriger Berufsschüler von fast allen Klassenkameraden gequält und misshandelt. Vier Schüler kamen in Haft. Sie hatten den 18-Jährigen immer wieder mit Stangen verprügelt, hatten ihn gezwungen, sich nackt auszuziehen, und die Gewalttaten auch noch auf Video aufgenommen. Klassenkameraden hatten tatenlos zugeschaut und sich lange Zeit in Schweigen gehüllt.
Im Landkreis Erding haben drei 15-Jährige einen 14-jährigen Schüler über Wochen gequält. Sie zogen ihn in die Schultoilette und steckten seinen Kopf in die Kloschüssel. Die Szenen nahmen weitere Schüler mit einer Digitalkamera auf, um sie ins Internet zu stellen. Die Lehrer hatten die Quälereien nicht bemerkt.

TATORT: SCHULHOF

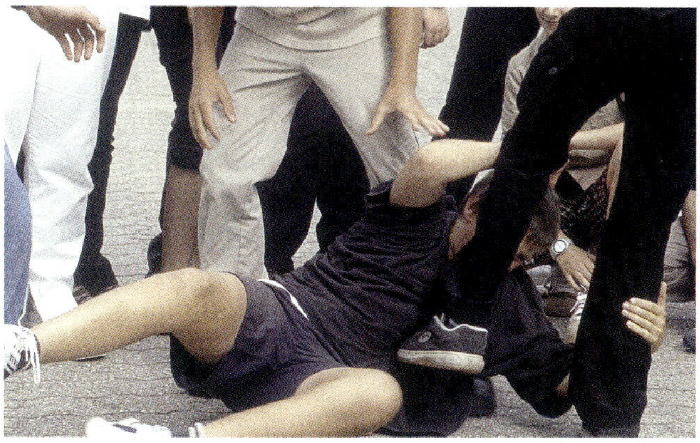

» Seht euch zu zweit das Bild an und überlegt euch eine Vorgeschichte zu dieser Szene.

Zwei 14-jährige Mädchen:

„Die Jungens, die kommen in die Klasse hochgerannt, werfen das Mädchen auf den Boden und fassen sie an. Zwei halten sie fest und der andere setzt sich dann auf ihren Bauch und fasst sie voll an. Das ist bei mir auch immer so."

– „Wir werden begrapscht und blöd angemacht, denn die Jungen kommen sich stärker vor und denken, das Mädchen kann ja gar nichts dagegen machen, wenn sie begrapscht wird, und sie sagen: Dir gefällt es ja auch."

» Teilt euch nach Mädchen und Jungen in zwei Gruppen auf! Die Mädchengruppe überlegt, wie sie sich gegen solche Angriffe wehren kann. Die Jungen unterhalten sich darüber, warum Jungen so etwas machen. Kommt wieder zusammen und berichtet.

» Wie oft hast du selbst im letzten Jahr Gewalt erlebt?

	oft	einmal	nie
• Jemand hat Unwahrheiten über mich verbreitet.			
• Jemand hat mich beschimpft oder beleidigt.			
• Jemand hat mich unter Druck gesetzt, damit ich etwas Bestimmtes mache.			
• Jemand hat mich bedroht und mir etwas weggenommen.			
• Jemand hat Sachen von mir absichtlich zerstört.			
• Jemand hat mich verprügelt.			
• Eine Gruppe hat mit meiner Gruppe gekämpft.			
• Jemand hat mich sexuell belästigt.			
• Jemand hat mich mit einer Waffe verletzt.			
• ____________________			

Vergleicht eure Ergebnisse mit denen in der Gruppe!

MEINE MEINUNG ZUR GEWALT

	JA	NEIN
Wenn man nicht manchmal Gewalt einsetzt, gehört man schnell zu den Verlierern.		
Nur, wenn nichts anderes mehr hilft, würde ich Gewalt anwenden.		
Man kann sich nicht alles gefallen lassen, ab und zu brauchen andere Leute mal einen Denkzettel.		
Ich bin grundsätzlich gegen jede Gewalt.		
Gewalt ist ganz normal. Das machen doch alle.		
Wenn ich mit einer Clique zusammen bin, werde ich automatisch aggressiver.		
Gewalt löst keine Probleme, sondern schafft nur neue.		
Gewalt ist etwas für Schwache, die sich sonst nicht zu helfen wissen.		

» Welcher Meinung stimmst du zu, welche lehnst du ab?

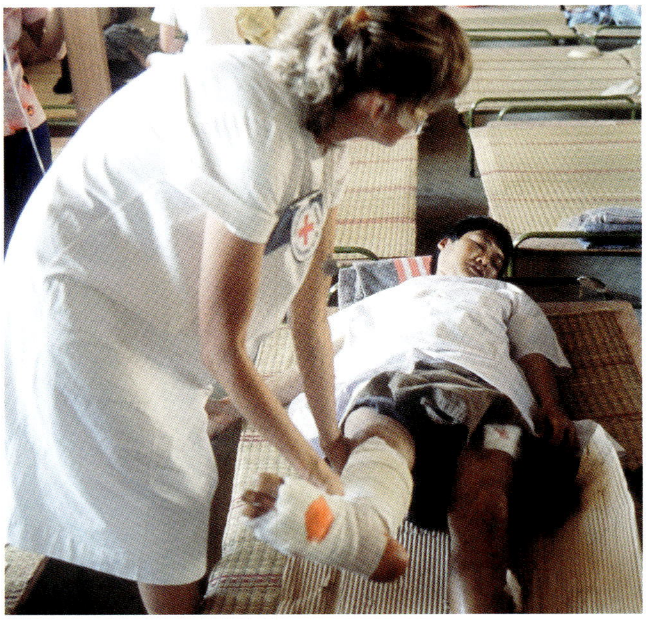

Ein junger Kambodschaner, der durch eine Landmine verstümmelt geworden ist. Jedes Jahr sterben fast 10000 Menschen durch Landminen, 15000 werden verletzt oder verstümmelt.

Krieg	Tote	Soldaten	Zivilpersonen
1. Weltkrieg	9,8 Mill.	95 %	5 %
2. Weltkrieg	55,0 Mill.	52 %	48 %*
Koreakrieg	9,2 Mill.	16 %	84 %
Vietnamkrieg	13,3 Mill.	10 %	90 %

* Nicht mitgezählt: die 6 Millionen Juden, die von Deutschen ermordet wurden.

Afghanistan, Indonesien, Irak, Israel/Palästina, Jugoslawien, Sudan, Tschetschenien – jedes Jahr finden zurzeit mindestens 25 Kriege oder Bürgerkriege irgendwo auf der Erde statt. Nur über wenige davon wird im Fernsehen berichtet. Jedes Jahr werden Hunderttausende Menschen, darunter viele Kinder, in diesen Kriegen getötet.

BUNDESWEHR ODER ZIVILDIENST?

In einigen Jahren werden sich die Jungen unter euch entscheiden müssen, ob sie zur Bundeswehr gehen oder lieber Zivildienst leisten wollen. Im Grundgesetz (Art. 4.3) heißt es: „Niemand darf gegen sein Gewissen zum Kriegsdienst mit der Waffe gezwungen werden."

Wie werdet ihr euch entscheiden? Ob Bundeswehr oder Zivildienst – es sollte in jedem Fall eine Gewissensentscheidung sein.

Seit 2001 können auch Frauen freiwillig zur Bundeswehr gehen und in allen Waffeneinheiten eingesetzt werden.

Anstelle des Zivildienstes können junge Männer auch in Altersheimen in Israel, Straßenkinderprojekten in Rumänien oder Behinderteneinrichtungen in Polen arbeiten. Aktion Sühnezeichen und der Christliche Friedensdienst Eirene vermitteln einen solchen 12-monatigen Auslandseinsatz.

„ES WAREN FEINDE, SIR, NICHT MENSCHEN!"

Verhör des Leutnants William Calley (27 J.), der angeklagt ist, im März 1968 in dem vietnamesischen Dorf MyLai 102 Männer, Frauen, Kinder und Greise getötet zu haben.

F(rage): Worauf schossen Sie?
A(ntwort): Auf den Feind, Sir.
F: Waren es Männer?
A: Ich weiß nicht, Sir. Das könnte ich mir schon denken, Sir.
F: Haben Sie es denn nicht gesehen?
A: Ich mache keinen Unterschied.
F: Haben Sie Frauen gesehen?
A: Ich weiß nicht, Sir. Ich machte keinen Unterschied zwischen den Leuten im Dorf, Sir. Sie alle waren der Feind, sie mussten alle vernichtet werden, Sir.

DU SOLLST NICHT TÖTEN

Töten – das beginnt mit der Geringschätzung menschlichen Lebens. Noch nie zuvor ist menschliches Leben auf dieser Erde zu so niedrigem Wert gehandelt worden:

140 Millionen Tote in den Kriegen des 20. Jahrhunderts. 100.000 Hungertote täglich, 4.000 Fernseh-Leichen jede Woche.

Scheint das Leben keinen Wert mehr zu besitzen? Doch jeder Mensch, wer er auch ist, bleibt Gottes Geschöpf. Jeder Mensch ist Gott so viel wert, dass sein Gebot uns sagt:

Du sollst nicht töten!

In der Bergpredigt sagt Jesus:

„Ihr habt gehört, dass gesagt wurde: Auge um Auge und Zahn um Zahn. Ich aber sage euch: Leistet dem Bösen nicht Widerstand! Sondern wer dich auf deine rechte Wange schlägt, dem wende die andere auch zu ... Ihr habt gehört, dass gesagt wurde: Du sollst deinen Nächsten lieben und deinen Feind hassen! Ich aber sage euch: Liebet eure Feinde und bittet für eure Verfolger."

Matthäus 5,38.39.43.44

» Wie bewertet ihr das Gebot der Feindesliebe?

- überraschend
- naiv
- vernünftig
- selbstzerstörerisch
- klug
- verrückt
- provozierend
- unvernünftig
- genial
- ärgerlich

Wähle einige Bewertungen aus und begründe sie!

WIE KANN ES WEITERGEHEN?

- Bastian steht in der Schlange und wartet. Es gibt nur noch wenige Karten fürs Rockkonzert. Ein Junge drängelt sich vor. Bastian weist ihn höflich darauf hin, dass er sich auch anstellen solle. Der Junge dreht sich um und sagt: „Halt die Klappe!"
- Lisa hat Zoff mit ihrer älteren Schwester. Sie macht Lisa schlecht bei ihrer Mutter. Sie nimmt sich Lisas Klamotten, ohne zu fragen. Sie öffnet Lisas Post. Und jetzt hat sie einfach das Poster aus Lisas Zimmer genommen und bei sich aufgehängt.
- Isabelle sieht, wie sich Alexander an ihrem Fahrrad zu schaffen macht. „Was machst du da?", schreit sie ihn an. „Ich wollte nur sehen, ob du noch genug Luft auf dem Reifen hast." So ein gemeiner Hund, denkt sie. Gestern hatte ich einen „Platten".

» Spielt die Szenen so weiter, dass einmal die Situation immer aggressiver wird und es ein anderes Mal zu einer friedlichen Lösung kommt.

Martin Luther King war 26 Jahre alt, als er als baptistischer Pfarrer einen Busboykott in Montgomery/Alabama organisierte, mit dem die Schwarzen gegen die Rassentrennung in öffentlichen Verkehrsmitteln protestierten. Der Boykott war erfolgreich und wurde zum Beginn einer großen Bürgerrechtsbewegung. Als Sprecher dieser Bewegung wurde M.L. King zu einem weltweiten Symbol für den gewaltfreien Kampf gegen Rassismus und Ungerechtigkeit. Mit gewaltlosen Mitteln – durch Demonstrationen, Sit-Ins, Mahnwachen und Boykotts – gelang es der Bewegung, die Aufhebung der Rassentrennung in allen öffentlichen Einrichtungen zu erreichen.
M.L. King wanderte dabei mehr als 30-mal ins Gefängnis. Mehrmals wurden Attentate auf ihn verübt. Als sein Haus von Weißen bombardiert wurde, beschwor er seine aufgebrachten schwarzen Leidensgenossen: „Wir müssen der Gewalt mit Gewaltlosigkeit begegnen. Denkt an das Wort Jesu: Wer das Schwert nimmt, wird durch das Schwert umkommen."
1964 erhielt M.L. King den Friedensnobelpreis. Vier Jahre später, am 4. April 1968, wurde er in Memphis/Tennessee von einem weißen Fanatiker ermordet. Er wurde nur 39 Jahre alt.

INTERESSANTES ZUM THEMA

Internet
www.friedensdienst.de www.ekd.de/eak
www.asf-ev.de

„Gewaltloser Widerstand ist keine Methode für Feiglinge!" Nach diesem Motto von M.L. King haben christliche Gruppen Regeln für ein Training in Gewaltfreiheit aufgestellt:

1. Ruhig bleiben. Nicht herausfordernd wirken!
2. Verhalte dich nicht wie ein Opfer. Ergreife die Initiative!
3. Tue das Unerwartete!
4. Suche das Gespräch. Schau deinen Gegner an!
5. Nicht drohen oder beleidigen!
6. Fass deinen Gegner nicht an!
7. Hole dir Hilfe!

» Wie bewertet ihr diese Regeln? Würdet ihr sie verändern oder ergänzen?
Spielt einmal eine bedrohliche Situation und wendet dabei die Regeln an!

DU SOLLST NICHT EHEBRECHEN!

Eines Abends stand der König David auf der Dachterrasse seines Palastes und sah eine sehr schöne Frau beim Baden. Er erkundigte sich, wer sie sei, und hörte: „Das ist Bathseba, die Frau des Hethiters Uria, der gerade mit deinem Heer am Feldzug teilnimmt." David ließ Bathseba holen und er schlief mit ihr. Einige Zeit später ließ Bathseba David melden, dass sie ein Kind bekomme. David schickte daraufhin seinem Feldherrn den Befehl: „Uria soll auf Urlaub kommen." Als Uria kam, erkundigte sich David bei ihm nach dem Feldzug, beschenkte ihn und schickte ihn zu seiner Frau nach Haus. Doch Uria ging nicht nach Haus, sondern schlief vor dem Palast bei den Soldaten. Als David das erfuhr, fragte er ihn: „Warum bist du nicht zu deiner Frau nach Hause gegangen?" Uria antwortete: „Mein Feldherr und alle meine Kameraden schlafen auf freiem Feld. Und so soll ich in mein Haus gehen, essen und trinken und mit meiner Frau schlafen? Das werde ich nicht tun." David lud ihn daraufhin für den Abend zum Essen ein und machte ihn betrunken. Aber auch jetzt ging Uria nicht nach Hause, sondern schlief wieder bei der Palastwache. Da gab David Uria einen Brief an seinen Feldherrn mit: „Stelle Uria dorthin, wo der Kampf am härtesten ist. Dann zieht euch plötzlich zurück, sodass er erschlagen wird." Der Befehl wurde ausgeführt und Uria wurde von den Feinden getötet. Als Bathseba hörte, dass ihr Mann gefallen war, weinte sie um ihn. Nach Ablauf der Trauerzeit holte David sie in seinen Palast und machte sie zu einer seiner Frauen.

Nach 2. Samuel 11

Rosemarie Müller, David und Bathseba (Ausschnitt)

» Vergleiche das Bild mit der Erzählung!

Am häufigsten werden Ehen zwischen dem 3. und dem 8. Ehejahr geschieden. Das haben Statistiker herausgefunden. Aber etwa 15 Prozent aller Ehescheidungen erfolgen auch noch nach dem 20. Jahr. Insgesamt wird in Deutschland zur Zeit etwa jede dritte Ehe geschieden – mehr als doppelt so viel wie vor 30 Jahren.

» Wie erklärst du dir den Anstieg der Ehescheidungen? Diskutiert darüber in eurer Gruppe!

Monika und Jürgen Grewe haben sich nach 15 Jahren scheiden lassen. André (13 Jahre) und Babette (10 Jahre) haben in den letzten Jahren oft mitbekommen, dass es in der Ehe ihrer Eltern nicht mehr stimmte. Beide hatten gehofft, dass es nicht zur Scheidung kommen würde. Nun wissen sie nicht genau, was auf sie zukommt. Bleiben sie zusammen? Können sie weiter mit beiden Eltern in Kontakt bleiben?

» Überlegt euch, was geschehen sollte, damit André und Babette mit den Folgen der Scheidung besser fertig werden. Überlegt auch, wie Monika und Jürgen Grewe nach der Scheidung ein gutes Verhältnis zueinander behalten können. Setzt euch in Gruppen zusammen und denkt euch einige Vereinbarungen aus!

DU SOLLST NICHT STEHLEN!

Dieses Gebot richtet sich ursprünglich gegen Menschenraub oder Menschenhandel. Es verbietet, einem anderen Menschen die Freiheit zu rauben oder ihn zu versklaven. Der Schutz des Eigentums wurde in das Gebot miteinbezogen, weil ein Mindestmaß an Besitz nötig ist, um sich als freier Mensch behaupten zu können.

Stefan ist in der Spielzeugabteilung des Kaufhauses beim Klauen erwischt worden. Ein Detektiv hatte beobachtet, wie er zwei Computerspiele in einer Plastiktüte verschwinden ließ. Im Büro des Abteilungsleiters wird er durchsucht und muss seine Personalien angeben. Der Diebstahl wird bei der Polizei angezeigt, Stefan bekommt für ein Jahr Hausverbot und seine Eltern werden aufgefordert, eine „Bearbeitungsgebühr" in Höhe von 75,– Euro zu zahlen.
Zu Hause erzählt Stefan zunächst nichts davon. Aber nach zwei Tagen kommt ein Brief vom Kaufhaus. Seine Mutter öffnet ihn ...

» Wie könnte das Gespräch mit seinen Eltern verlaufen? Versucht es darzustellen!
Am nächsten Morgen hat sich Stefans Ladendiebstahl in der Schulklasse herumgesprochen ...

ALLES DIEBSTAHL?

	DIEBSTAHL	STRAFE
1. Ein Junge lässt im Kaufhaus zwei CDs mitgehen.	○	○
2. Eine Firma ist in finanziellen Schwierigkeiten. Die Chefin verlangt von den Angestellten, in Zukunft 50 Stunden zu arbeiten – ohne zusätzliche Bezahlung.	○	○
3. Eine Schülerin schreibt in ihrer Arbeit von ihrer Nachbarin ab, ohne dass diese davon etwas weiß.	○	○
4. Es herrscht eine Hungersnot. Eine Person, die seit zwei Tagen nichts gegessen hat, nimmt einer anderen ein Stück Brot weg.	○	○
5. Ein Schüler kopiert sich Computerprogramme, die er von seinem Freund ausgeliehen hat.	○	○
6. Ein Junge steigt über den Zaun in den Garten des Nachbarn und pflückt sich dort die Kirschen vom Kirschbaum.	○	○
7. In einer Stadt sind die Wohnungen knapp. Ein Vermieter kassiert für eine 60 m^2 große Wohnung 1.200,– Euro.	○	○
8. Zwei Freunde entwickeln ein Spiel und bietet es einer Spielefirma an. Einige Monate später wird das Spiel von der Firma auf den Markt gebracht, ohne dass die beiden davon wissen.	○	○
9. Ein Mädchen spricht ihre Freundin zum wiederholten Mal auf die 50,– Euro an, die sie ihr noch schuldet. Ohne Erfolg! Da nimmt sie ihr in einem unbemerkten Augenblick 50,– Euro aus dem Portemonnaie.	○	○
10. Eine Verkäuferin fühlt sich für ihre Arbeit in einem Supermarkt schlecht bezahlt. Sie zweigt öfter Lebensmittel und Haushaltswaren ab und nimmt sie mit nach Hause.	○	○

» Wo handelt es sich deiner Meinung nach um Diebstahl – und wo sollte der Diebstahl auch bestraft werden?

DU SOLLST NICHT FALSCH ZEUGNIS REDEN WIDER DEINEN NÄCHSTEN!

Das Gebot verbietet ursprünglich, vor Gericht als Lügenzeuge aufzutreten und dadurch andere Menschen zu Grunde zu richten. So wird der merkwürdige Wortlaut des Gebotes verständlich.
Martin Luther sagt in seiner Erklärung des Gebotes: „Wir sollen Gott fürchten und lieben, dass wir unsern Nächsten nicht fälschlich belügen, verraten, afterreden oder bösen Leumund machen, sondern sollen ihn entschuldigen, Gutes von ihm reden und alles zum Besten kehren."

DIE DREI SIEBE

Zum weisen Sokrates kam jemand voll Aufregung gelaufen. „Höre, Sokrates, das muss ich dir erzählen: Dein Freund ..." „Halt ein!", unterbrach ihn der Weise, „hast du, was du mir erzählen willst, durch die drei Siebe gesiebt?" „Drei Siebe?", fragte der andere. „Ja, drei Siebe! Das erste Sieb ist die Wahrheit. Hast du geprüft, ob auch wirklich wahr ist, was du mir erzählen willst?" „Nein, ich hörte es jemanden erzählen." „So, so! Das zweite ist das Sieb der Güte. Ist das, was du mir erzählen willst, wenigstens gut?" Zögernd sagte der andere: „Nein, das eigentlich nicht, im Gegenteil ..." „Hm", unterbrach ihn Sokrates, „so lass uns auch das dritte Sieb noch anwenden: Ist es notwendig, mir das zu erzählen, was dich so erregt?" „Notwendig nun gerade nicht ..." „Also", lächelte der weise Sokrates, „wenn das, was du mir erzählen willst, weder wahr noch gut noch notwendig ist, so lass es begraben sein und belaste dich und mich nicht damit!"

» Aus welchen Gründen wird hier gelogen? Gibt es auch Lügen, die notwendig oder zumindest verständlich sind?

Jennifer kommt von der Schule nach Hause. Sie ist in schlechter Stimmung, denn in der Mathe-Arbeit hat sie wieder eine Fünf geschrieben. Ihre Mutter wird wieder einen Aufstand machen.
Beim Essen fragt die Mutter: „Habt ihr eure Rechenarbeit schon wieder zurückbekommen?" „Nein", antwortet Jennifer, „Frau Schulze hat gesagt, sie wäre noch nicht dazu gekommen, die Hefte durchzusehen."

Bei Familie Walter klingelt das Telefon. Frau Walter nimmt den Hörer ab. Es ist Melanie, ein Mädchen aus der Klasse ihrer Tochter. Melanie fragt, ob Silke heute Nachmittag mit ihr spielen will. Frau Walter sagt Silke Bescheid. „Die blöde Ziege, für die ist mir meine Zeit zu schade", regt sich Silke auf. „Dann geh zum Telefon und sag ihr das", meint Frau Walter. Silke nimmt den Hörer: „Hallo Melanie, ich kann heute leider nicht. Ich bin schon verabredet."

Thomas muss einkaufen, weil seine Mutter wieder einmal zu viel Alkohol getrunken hat und zu Hause auf dem Sofa liegt. Die Verkäuferin fragt ihn: „Na, musst du mal wieder einkaufen, weil deine Mutter betrunken ist?" „Nein", versichert Thomas, „meine Mutter ist gar nicht da."

» Versuche das Bild zu deuten!

A. Paul Weber, Das Gerücht

» Fällt dir eine Überschrift für die Karikatur ein? Was muss „man“ deiner Meinung nach heute besitzen, um auf andere Leute Eindruck zu machen? Stellt in eurer Gruppe eine Rangordnung der zur Zeit begehrtesten Statussymbole auf!

DU SOLLST NICHT BEGEHREN, WAS DEINEM NÄCHSTEN GEHÖRT!

Wenn einer immer mehr haben will, dann geht das meist auf Kosten anderer Leute. Dagegen richtet sich dieses Gebot. Es wird anschaulich im Verhalten der Geschäftemacher, von denen der Prophet Micha berichtet:

„Weh denen, die nachts wach liegen und Böses ausbrüten, um es früh am Morgen auszuführen, weil sie die Macht haben! Wollen sie ein Stück Land, so rauben sie es; gefällt ihnen ein Haus, so nehmen sie es. Rücksichtslos unterdrücken sie die Leute und nehmen ihnen ihr Eigentum weg.

Micha 2, 1-2

VOM FISCHER UND SEINER FRAU

Es waren einmal ein Fischer und seine Frau, die lebten zusammen in einem Eimer. Jeden Tag ging der Fischer an die See und angelte. Eines Tages zog er einen großen Plattfisch heraus. Der Plattfisch sah ihn an und sagte: „Hör mal, Fischer! Ich bitte dich, lass mich leben. Ich bin kein richtiger Plattfisch, sondern ein verwünschter Prinz. Was hilft es dir, wenn du mich totmachst?“ Das sah der Fischer ein und er setzte ihn in das Wasser zurück. Er stand auf und ging zu seiner Frau. „Hast du heute nichts gefangen?“, begrüßte sie ihn. „Nein, nur einen Plattfisch“, sagte er, „aber das war ein verwünschter Prinz, darum habe ich ihn wieder schwimmen lassen.“ „Hast du dir denn nichts gewünscht?“, fragte die Frau. „Nein, was sollte ich mir wünschen?“ „Du hättest uns eine Hütte wünschen können“, entgegnete die Frau. „Ich will nicht mehr in diesem stinkigen Eimer wohnen. Geh und ruf ihn, sag ihm, wir wollten eine Hütte haben. Er tut das gewiss.“

Der Mann wollte erst nicht, mochte aber auch seiner Frau nicht widersprechen und ging an die See. Dort sagte er: „Großer Plattfisch dort im Meer, bitte schwimme zu mir her, meine Frau, die Ilsebill, will nicht so, wie ich es will.“

Da kam der Plattfisch angeschwommen und fragte: „Was will sie denn?“ „Sie mag nicht mehr in dem Eimer wohnen, sie hätte gern eine Hütte.“ „Geh nur nach Hause“, sagte der Plattfisch, „sie hat sie schon.“ Da ging der Mann nach Hause und dort stand eine Hütte, eingerichtet mit Möbeln, Geschirr und allem, was man zum Wohnen braucht. „Ja“, sagte der Mann, „nun wollen wir zufrieden leben.“ „Das wollen wir uns überlegen“, sagte die Frau.

So ging das vierzehn Tage, dann wurde der Frau die Hütte zu eng. Sie setzte ihren Mann unter Druck, zum Plattfisch zu gehen und ein Schloss zu wünschen. Doch auch das prächtige Schloss reichte der Frau nicht lange. Nun wollte sie auch König werden. Sie wurde König, aber nach kurzer Zeit wollte sie auch Kaiser werden. Als sie Kaiser geworden war, sagte sie: „Ich bin nun Kaiser, jetzt kann ich auch Papst werden.“ Der Plattfisch erfüllte ihr auch diesen Wunsch, doch sie war noch nicht zufrieden. Nachts lag sie wach und dachte darüber nach, was sie denn noch werden könnte. Als sie am nächsten Morgen die Sonne aufgehen sah, stieß sie ihren Mann an: „Geh zum Plattfisch! Ich will werden wie der liebe Gott.“ Der Mann war ganz erschrocken, aber er ging. „Na, was will sie denn jetzt“, fragte der Plattfisch. „Ach“, sagte der Mann, „sie will werden wie der liebe Gott.“ „Geh nur hin“, antwortete der Plattfisch, „sie ist schon wieder im Eimer.“

Nach den Brüdern Grimm

In Israel lebte ein Bauer namens Nabot, der neben dem Palast des Königs Ahab einen Weinberg besaß. Auf diesen Weinberg hatte der König schon lange ein Auge geworfen. Er hätte gern einen Gemüsegarten daraus gemacht. Eines Tages bekam Nabot hohen Besuch: „Sei gegrüßt, König Ahab! Was kann ich für dich tun?" Ahab kam gleich zur Sache: „Gib mir deinen Weinberg! Ich will ihn dir mit Silber bezahlen. Du kannst ihn auch gegen ein anderes Stück Land tauschen. Was ist dir lieber?" Das war ein fairer Vorschlag, sollte man denken.

Aber Nabot sah das anders: „Es tut mir Leid, König, aber meinen Weinberg verkaufe ich nicht. Es ist das Erbstück meiner Familie. Du weißt, Gott hat dieses Land meinen Vätern gegeben. Heute bin ich für den Weinberg verantwortlich. Ich kann ihn dir nicht verkaufen." Enttäuscht und verärgert kehrte der König in seinen Palast zurück. Er legte sich auf sein Bett, drehte sich zur Wand und weigerte sich etwas zu essen. Das erfuhr seine Frau Isebel: „Was ist mit dir? Bist du krank?" Ahab erzählte ihr die ganze Geschichte. „Und das lässt du dir gefallen!", rief Isebel. „Du bist doch König in Israel! Aber lass mal, ich werde dir den Weinberg schon besorgen."

Isebel war eine phönizische Prinzessin. In ihrer Heimat kannte man keine Zehn Gebote. Dort konnte der König machen, was er wollte. Auf Gott brauchte er dabei keine Rücksicht zu nehmen. So sah es auch die Königin. Sie ließ einen Schreiber kommen, diktierte ihm einen Brief und versiegelte ihn mit dem Siegel des Königs. Den Brief schickte sie an die wichtigen Leute in der Stadt. Sie wurden in dem Brief aufgefordert, ein Fasten auszurufen. Das war eine öffentliche Versammlung, die einberufen wurde, wenn es irgendeinen Notstand im Lande gab und befürchtet wurde, dass dies eine Strafe Gottes sein könnte.

Als Nachbar des Königs sollte der Bauer Nabot bei der Versammlung einen Ehrenplatz erhalten. Aber dann sollten zwei Männer auftreten, bestochene falsche Zeugen. Sie sollten auf Nabot zeigen und ihn verfluchen: „Wir haben es gehört: Nabot hat den König verflucht und Gott gelästert."

Das war ein todeswürdiges Verbrechen damals. Das Eigentum eines zum Tode verurteilten Verbrechers fiel aber an den König. Ahab hätte seinen Weinberg. Das war der raffinierte Plan der Königin – und er gelang vollkommen. Die Spitzen der Stadt spielten mit, obwohl sie genau durchschauten, was da vorging. Der ahnungslose Nabot wurde von den falschen Zeugen beschuldigt, er wurde zum Tode verurteilt und vor den Toren der Stadt gesteinigt.

Als Isebel hörte, dass Nabot tot war, ging sie zum König und sagte: „Auf! Geh zum Weinberg Nabots und nimm ihn in Besitz. Der dumme Bauer lebt nicht mehr."

Rosemarie Müller, Nabots Weinberg (Ausschnitt)

Ahab ahnte, dass das nicht mit rechten Dingen zugegangen war. Aber er fragte nicht, sondern ging hin, um sich seinen neuen Besitz anzusehen.

Hier könnte die Geschichte zu Ende sein: Ein kleiner Bauer wird von den Mächtigen fertiggemacht – das kennt man.

Doch es kam ein Mann in die Stadt und ging geradewegs zum Weinberg Nabots, den der König eben in Besitz nahm. Als Ahab ihn sah, wurde er blass: „Hast du mich gefunden, mein Feind?" Er kannte diesen Mann, den Propheten Elia, der ihn schon öfter kritisiert hatte. Unerschrocken trat Elia vor den König: „Du hast dich hergegeben zu tun, was in den Augen Gottes böse ist. Darum wird Gott dich zur Rechenschaft ziehen. Er wird Unheil über dich bringen und dir dein Königtum wegnehmen, dir und deinen Nachkommen."

Nach 1. Könige 21

» Die Geschichte von Nabots Weinberg zeigt, was passiert, wenn Gottes Gebote mit Füßen getreten werden. In dieser Geschichte kommen mehrere Gebote in ihrer ursprünglichen Bedeutung vor. Welche sind es?

» Die Gebote stehen hier in heutiger Sprache formuliert und zugleich erklärt. Sie stehen aber nicht in der richtigen Reihenfolge. Welche Gebote sind jeweils gemeint? Schreibe die dazu passende biblische Fassung auf die rechte Seite!

- Gönne dir einen Tag Ruhe – für dich, deine Mitmenschen und für Gott.
- Zerstöre nicht das Vertrauen der Frau oder des Mannes, mit der/dem du zusammenlebst.
- Versuche nicht an dich zu bringen, was dem anderen gehört. Gönne ihm, was er hat. auf gleicher Stelle
- Schütze das Leben – und zerstöre es nicht.
- Missbrauche den Namen Gottes nicht für deine Interessen!
- Kümmere dich um deinen Vater und deine Mutter, wenn sie alt werden. auf gleicher Stelle
- Mach dir kein Bild von Gott. Denn Gott ist größer als alle Gedanken über ihn.
- Nimm anderen nicht weg, was ihnen gehört.
- Ich bin der Gott, der zu dir hält. Neben mir brauchst du keine anderen Götter.
- Mach andere nicht schlecht, tritt für die Wahrheit ein.

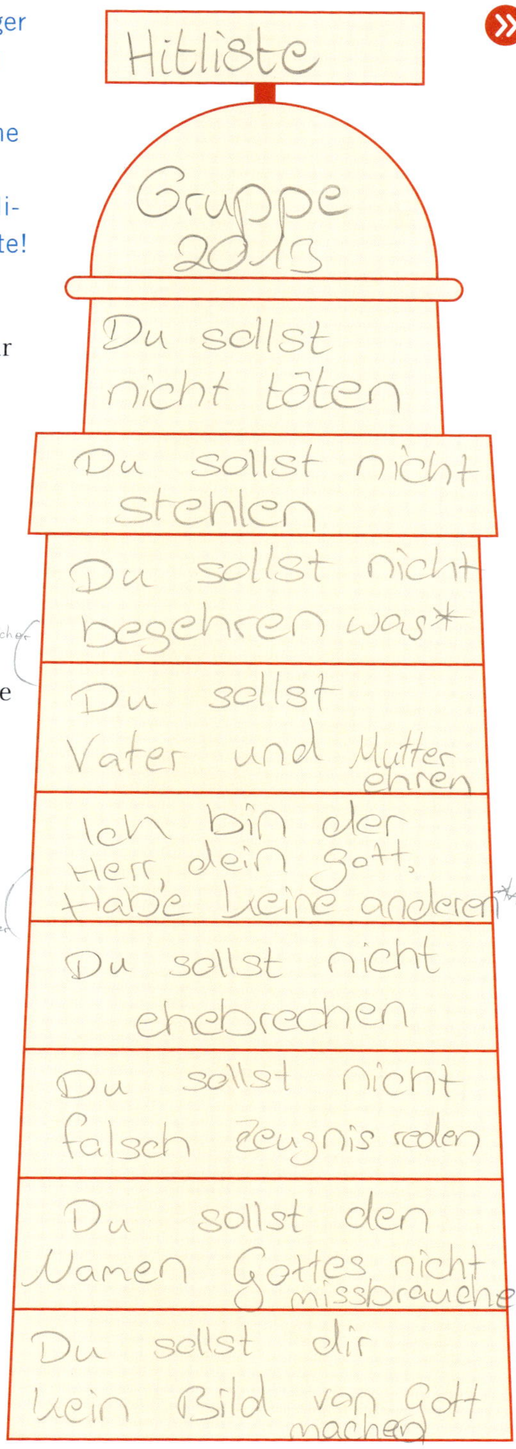

Du sollst den Feiertag heiligen

» Welche Gebote hältst du für die wichtigsten? Stelle eine Reihenfolge auf und schreibe sie in dieser Reihenfolge in die einzelnen Felder des Leuchtturms!

DAS HÖCHSTE GEBOT

Das Judentum kennt 613 Gebote und Verbote. Zur Zeit Jesu gab es eine Diskussion darüber, ob alle Gebote gleichrangig oder ob sie unterschiedlich wichtig sind:

Einer von den Schriftgelehrten kam zu Jesus und fragte ihn: „Welches ist das höchste Gebot von allen?" Jesus antwortete ihm: „Das höchste Gebot ist also: Höre, Israel! Der Herr ist unser Gott, der Herr und kein anderer. Darum liebt ihn von ganzem Herzen und ganzer Seele, mit aller Vernunft und all deiner Kraft.
Das andere Gebot ist ihm gleich: Du sollst deinen Nächsten lieben wie dich selbst! Es gibt keine Gebote, die größer sind als diese beiden."

Markus 12,28-31

Ich liebe mich.
Du liebst dich.
Er liebt sich.
Wir lieben uns.
Ihr liebt euch.
Sie lieben sich.
Ich frage mich:
Warum gibt es so wenig
Liebe auf der Welt?

*deinem Nächsten gehört
** Götter neben mir

Die Weiße Rose: Hans Scholl, Sophie Scholl, Christoph Probst

Sophie Scholl ist erst 21 Jahre alt, als sie am 22.2.1943 wegen „Hochverrats“ hingerichtet wird.

Von ihren Eltern wird sie zusammen mit ihren vier Geschwistern zu einem freien und humanistisch-christlichen Denken erzogen.
Die Ideologie der Nationalsozialisten, die viel von Vaterland, Kameradschaft und Heimat sprachen, beeindruckte anfangs auch die Geschwister Scholl. Sophie macht bei den „Jungmädels“ mit, wird aber bald vom Massenkult und vom herrschenden Rassismus abgestoßen. Sie weigert sich, ihre jüdische Freundin im Stich zu lassen. Bald nach Studienbeginn schließt sie sich in München der kleinen Widerstandsgruppe „Die Weiße Rose“ an, die sich aus dem Freundeskreis ihres Bruders Hans entwickelt hatte. Sie ist überzeugt: Man darf nicht nur dagegen sein, man muss etwas tun: „Wenn hier Hitler mir entgegenkäme und ich eine Pistole hätte, würde ich ihn erschießen. Wenn es die Männer nicht machen, muss es eben eine Frau tun.“ Allen Freunden, die als Soldaten eingezogen werden, nimmt sie das Versprechen ab, nicht auf Menschen zu schießen.

Im Juni 1942 erscheint das erste Flugblatt der „Weißen Rose“: „Nichts ist eines Kulturvolkes unwürdiger, als sich ohne Widerstand von einer verantwortungslosen und dunklen Trieben ergebenen Herrscherclique ‚regieren‘ zu lassen.“ In sechs Flugblättern informieren die Studenten über den Krieg und die Konzentrationslager und rufen zum Widerstand auf.
In nächtlichen Aktionen schreiben sie Parolen auf Straßen und an Häuserwände: „Freiheit! Nieder mit Hitler!“

Als Sophie und Hans Scholl am 18.2.1943 das letzte Flugblatt („Im Namen des ganzen deutschen Volkes fordern wir vom Staat Adolf Hitlers die persönliche Freiheit, das kostbarste Gut der Deutschen zurück, um das er uns in der erbärmlichsten Weise betrogen.“) in der Münchener Universität verteilen, werden sie vom Hausmeister entdeckt. Sie werden verhaftet. Stundenlange Verhöre folgen. Sophie und Hans Scholl erklären, durch ihre Aktionen ein noch größeres Unglück verhindern und Hunderttausende von Soldaten retten zu wollen. Selbst die vernehmenden Gestapobeamten sind beeindruckt.

Das Urteil des Volksgerichtshofes lautet für Sophie und Hans Scholl sowie für Christoph Probst auf Todesstrafe wegen Hochverrats. Es kommt zu einer letzten Begegnung mit den Eltern. „Wir haben alles, alles auf uns genommen“, sagt Sophie. „Das wird Wellen schlagen.“ Einige Minuten später wird Sophie Scholl durch das Fallbeil hingerichtet.

LEBEN UND TOD

HOMBURG, 11. OKTOBER

Zu einem schweren Verkehrsunfall kam es gestern auf der B 47. Der 18-jährige Carsten S. kam aus ungeklärten Gründen mit seinem Motorrad ins Schleudern und prallte frontal gegen einen entgegenkommenden PKW. Der Motorradfahrer wurde mit schweren Verletzungen in das Krankenhaus eingeliefert. Der PKW-Fahrer wurde nur leicht verletzt. An beiden Fahrzeugen entstand schwerer Sachschaden.

Carstens Mutter (15. Oktober):
Wir waren heute wieder auf der Intensivstation. Carsten ist zum 2. Mal operiert worden. Lieber Gott, wenn er doch nur durchkommt! Es ist wie ein böser Traum. Ich mag gar nicht daran denken, dass er sterben könnte. Der Besuch auf der Intensivstation nimmt mich immer völlig mit. Andrea, Carstens Freundin, geht es genauso. Die Ärzte sagten, die Operation sei zufriedenstellend verlaufen. Eine Niere musste entfernt werden. Das sei aber nicht lebensbedrohend, sagten sie. Entscheidend sei, dass sich keine Komplikationen einstellen. Man müsse die nächsten Tage abwarten. Lieber Gott, Carsten ist doch noch so jung. Lass ihn nicht sterben!

Carstens Vater (19. Oktober):
Carsten ist tot. Heute Mittag ist er ganz still eingeschlafen. Wir waren bei ihm, aber wir wissen nicht, ob er das noch gespürt hat. Ich bin so leer. Es ist alles so sinnlos. Carsten wird nie mehr wiederkommen. Ich kann das alles noch nicht begreifen.

Notizzettel von Carstens Vater (20. Oktober):

- Beerdigungsinstitut anrufen: Sarg, Blumenschmuck
- Friedhofsamt: Grab besorgen Beerdigung: wann?
- Pfarrerin: Termin für Besuch?
- Zeitungsanzeige und Trauerkarten drucken lassen
- Bibelwort für die Traueransprache aussuchen

Vor der Beerdigung:

Fam. Sommer sitzt mit den Großeltern und mit Andrea zu sammen, um gemeinsam zu überlegen, was vor der Beerdigung noch zu klären ist:

- Sollen alle „in schwarz" gehen?
- Sollen bei der Trauerfeier die Lieder gesungen werden oder ist es besser, wenn nur auf der Orgel gespielt wird?
- Am Grab: Kränze? Oder soll zugunsten einer Spende für Brot-für-die-Welt auf Kränze verzichtet werden?
- Beileidsbekundungen am Grab sind nicht erwünscht. Aber was kann man tun, um sie zu verhindern?
- Soll es nach der Beerdigung ein Kaffeetrinken in einer Gaststätte geben?

» Sprecht in der Gruppe über diese Fragen. Was ist eure Meinung?

„Und ob ich schon wanderte im finstern Tal, fürchte ich kein Unglück; denn du bist bei mir, dein Stecken und Stab trösten mich." Psalm 23,4

„Befiehl dem Herrn deine Wege und hoffe auf ihn, er wird's wohl machen." Psalm 37,5

„Meine Seele ist stille zu Gott, der mir hilft, denn er ist mein Fels, meine Hilfe, mein Schutz, dass ich gewiss nicht fallen werde." Psalm 62,2-3

„Jesus spricht: Ich bin die Auferstehung und das Leben. Wer an mich glaubt, der wird leben, ob er gleich stürbe." Johannes 11,25

„In der Welt habt ihr Angst, aber seid getrost, ich habe die Welt überwunden." Johannes 16,33

Am 19. Oktober starb nach einem schweren Verkehrsunfall, viel zu früh, unser geliebter Sohn und Enkel, mein Freund

Carsten Sommer

im Alter von 18 Jahren

In Liebe und Trauer:
Fam. Sommer
Fam. Thomas
Andrea

Homburg, Heidestr. 12

Die Beerdigung findet am Dienstag, den 23. Oktober, um 12.00 Uhr auf dem Friedhof in Homburg statt.

» Sucht ein Bibelwort aus und schreibt es in die Traueranzeige!

EIN JAHR DANACH

Carstens Mutter:
Geholfen hat mir in der schweren Zeit danach, dass ich mit vielen Menschen reden konnte. Wir sind nicht allein gelassen worden. Viele haben mitgetragen, mitgelitten, mitgebetet.

Carstens Vater:
Am Sonntag gehe ich auf den Friedhof. Einfach, um dort zu sein, einen Moment lang. Das Grab ist der Ort, wo der letzte Rest meines Sohnes ist. Ein Ort der Ruhe und des Friedens.

Andrea:
Ich habe ein Kreuz an der Unfallstelle aufgestellt
und Blumen hingebracht. Jetzt stehen immer wieder Blumen und Kerzen dort, von denen ich nicht weiß, wer sie hinstellt.

WAS DENKST DU ÜBER DEN TOD?

1. Wann hast du schon einmal an den Tod gedacht?

- Als unser Haustier gestorben war.
- Als ich krank war.
- Als ich den Bericht über eine Katastrophe im Fernsehen sah.
- Als ich traurig und enttäuscht war.
- Als in unserer Familie jemand gestorben war.
- Nie.
- ______________________

2. Was denkst du über den Tod?

- Mit dem Tod ist alles aus.
- Mit dem Tod beginnt etwas ganz Neues.
- Im Tod trennen sich Leib und Seele.
- Die Toten werden auferstehen.
- Der Tod ist der Beginn des ewigen Lebens.
- ______________________

3. Es gibt verschiedene Vorstellungen für das, was nach dem Tod kommt. Welchen Vorstellungen stimmst du am ehesten zu?

- Ich werde im Grab verwesen.
- Ich werde in einem anderen Körper weiterleben.
- Ich werde bei Gott sein.
- Ich werde in den Himmel oder in die Hölle kommen.
- Ich werde als Geist ohne Körper in dieser Welt bleiben.

4. Was verbindest du mit dem, was nach dem Tod kommt?

- Einsamkeit
- Licht
- Finsternis
- Geborgenheit
- ______________
- Kälte
- Harmonie
- Angst
- Wärme
- ______________

5. Mit wem kannst du dich über solche Fragen unterhalten?

- Freunden
- Geschwistern
- Eltern
- Großeltern
- Lehrern/Lehrerinnen
- Pfarrer/Pfarrerin
- Mit niemandem
- ______________

6. Für welche Bestattungsform würdest du dich entscheiden?

- Erdbestattung
- Feuerbestattung
- Seebestattung
- Anonymes Gräberfeld
- Mit Trauerfeier
- Ohne Trauerfeier

7. Welche Fragen haben dich gestört? Welche Fragen fandest du schwierig?

BLICK INS JENSEITS?

Mehrere hundert Menschen, die schon klinisch tot waren, aber wieder ins Leben zurückgeholt werden konnten, berichten fast einhellig von sehr ähnlichen sogenannten „Nah-Tod-Erlebnissen“:

- Viele hörten, wie sie für tot erklärt wurden. Sie hatten das Gefühl, durch einen dunklen Raum oder einen Tunnel gezogen zu werden. Wie Zuschauer in einem Film sehen sie ihren eigenen Körper: „Von oben sah ich zu, wie man mich wiederbelebte ... Eine Krankenschwester sagte: ‚O Gott, sie ist tot!‘ Eine andere beugte sich hinunter, um mir Mund-zu-Mund-Beatmung zu geben.“
- Viele erwähnen ein sehr helles Licht: „Und nun kam das große Licht, ein strahlend weißes Licht. Es durchflutete mein ganzes Wesen.“ Es sei wie ein lebendes Wesen und verströme unbeschreibliche Wärme und Geborgenheit.
- Das ganze Leben laufe in Sekundenschnelle wie ein Film klar und deutlich vor dem geistigen Auge ab.
- Die meisten wollen zunächst unbedingt in ihren Körper zurückkehren, sträuben sich aber bald mit aller Kraft dagegen.

Hieronymus Bosch, Der Aufstieg in das himmlische Paradies

GIBT ES EIN LEBEN NACH DEM TOD?

- Manche sagen: Wir können nur in unseren Kindern weiterleben und in der Erinnerung der Menschen, mit denen wir zu tun hatten. Eine andere Hoffnung gibt es nicht.
- Andere sagen: Die Verstorbenen sind auch nach dem Tod noch um uns. Sie leben als Geistwesen weiter. Wir können ihre Nähe spüren und mit ihnen in Verbindung treten.
- Atheisten (= die nicht an Gott glauben) sagen: Ein Weiterleben nach dem Tod gibt es nicht. Mit dem Tod ist alles aus. Der Mensch zerfällt in seine natürlichen Bestandteile – und das ist das Ende.
- Hinduisten und Buddhisten sagen: Nach dem Tod wird der Mensch als ein anderes Lebewesen neu geboren (= Seelenwanderung). In einem unerbittlichen Kreislauf von Leben, Tod und Wiedergeburt wird der Mensch solange neu geboren, bis er gelernt hat, sich von allen Wünschen und Begierden zu befreien. Dann hat die Seelenwanderung ein Ende und er erfährt Erlösung (Hinduismus: Moksha – Buddhismus: Nirwana).
- Muslime sagen: Es gibt für alle Menschen, Lebende und Tote, ein „jüngstes Gericht" Gottes. Wann das erfolgt, weiß nur Gott allein. Er wird die Menschen, die seine Gebote gehalten haben, mit dem Paradies belohnen. Die Ungläubigen und die Sünder müssen zunächst in die Hölle, um dort geändert zu werden. Weil Gott barmherzig ist, wird er auch sie nach einiger Zeit ins Paradies holen.
- Juden und Christen sagen: Der Körper des Menschen zerfällt nach dem Tod. Dennoch ist der Tod nicht das Ende. Denn Gott hat mehr Macht als der Tod. Im Tod kehrt das Leben zu Gott zurück, von dem es gekommen ist. Aber es ist nicht einfach eine Fortsetzung des irdischen Lebens, sondern eine andere Form von Leben. Dazu sagen Christen und Juden „Auferstehung". Wie das genau geschieht, wissen sie nicht. Sie überlassen es Gott.

INTERESSANTES ZUM THEMA

Internet
www.freenet.de (wissenschaft/mensch/nahtod)

Bücher
I. Korschunow, Die Sache mit Christoph, 1993
N. Rauprich, Das Jahr mit Anne, 1997
G. Kuijer, Erzähl mir von Oma, 2002

SYMBOLE UND VERSE AUS TODESANZEIGEN

- Erlöst bist du von allen Schmerzen,
  doch du lebst weiter in unseren Herzen.
- Du bist nicht tot, du tauschtest nur die Räume.
  Du lebst in uns und gehst durch unsere Träume.
- Unsere Zeit steht in Gottes Händen.
- Wer so gelebt wie du im Leben,
  wer so getan hat seine Pflicht,
  wer stets sein Bestes hingegeben,
  stirbt selbst im Tode nicht.
- Sein neues Leben hat begonnen.
- Müh' und Arbeit war dein Leben.
  Ruhe hat dir Gott gegeben.
- Fürchte dich nicht, denn ich habe dich erlöst.
  Ich habe dich bei deinem Namen gerufen.
  Du bist mein.
- Lebe von einem Tag zum nächsten, doch lebe jeden Tag so, als ob es dein letzter wäre.

» Versuche die Symbole zu deuten! Was sagen die Symbole und die Verse über das Leben der Verstorbenen oder über eine Hoffnung angesichts des Todes aus?

Er hat seinen Engeln befohlen, dass sie dich behüten auf allen deinen Wegen, dass sie dich auf den Händen tragen und du deinen Fuß nicht an einen Stein stoßest.

Psalm 91,11+12

Was mich trösten könnte:

Lied

Von guten Mächten wunderbar geborgen,
erwarten wir getrost, was kommen mag.
Gott ist bei uns am Abend und am Morgen
und ganz gewiss an jedem neuen Tag.

Gebet

Gott, irgendwann werde auch ich sterben,
irgendwann oder demnächst.
Ich kann es mir gar nicht vorstellen.
Und doch habe ich Angst davor –
nichts mehr sehen, nichts mehr fühlen,
nichts mehr erleben, alles zurücklassen.
Aber, weiß man's?
Ich hoffe so, dass es weitergeht nach dem Tod.
Aber wie? Wo bin ich dann?
Wer bin ich dann?
Aber ich möchte leben.
Ich hoffe, Gott, du bist stärker als der Tod.
Amen

Segen

Möge dein Weg dir stets entgegenkommen,
möge der Wind dir im Rücken sein,
möge der Regen sanft auf dein Haar fallen
und die Sonne dir ins Gesicht scheinen,
und bis wir uns wiedersehen,
halte Gott dich in seiner Hand.

» Du kannst dir, wie in diesem Beispiel, ein persönliches Trostbuch zusammenstellen – mit Bildern, Geschichten, Liedern, Gebeten und Bibelversen.

GLAUBENSBEKENNTNIS

glauben, vertrauen, festen Halt haben...

GLAUBEN: JEDER MEINT ETWAS ANDERES!

- Es klingelt an der Haustür. Frau Gerhardt öffnet. Draußen stehen zwei Frauen. „Wir kommen von den Zeugen Jehovas. Haben Sie einen Moment Zeit?" – „Nein", antwortet Frau Gerhardt, „und außerdem: Wir haben unseren Glauben."
- In der Gerichtsverhandlung fragt die Richterin den Zeugen: „Haben Sie gesehen, dass der Autofahrer die Kreuzung bei Rot überquert hat?" – „Ich bin mir nicht sicher, aber ich glaube schon."
- Wegen einer Krankheit hat Esther mehrere Proben der Theater-AG versäumt. In der nächsten Woche findet in der Schule die Aufführung statt. Esther hat Angst, dass sie ihre Rolle nicht mehr schafft. Der Regisseur macht ihr Mut: „Ich weiß, dass du es schaffst. Ich glaube an dich."
- Abfahrt zur Konfirmandenfreizeit. Alle warten noch auf Tobias. Sein Freund Lars sagt: „Ich glaube, der kommt noch. Die Freizeit lässt der sich nicht entgehen."

» Was ist hier jeweils mit „glauben" gemeint?

VERBREITETER GLAUBE AN ÜBERSINNLICHES

Hamburg, 8. September. An übersinnliche Kräfte und Erscheinungen glaubt einer Umfrage zufolge die Mehrheit der Deutschen (59 Prozent). Darunter sind mehr Jüngere (73 Prozent) als Ältere und mehr Frauen (63 Prozent) als Männer. 40 Prozent sind von der Existenz Außerirdischer überzeugt, 23 Prozent glauben an Ufos. In dieser Frage sind die Westdeutschen „gläubiger" als die Ostdeutschen. Jeder fünfte (21 Prozent) hält Astrologie und Horoskope für wahr. Sechs Prozent gaben an, sie glaubten an Geister und Gespenster.

ICH GLAUBE, DASS …

	JA	NEIN
• … Horoskope nicht lügen.	○	○
• … Tote mit uns Kontakt aufnehmen können.	○	○
• … Ufos und Aliens unsere Welt beobachten und uns besuchen.	○	○
• … es Menschen mit hellseherischen Fähigkeiten gibt.	○	○
• … der Teufel großen Einfluss auf diese Welt hat.	○	○
• … Pendeln und Gläserrücken mir Antworten auf meine Fragen geben können.	○	○
• … alles, was in meinem Leben passiert, vorherbestimmt ist.	○	○
• … mein Leben vom Stand der Sterne oder des Mondes beeinflusst wird.	○	○
• … es Dinge gibt, die wir nicht erklären können.	○	○
• … sich alles auf der Welt naturwissenschaftlich erklären lässt.	○	○

» Vergleiche deine Antworten mit denen der Gruppe!

GLAUBEN

Ein Vorurteil lautet: Die Menschen glauben nicht mehr so viel wie früher, die Wissenschaft hat den Glauben verdrängt. Doch stimmt das? Jeder Mensch glaubt an etwas. Die eine glaubt an die Macht der Sterne, der andere glaubt an Schalke 04, viele glauben vor allem an sich selbst, aber eine große Mehrheit glaubt auch immer noch an Gott. Keiner kann allein von dem leben, was er sehen oder beweisen kann. Niemand kann einen Menschen lieben, wenn er nicht glauben will – denn wenn er für die Liebe Beweise fordert, hat er die Liebe zerstört. Ohne Glauben, ohne Vertrauen können wir nicht leben.

Doch es gibt auch einen unvernünftigen Glauben:

Wer an Horoskope, Glückssteine, Aliens oder Geister glaubt, will mit „übernatürlichen" Kräften in Kontakt treten, um so sein Leben in den Griff zu kriegen. Beim Aberglauben muss man seinen Verstand ausschalten. Christlicher Glaube ist etwas anderes. Er ist Vertrauen, die persönliche Gewissheit, dass Gott mein Leben bestimmt und es gut mit mir meint. Für diesen Glauben gibt es keine Beweise, aber gute Gründe. Wer an Gott glaubt, schaltet seinen Verstand nicht aus. Zweifel gehören dazu. Gott hält das aus. Zweifelnde sind ihm lieber als Menschen, die zu allem Ja und Amen sagen.

JAN HAT ZWEIFEL

Jan ist vor zwei Jahren konfirmiert worden. Als eine Verwandte von ihm eine Tochter bekommt, soll er Pate werden. Jan ist zunächst stolz, doch dann bekommt er Bedenken. Er spricht mit seinen Eltern: „Ich glaube nicht, dass ich Pate werden kann. Denn ich glaube nicht alles, was in der Bibel steht. Und wenn man Pate sein will, muss man doch von dem christlichen Glauben ganz überzeugt sein – oder?" – „Was ist es denn, was du nicht glauben kannst?", fragt seine Mutter. – „Ich glaube nicht, dass Jesus Gottes Sohn ist. Das kann ich mir irgendwie nicht vorstellen. Ich kann mir auch nicht vorstellen, dass Maria Jungfrau war, als Jesus geboren wurde. Und dass Gott die Welt in sechs Tagen geschaffen hat, glaube ich auch nicht."

» Wie könnte Jans Mutter antworten? Überlegt euch zu zweit, wie das Gespräch zwischen Jan und seiner Mutter weitergehen könnte! Wie würdest du Jan antworten?

» Formuliere zwei Fragen, auf die der christliche Glaube eine Antwort geben sollte!

Es gibt einen Glauben,
der sprachlos ist,
und einen, der immerzu von Gott redet;
einen Glauben,
der alles besser weiß,
und einen, der sich aus allem heraushält;
einen Glauben,
der voller Zweifel ist,
und einen, der keine Zweifel kennt;
einen Glauben,
der überall auffällt,
und einen, der gar nicht erkennbar ist.
Gott, es gibt diesen und jenen Glauben.
Gib mir einen persönlichen Glauben.

ZWEIFEL

... ich kann nicht glauben, dass Gott die Welt in sechs Tagen geschaffen hat ...
... ein Leben nach dem Tod? ...
... dass Jesus in den Himmel gefahren ist?
... keiner hat Gott gesehen ...
... die Kirche überhaupt noch zeitgemäß? ...
... dass Jesus von den Toten auferstanden sein soll ...
... mit Gott reden und der hört das? ...
... dass Gott die Welt lenkt, denn sonst würde nicht so viel Unrecht auf der Welt geschehen ...
... Ich glaube nicht alles, was von Jesus erzählt wird, z. B. die Wunder, die er getan haben soll ...

WAS ICH NICHT GLAUBEN KANN:

» Schreibe noch einmal auf ein Blatt, was oder woran du nicht glauben kannst, und stecke es in einen Briefumschlag. Alle Briefe kommen in einen Korb, werden gut gemischt und die oder der Unterrichtende liest jeweils vor, was ihr anonym auf die Blätter geschrieben habt. Ihr könnt in der Gruppe dazu Stellung nehmen – die Unterrichtenden werden es sicher auch tun.

INTERESSANTES ZUM THEMA

Internet
www.dafeg.de (Glauben)

Bücher
J. H. Clausen, Moritz und der liebe Gott, 2003
T. Gundlach/R. Meister, Glauben. Ein Lexikon, 2001
G. Bubolz, Religionslexikon, 2001

ICHTHYS = FISCH

I = JESUS
CH = CHRISTUS
TH = THEOU (= GOTTES)
Y = YIOS (= SOHN)
S = SOTER (= RETTER)

INFO

Während der Zeit der Christenverfolgung unter den Römern wurde das Bild des Fisches zum Geheimzeichen, an dem sich die Christen untereinander erkannten. Fisch heißt auf Griechisch Ichthys. Jeder Buchstabe steht für ein Wort. Hintereinander gelesen ergeben diese Worte ein kurzes Glaubensbekenntnis.
Das „Apostolische Glaubensbekenntnis" fasst mit wenigen Sätzen das Wesentliche des christlichen Glaubens zusammen.
Es entstand schon vor etwa 1700 Jahren. Zuerst wurde es in Taufgottesdiensten von denen gesprochen, die sich bekehren und taufen lassen wollten. Heute ist es das Bekenntnis, mit dem alle christlichen Kirchen auf der Erde übereinstimmen.

Ich glaube an Gott,
den Vater, den Allmächtigen,
den Schöpfer des Himmels
und der Erde,

und an Jesus Christus
seinen eingeborenen Sohn,
unsern Herrn,
empfangen durch den Heiligen
Geist,
geboren von der Jungfrau Maria,
gelitten unter Pontius Pilatus,
gekreuzigt, gestorben und
begraben,
hinabgestiegen in das Reich des
Todes,
am dritten Tage auferstanden
von den Toten,
aufgefahren in den Himmel;
er sitzt zur Rechten Gottes,
des allmächtigen Vaters;
von dort wird er kommen
zu richten die Lebenden und die
Toten.

Ich glaube
an den Heiligen Geist,
die heilige christliche Kirche,
Gemeinschaft der Heiligen,
Vergebung der Sünden,
Auferstehung der Toten
und das ewige Leben. Amen

» Johannes 3,16 / Markus 16,19 / Psalm 103,3 / 1. Mose 1,1 / Lukas 2,1-7 / Maleachi 2,10 / 1. Korinther 15,42-44 / Apostelgeschichte 2,1-4 / Markus 16,18 / Apostelgeschichte 2,44 / Johannes 5,28-29 / Markus 15,24.33-37. Schlagt die Bibelstellen auf und ordnet sie den Aussagen des Glaubensbekenntnisses zu!

» Setzte ein ! hinter die Sätze, die du für wichtig hältst! Setze ein ? hinter die Sätze, die du nicht verstehst! Seite eine () hinter die Sätze, denen du nicht zustimmst.

» Advent / Weihnachten / Karfreitag / Ostern / Himmelfahrt / Pfingsten / Erntedankfest / Reformationstag / Totensonntag. Welche kirchlichen Feiertage und Sonntage passen zu einzelnen Aussagen des Glaubensbekenntnisses? Schreibe sie an die entsprechende Stelle!

WAS DICH VERRÄT

Bist du nicht auch einer von
denen, die zu Jesus gehören?
Wenn alle an gewaltsame
Lösungen denken –
dann sprichst du vom Frieden.
Wo andere immer Recht haben –
da bekennst du dich zu deinen
Fehlern.
Wenn alle resignieren und keinen
Sinn mehr sehen –
dann weißt du von einer
Hoffnung.
Wo sich alle immer nur raus-
halten – da mischst du dich ein.
Wo einer von allen fertig
gemacht wird –
da bist du an seiner Seite.
Wenn alle fragen:
Wo ist er denn, dein Gott? –
dann erzählst du ihnen eine
Geschichte.

FRAGEN AN ZE' ROBERTO (BAYERN MÜNCHEN)

- Du bist in ärmlichen Verhältnissen aufgewachsen. Wenn du an deine Entwicklung denkst, dann …

… bin ich Gott erstmal unendlich dankbar. Ich habe immer davon geträumt, Profi-Fußballer zu werden. Als Barfuß-Kicker habe ich auf den Straßen der Favelas vor Sao Paulo angefangen. Wir hatten eine schwere Kindheit, Fußball hat uns über vieles hinweggeholfen.

- Auf deiner Autogrammkarte steht als dein Lieblingsspruch „Meine Kraft liegt in Jesus!" Wie reagieren denn deine Kumpels auf so etwas?

Eigentlich positiv oder gar nicht. Wir sind ein Fußballteam, in dem jeder gut Fußball spielen sollte. Natürlich rede ich auch über Jesus, aber das steht nicht im Vordergrund, wenn es um die Meisterschaft geht.

Der brasilianische Fußball-Profi Ze' Roberto

WORAN KANN MAN CHRISTEN ERKENNEN?

	stimmt genau	ein bisschen	gar nicht
• Sie gehen sonntags in die Kirche.	○	○	○
• Sie interessieren sich für Politik.	○	○	○
• Sie verzichten auf Reichtum und spenden ihr Geld für Arme.	○	○	○
• Sie verzweifeln nicht, wenn sie unheilbar krank werden.	○	○	○
• Sie beten jeden Tag, auch beim Essen.	○	○	○
• Sie sind dankbar für ihr Leben.	○	○	○
• Sie halten mit allen Menschen Frieden und versuchen, ohne Gewalt auszukommen.	○	○	○
• Sie sehen sich keine Sexfilme an.	○	○	○
• Sie kümmern sich um ihre Mitmenschen.	○	○	○
• Sie rauchen nicht und trinken keinen Alkohol.	○	○	○
• Sie engagieren sich für den Umweltschutz.	○	○	○
• Sie verzeihen auch denen, die sie beleidigt haben.	○	○	○
• Sie haben einen Fisch-Aufkleber auf ihrem Auto.	○	○	○
• Sie lesen jeden Tag in der Bibel.	○	○	○
• Sie leben genauso wie alle anderen Menschen.	○	○	○

» Was ist deine Meinung? Kreuze sie an!

WARUM ICH GLAUBE: BUDDHISTIN, CHRIST, JUDE, MUSLIMIN

Ruben, Jude, 15 Jahre

Was der Glaube für mich bedeutet, habe ich erst richtig gemerkt, als ich vor zwei Jahren Bar Mizwa hatte. Vor allen Leuten durfte ich in der Synagoge aus der Tora lesen. Es war ganz feierlich und ich habe gemerkt, dass es wichtig ist, einen festen Glauben zu haben.
Schön finde ich auch das festliche Essen am Sabbat, mit den Kerzen, dem Segen und Brot und Wein. Die ganze Familie ist zusammen, ohne Hektik und Stress, und man hat Zeit füreinander. Das gibt irgendwie Kraft.
Zu meinem Glauben gehört, dass ich versuche, mich an die Zehn Gebote zu halten. Gott hat sie uns gegeben wie einen Wegweiser, damit alle Menschen in Frieden miteinander leben können. Ich kann jeden akzeptieren, der nach ihnen lebt. Egal, ob er Muslim ist, Buddhist oder Christ.

Judentum Das Judentum ist die älteste Religion im Glauben an den Einen Gott. Christentum und Islam sind daraus hervorgegangen. Die jüdische Religion lehrt, dass Gott, der Schöpfer der Welt, das Volk Israel erwählt hat, den Glauben an ihn in der Welt zu bekennen.
Zum jüdischen Glauben bekennen sich etwa 18 Millionen Menschen.

Sevim, Muslimin, 16 Jahre

Seitdem ich den islamischen Glauben wirklich ernst nehme, weiss ich, dass ich auf dem richtigen Weg bin. Weil ich an Allah glaube und seine Gesetze einhalte, werde ich von ihm beschützt. Er ist immer da und meine Gebete werden von ihm erhört.
Der Koran hilft mir in allem. Er sagt genau, wie ich mich in jeder Situation richtig verhalte. Ich trage jetzt zum Beispiel das Kopftuch und den Mantel, der mich bis zu den Füßen umhüllt. Es ist eine große Sünde, wenn ich Männer meine Haare sehen lasse. Mit dem Kopftuch fühle ich mich viel freier. Türkische Männer haben auf der Straße Achtung vor mir und beschützen mich, denn das Kopftuch zeigt, dass ich eine Gläubige bin.
Wenn ich später einmal heirate, dann nur einen Mann, der meinen Glauben auch respektiert.

Islam Der Islam wurde von Mohammed (570-632) gestiftet. Er verkündete als Abgesandter Allahs den Glauben an den einzigen Gott, der im Judentum und Christentum verfälscht worden sei. Der Koran, das heilige Buch mit den Offenbarungen Mohammeds, ist im Islam Gesetzesgrundlage für alle Lebensbereiche.
Etwa eine Milliarde Menschen bekennen sich zum Islam.

Sansgri, Buddhistin, 17 Jahre

Ich habe meinen Glauben von meiner Mutter, die aus Thailand stammt. Von ihr habe ich gelernt, dass die buddhistische Religion sehr frei ist. Es gibt keinen Priester, der uns sagt, was richtig ist. Jeder muss das selbst verantworten.
Ich befolge die fünf Hauptregeln: Nicht töten, nicht stehlen, nicht ehebrechen, nicht lügen, keine Rauschmittel nehmen. Mein Glaube macht mich geduldig, weil ich weiß, dass alles vergänglich ist. Er hilft mir auch, freundlich und gelassen zu bleiben.
Die buddhistische Religion sagt, dass es nach dem Tod eine Wiedergeburt gibt. Das macht mir einerseits auch Angst: Was wird im nächsten Leben sein? Als was werde ich wiedergeboren? Das weiß ich nicht. Aber die Wiedergeburt hat auch etwas Gutes: Ich kann mich jetzt schon bemühen, ein gutes Leben zu führen und eine reine Seele zu bekommen. Es ist wie eine Chance.

Buddhismus Der Buddhismus ist nach seinem Stifter Buddha (= „der Erleuchtete“, Ehrentitel des Siddharta Gautama, 560-480 v. Chr.) genannt. Buddha sah es als Ziel des Menschen an, sich immer mehr selbst zu reinigen und dabei das Leiden und die Lebensgier zu überwinden. Dazu dienen Gewaltlosigkeit, Mitleid gegenüber Mensch und Tier sowie Enthaltsamkeit.
Der Lehre Buddhas folgen etwa 400 Millionen Menschen.

David, Christ, 15 Jahre

Meine Eltern haben mich nicht besonders christlich erzogen. Ich bin aber in der Zeit des Konfirmandenunterrichts in eine Jugendgruppe in unserer Gemeinde gegangen. Wir haben da miteinander diskutiert, Feten gefeiert, Jugendgottesdienste veranstaltet und sind ab und zu weggefahren. Es ging gar nicht besonders fromm zu, aber irgendwie bin ich dadurch immer mehr in den christlichen Glauben reingekommen.
Ich versuche mich an das zu halten, was Jesus getan hat: den Armen helfen, den Nächsten lieben und keinen Menschen im Stich lassen. Ich weiß, dass ich deswegen kein besserer Mensch bin. Ich habe genug Fehler, aber ich glaube auch, dass Gott mir vergibt und ich immer wieder neu anfangen kann. Mein Leben hat dadurch irgendwie mehr Klarheit gekriegt. Es plätschert nicht mehr so dahin.

Christentum Christen glauben, dass Gott selbst im Leben und Sterben des Jesus von Nazaret gehandelt und die Menschen dadurch von der Macht des Bösen und des Todes befreit hat. Zentraler Inhalt der Lehre Jesu ist die Nächstenliebe, ja die Feindesliebe. Christen halten sich nicht für bessere Menschen, sondern glauben, im Leben auf die Gnade und Vergebung Gottes angewiesen zu sein.
Zum christlichen Glauben bekennen sich etwa über 1,8 Milliarden Menschen.

» Bildet vier Gruppen! Jede Gruppe bekommt einen Text und überlegt sich dazu zwei Fragen. Die Fragen könnt ihr, wenn ihr wieder in der Gesamtgruppe zusammengekommen seid, jeweils den anderen Gruppen stellen. Ob sie sie beantworten können?
Was bedeuten die einzelnen Symbole in den Religionen? Fragt eure Pfarrerin oder euren Pfarrer!

EIN GLAUBENSBEKENNTNIS VON KONFIRMANDINNEN UND KONFIRMANDEN

Ich glaube, dass Gott da ist, auch wenn ich ihn nicht sehe.
Er hat alles geschaffen.
Von ihm kommt alles Leben.
Er ist nicht nur ein Gott der Menschen, sondern auch der Tiere und Pflanzen.
Er hält auch mein Leben in der Hand.

Ich glaube an Jesus.
Er verstand die Menschen.
Ihm waren alle gleich viel wert.
Er half denen, die in Not waren.
Er ist für alle Menschen gestorben.
Doch er ist nicht tot.
Er ist immer bei uns.

Ich glaube, dass Gott selbst mit seinem Geist in der Welt ist.
Er öffnet uns die Augen für andere Menschen.
Er gibt uns Mut, für Gerechtigkeit und Frieden in der Welt zu kämpfen.
Gott ist stärker als der Tod.
Darum glaube ich an das ewige Leben.

MEIN GLAUBENSBEKENNTNIS

Ich glaube an
Jesus Christus,
der uns hilft,
liebt, so nimmt
wie wir sind.
Er verdeutlicht(e)
uns den Glauben
Und nahm
unsere Sünden
von uns.

GEDANKEN VON JUGENDLICHEN

„Ist Gott nicht überall? Gott sehe ich als jemanden, der nicht zu sehen ist, aber der innerlich zu spüren ist."
„… wie hätte sonst alles entstehen sollen, dass es Leben gibt, wie es funktioniert und wer es dazu gebracht hat?"
„Manchmal denke ich darüber nach, ob das nicht alles Zufall ist."
„Wenn es Gott gäbe, dürfte es doch eigentlich nicht so viel Elend geben."
„Ich habe das Gefühl, wenn ich bete, dass mich jemand hört und mich versteht."

„Ich persönlich finde an Jesus gut, dass man mit ihm über alles reden kann. Ich kennen keinen Menschen, bei dem das zutreffen würde."
„Für ihn waren die anderen Leute wichtiger als sein eigenes Leben."
„Ich kann niemals so leben wie Jesus, aber man kann es versuchen."
„Durch die Auferstehung wurde deutlich, dass er kein gewöhnlicher Mensch war, der einfach irgendetwas verbreitet hat ohne tieferen Sinn."
„Er hat die Gedanken Gottes gelebt."

„Gott ist überall und nicht nur in der Kirche. Deshalb glaube ich an Gott und nicht an die Kirche."
„Mir sind Menschen lieber, die nach christlichen Lehren leben, ob sie an Gott glauben oder nicht."
„Heute sind alle Menschen Egoisten."
„Bei der Anzahl der Christen sollte wesentlich mehr Freundlichkeit und Toleranz aufkommen."
„Das Leben ist ein gelenktes Abenteuer mit Happy-End."
„Ich kann nicht glauben, dass das Leben auf der Welt schon alles sein soll."

» Lies dir das Glaubensbekenntnis von Konfirmandinnen und Konfirmanden (links) und die Gedanken von Jugendlichen (rechts) durch. Vielleicht sind Sätze darunter, die ausdrücken, was du selbst glaubst. Sie können auch Anregungen sein, dein eigenes Glaubensbekenntnis zusammenzustellen. Schreibe es in das Kästchen!

Ernst Barlach, Das Wiedersehen (Thomas und Christus), 1926

Viele glauben an nichts, Gott.
Andere glauben an sich selbst,
an ihre Kraft, an ihre Stärke.
Ich glaube an dich, Gott,
aber ich bin mir nicht immer sicher.
Ich habe dich nicht gesehen
und ich habe dich noch nicht erlebt.
Ich habe auch meine Zweifel,
ob alles stimmt,
was in der Bibel erzählt wird.
Dennoch glaube ich – nicht nur so
für alle Fälle und vorsichtshalber,
sondern weil so vieles dafür spricht,
dass du da bist.
Aber ich bin mir nicht immer sicher.
Ich hätte gern mehr Gewissheit.
Amen

In der Bibel wird von Thomas erzählt, einem Jünger Jesu, der nicht dabei war, als Jesu drei Tage nach seinem Tod am Kreuz den anderen Jüngern als Auferstandener erschien. Thomas kann nicht glauben, was die anderen berichten: „Wenn ich nicht die Spuren der Nägel an seinen Händen sehe und ihn mit meinen eigenen Fingern berühre, glaube ich nicht."
Eine Woche später kommt Jesus erneut zu den Jüngern. Diesmal ist Thomas dabei. Der Bildhauer Ernst Barlach hat den Augenblick festgehalten, in dem Thomas den Totgeglaubten erkennt. Er klammert sich an ihn, ist schon fast zudringlich. Auf seinem Gesicht liegt großes Staunen: „Bist du es wirklich?" Er hat noch Zweifel, doch er hält sich an Jesus fest.
Er will ihn verstehen.
Später wurde Thomas wegen seiner Zweifel der „ungläubige Thomas" genannt. Zu Unrecht! Denn Thomas will nicht blind glauben, sondern begreifen und verstehen. Er will durch eigene Erfahrung überzeugt sein.

Wer keine Zweifel hat, ist nicht glaubwürdig. Jeder muss wie Thomas seine eigenen Erfahrungen machen und zu einer eigenen Überzeugung kommen, egal, was andere Menschen an Staunenswertem zu berichten haben.

Für den Glauben an Gott gibt es keine Beweise, aber es gibt gute Gründe. Wer glaubt, muss seinen Verstand nicht ausschalten. Er kann nach Gott fragen, er kann über Gott diskutieren, er kann Spuren Gottes in dieser Welt und im eigenen Leben entdecken.
Die Zweifel gehören dazu. Gott hält das aus. Zweifelnde sind ihm lieber als Menschen, die zu allem Ja und Amen sagen.

KONFIRMATION

... und ich bin dabei!

BRIEF DER PATENTANTE

Sehr geehrte Frau Pastorin,

in drei Monaten soll Lena, mein Patenkind, konfirmiert werden. Sie geht ganz gerne zu Ihnen in den Konfirmandenunterricht. Sie hat mir auch von einer Freizeit erzählt, die ihr gut gefallen hat. Sie findet es auch gut, dass es bei Ihnen locker zugeht und sie viel Spaß miteinander haben. Alles gut und schön!

Aber was hat sie in der ganzen Zeit bei Ihnen gelernt? Lieder aus dem Gesangbuch kennt sie nicht, vom Katechismus hat sie noch nie etwas gehört und Bibelverse hat sie auch noch nicht gelernt. Ist das der moderne Konfirmandenunterricht von heute?

Bitte, verstehen Sie mich recht! Es ist schön, wenn die Konfirmanden im Unterricht heute Spaß haben (früher gab es das leider zu wenig!). Aber das kann doch nicht alles sein! Ich hatte gehofft, im Konfirmandenunterricht würde Lena etwas lernen, was sie als Christin für ihr ganzes Leben gebrauchen kann. Den Eindruck habe ich aber nicht.
Können Sie meine Sorge verstehen?

Mit freundlichem Gruß
Ihre Renate Krüger

» Wie würdet ihr der Patentante antworten? Versucht in Gruppen eine Antwort zu finden!

KONFIRMATION

Das Verständnis der Konfirmation hat sich in der Evangelischen Kirche im Laufe der Zeit verändert.

Früher stand bei der Konfirmation das „Ja" der Konfirmandinnen und Konfirmanden zu ihrer eigenen Taufe im Vordergrund. Der Konfirmandenunterricht war, da die meisten von ihnen als Säuglinge getauft worden waren, ein nachgeholter Taufunterricht, in dem Informationen über den Glauben gelernt wurden.

Heute ist die Konfirmation ein Angebot der Kirche, junge Menschen in ihrem Glauben und bei der Suche nach ihrem eigenen Lebensweg zu unterstützen und zu stärken. „Stärkung" oder „Bekräftigung" ist auch die deutsche Bedeutung des lateinischen Wortes Konfirmation. Im Konfirmationsgottesdienst stehen darum heute die Fürbitte und der Segen für den weiteren Lebensweg dieser jungen Menschen im Vordergrund.
Zugleich wird die Konfirmation heute aber auch als ein großes Familienfest gefeiert. Die Konfirmandin oder der Konfirmand stehen im Mittelpunkt – und jeder merkt: Die Kindheit ist jetzt vorbei und bald ist sie oder er erwachsen.
Mit der Konfirmation werden auch bestimmte Rechte in der Kirche erworben: Man darf z.B. das Patenamt übernehmen, selbstständig zum Abendmahl gehen, in Notfällen taufen oder – meist einige Jahre später – an den Wahlen zum Presbyterium bzw. Kirchenvorstand teilnehmen. Durch die Konfirmation wird man so auch zu einem mündigen Mitglied der Kirchengemeinde.

WAS MIR DIE KONFIRMATION BEDEUTET:

- Abschluss des Unterrichts
- Zulassung zum Abendmahl
- Entscheidungsfreiheit im Glauben
- Recht zur kirchlichen Trauung
- Anerkennung bei den Erwachsenen
- Geld und Geschenke
- Gottes Segen
- Recht, Pate zu werden
- Gleichberechtigtes Mitglied in der Kirche
- Ein Stück mehr Freiheit
- Bekenntnis zum Glauben
- Feierlicher Gottesdienst
- Familienfest
- Bestätigung der Taufe

» Welchen Antworten stimmt ihr am ehesten zu? Stellt eine Reihenfolge auf und tragt die sechs Begriffe, die für euch am wichtigsten sind, in die Pyramide ein!

RELIGIONSMÜNDIGKEIT

10
Mit 10 Jahren hast du das „Recht auf Anhörung“: Wenn deine Eltern ihren Glauben wechseln oder dich religiös anders erziehen wollen, müssen sie dich dazu anhören.

12
Mit 12 Jahren bist du berechtigt, bei der eigenen Religionsgemeinschaft zu bleiben, auch wenn deine Eltern sie wechseln.

14
Mit 14 bekommst du das Recht, über die eigene Religionsgemeinschaft zu entscheiden. Du kannst dich vom Religionsunterricht in der Schule abmelden, du kannst dich dort aber auch selbstständig anmelden.

16
Du kannst das Presbyterium (den Kirchenvorstand) deiner Gemeinde mitwählen.

21
Du kannst auch selbst Presbyterin oder Presbyter werden und deine Gemeinde mit leiten.

» Denke dir einen Titel für diese Karikatur aus! An welcher Stelle würdest du dich selbst einzeichnen?

Er betrat einen Laden. Hinter der Theke sah er einen Engel. Hastig fragte er ihn: „Was verkaufen Sie, mein Herr?“ Der Engel gab ihm freundlich Antwort: „Alles, was Sie wollen.“ Der junge Mann sagte: „Dann hätte ich gerne: das Ende der Kriege in aller Welt; Beseitigung der Elendsviertel in Lateinamerika; Ausbildungsplätze für Jugendliche; mehr Zeit der Eltern, um mit ihren Kindern zu spielen – und, und ...“ Da fiel ihm der Engel ins Wort und sagte: „Entschuldigen Sie, junger Mann, Sie haben mich falsch verstanden. Wir verkaufen keine Früchte hier, wir verkaufen nur den Samen.“

Quelle unbekannt

UND NACH DER KONFIRMATION?

- ... sollte ein lockerer Treffpunkt für konfirmierte Jugendliche eingerichtet werden ... ○
- ... sehen die mich in der Gemeinde nie wieder ... ○
- ... würde ich zu Jugendgottesdiensten gehen (wenn es sie gäbe) ... ○
- ... sollte es eine Freizeit für konfirmierte Jugendliche geben ... ○
- ... hätte ich Interesse, zum nächsten Kirchentag mitzufahren ... ○
- ... würde ich gern in einer Jugendgruppe mitmachen ... ○
- ... lege ich erst einmal eine kleine Pause von der Kirche ein ... ○
- ... hätte ich Spaß, im Kindergottesdienst mitzuhelfen ... ○
- ... würde ich gern im Konfirmandenunterricht der nächsten Gruppen mitarbeiten ... ○
- ... möchte ich folgenden Vorschlag machen: ○

» Was möchtest du ankreuzen?

Am Ende der Konfirmandenzeit bin ich froh, dass ich es geschafft habe, aber auch etwas traurig, dass wir uns bald nicht mehr so oft sehen. Es war interessanter, als ich zu Anfang dachte. Ich habe neue Freunde gewonnen und interessante Leute in der Kirche getroffen. ich weiß jetzt mehr, was die Kirche ist und was sie tut. Aber ich bin auch selbstständiger geworden im eigenen Glauben.
Jetzt bleibt noch die Konfirmation – ich hoffe, es wird ein schönes und großes Fest.

» Jede Konfirmandin und jeder Konfirmand nennt ein Thema, ein Ereignis oder Erlebnis während der Konfirmandenzeit, an die sie sich gern erinnern.

» Lied: Das Lieblingslied der Konfirmandinnen und Konfirmanden.

Glücklich die Kirche, in der keiner allein das Sagen hat, sondern alle mitentscheiden können.
Glücklich die Kirche, die keinen Unterschied macht zwischen Groß und Klein, Mann und Frau, Arm und Reich.
Glücklich die Kirche, in der die Würde jedes Einzelnen respektiert wird.
Glücklich die Kirche, die sich bei den Mächtigen unbeliebt macht.
Glücklich die Kirche, die nicht aufhört, an Gott zu erinnern und von Jesus zu erzählen.

Die Konfirmation ist auch ein Stück Freiheit. Du wirst jetzt immer selbstständiger und möchtest in den nächsten Jahren immer mehr Rechte und Freiheiten haben: irgendwann die Schule beenden, deinen Führerschein machen, das erste Mal allein verreisen, deine erste eigene Wohnung beziehen. Eltern und Erwachsenen geht das manchmal zu schnell. Aber Freiheit ist immer ein Risiko. Du hast in den nächsten Jahren auch das Recht, neugierig zu sein, etwas auszuprobieren und eigene Erfahrungen zu machen.

Zu deiner Konfirmation wirst du einen Konfirmationsspruch bekommen: ein Wort der Bibel, das dich persönlich anspricht. Es zeigt, dass wir keinem blinden Schicksal ausgeliefert sind, sondern es mit einem Gott zu tun haben, der es gut mit uns meint. Gott will keine Sklaven, sondern freie und selbstständige Menschen. Du kannst das als große Ermutigung auffassen, offen und selbstbewusst dein Leben in die Hand zu nehmen und dir immer mehr Freiheiten zu erobern.

Vater unser im Himmel.
Geheiligt werde dein Name. Dein Reich komme.
Dein Wille geschehe wie im Himmel so auf Erden.
Unser tägliches Brot gib uns heute.
Und vergib uns unsere Schuld, wie auch wir vergeben unseren Schuldigern.
Und führe uns nicht in Versuchung, sondern erlöse uns von dem Bösen.
Denn dein ist das Reich und die Kraft und die Herrlichkeit in Ewigkeit. Amen

Gott sei bei dir, dich zu beschützen.
Er gehe vor dir her, dich sicher zu geleiten.
Er stehe hinter dir, dich zu beschirmen.
Er sei unter dir und fange dich auf, wenn du fällst.
Er bleibe über dir und schaue dich freundlich an.
So segne dich der gütige Gott,
der Vater, der Sohn und der Heilige Geist.

ALLAH
Bezeichnung des einen, von Mohammed verkündeten Gottes im islamischen Glauben (nach dem arabischen Wort al-ilah = Gott).

ALTAR
In den christlichen Kirchen ist der Altar der erhöhte Tisch, an dem das Abendmahl gefeiert wird und Gebete gesprochen werden. Auf dem Altar befinden sich meist Bibel, Kerzenleuchter und ein Kreuz. Außerdem ist der Altar mit einem farbigen Tuch (Parament) und mit Blumen geschmückt.

AMEN
Das Wort Amen wird am Ende einer Predigt oder eines Gebetes gesprochen. Es stammt aus der hebräischen Sprache und bedeutet: „So ist es".

APOSTEL
Die zwölf Jünger, aber auch andere christliche Missionare, unter ihnen Paulus und auch eine Frau, Junia, werden im Neuen Testament Apostel (nach dem griech. Wort apostolos = Gesandter) genannt.

BEICHTE
Die Beichte besteht aus dem Aussprechen eigener Schuld und dem Zuspruch der Vergebung Gottes durch einen Pfarrer oder einen anderen Christen. Sie kann entweder in einem Gemeindegottesdienst oder in einem persönlichen Beichtgespräch stattfinden. Über das in einer Beichte Ausgesprochene muss der Pfarrer oder die Pfarrerin Verschwiegenheit bewahren (Beichtgeheimnis).

BISCHOF
Ursprünglich war der Bischof der Leiter einer christlichen Gemeinde. Heute leitet der Bischof in der katholischen Kirche einen Kirchenbezirk, weiht die Priester und spendet die Firmung. Er wird durch den Papst eingesetzt. In der evangelischen Kirche wird der Bischof oder die Bischöfin von einer Synode gewählt (viele Landeskirchen haben keine Bischöfe, sondern einen Präses oder einen Kirchenpräsidenten).

BROT-FÜR-DIE-WELT
1959 gründete die Evangelische Kirche in Deutschland die Hilfsaktion „Brot-für-die-Welt" (in der katholischen Kirche gibt es die Aktion „Misereor"), die durch finanzielle Hilfen die Lebensbedingungen Not leidender Menschen in der Dritten Welt verbessern will.

DIAKON
Ein Diakon oder eine Diakonin arbeiten in der evangelischen Kirche als kirchliche Mitarbeiter in der Gemeinde oder in der Diakonie. In der Alten Kirche war ein Diakon (griechisch = Diener) ein Helfer der Bischofs für die Armenfürsorge.

EKD
Die EKD (= Evangelische Kirche in Deutschland) ist der Zusammenschluss von einzelnen Landeskirchen (z. B. Westfalen, Hessen-Nassau, Berlin-Brandenburg). Ihren Sitz hat die EKD in Hannover.

EVANGELISCH
Martin Luther und die anderen Reformatoren bezeichneten ihre Erkenntnisse als „evangelisch" = in Übereinstimmung mit dem Evangelium. Daraus entwickelte sich die Bezeichnung einer Konfession: evangelische Kirche.

EVANGELIUM
Das Evangelium (griech. Euangelion = gute Nachricht) meinte zunächst die gute Botschaft von Jesus Christus und wurde dann zur Bezeichnung einer Schriftgattung, die von Jesus berichtet (Matthäus-, Markus-, Lukas- und Johannesevangelium).

FIRMUNG
Die katholische Firmung entspricht der evangelischen Konfirmation. Durch die Firmung, die in der Regel vom Bischof vorgenommen wird, werden die „Firmlinge" ganz in die katholische Kirche aufgenommen.

FREIKIRCHEN
Baptisten, Mennoniten, Quäker oder die Heilsarmee gehören nicht zu den Sekten, sondern sind Freikirchen, die sich hauptsächlich durch freiwillige Beiträge ihrer Mitglieder finanzieren. In den wesentlichen Punkten des christlichen Glaubens gibt es zwischen den Freikirchen und den evangelischen Landeskirchen keine Unterschiede.

GESANGBUCH
Im Gesangbuch stehen die Lieder, die im Gottesdienst gesungen werden. Das „EG" (Evangelisches Gesangbuch) ist zuletzt 1995 neu bearbeitet worden. Es enthält fast 700 Lieder aus vielen Jahrhunderten.

GLOCKEN
Während früher auch politische Ereignisse (z. B. Siege im Krieg) mit Glockengeläut gefeiert wurden, dürfen die Glocken heute in der Regel nur noch zu gottesdienstlichen Zwecken geläutet werden. Eine Läuteordnung regelt in jeder Gemeinde, wann und wie lange jeweils geläutet werden darf.

HALLELUJA
Dieser alte hebräische Lobruf (= „Lobet Gott") ist aus den Psalmen in den christlichen Gottesdienst übernommen worden.

KANZEL

Erhöhter Standort für den Prediger oder die Predigerin in der Kirche, wie der Altar oft mit einem farbigen Tuch (Parament) geschmückt.

KATECHISMUS
Buch für den christlichen Glaubensunterricht. Bekannt wurden vor allem der Kleine und der Große Katechismus Martin Luthers sowie der Heidelberger Katechismus, in denen die Hauptstücke des christlichen Glaubens erklärt wurden.

KATHOLISCH
Ursprünglich besagt das Wort „Katholisch", dass die Kirche eine weltweite Gemeinschaft ist (griech. = allumfassend). Nach der Reformation wurde „katholisch" (oder: „römisch-katholisch") zur Kennzeichnung einer bestimmten Konfession.

KIRCHENAUSTRITT
Wer aus der Kirche austreten will, muss nach deutschem Recht zu diesem Zweck eine Erklärung beim Amtsgericht abgeben. Wer ausgetreten ist, kann nicht mehr Pate oder Patin werden und verliert den Anspruch auf eine kirchliche Trauung oder Beerdigung. Die eigene Taufe kann aber durch einen Kirchenaustritt nicht rückgängig gemacht werden.

KIRCHENSTEUER
Die Kirchensteuer beträgt zur Zeit 9 % der Lohn- oder Einkommenssteuer. Mit der Kirchensteuer finanzieren die Kirchenmitglieder, die über ein eigenes Einkommen verfügen, die vielfältigen Aufgaben und Leistungen der Kirche.

KIRCHENVORSTAND
Zusammen mit der Pfarrerin und dem Pfarrer bilden gewählte Kirchenmitglieder den Kirchenvorstand, der die Leitung einer Kirchengemeinde wahrnimmt. In manchen Regionen wird diese Leitung auch Presbyterium oder Gemeindekirchenrat genannt.

KOLLEKTE
Eine Geldsammlung während oder am Schluss des Gottesdienstes, die auf einen Brauch aus dem frühen Christentum zurückgeht. Der Verwendungszweck der Kollekte wird während des Gottesdienstes bekannt gegeben.

KOMMUNION
Das Wort bezeichnet vor allem in der katholischen Kirche die Gemeinschaft der Christen beim Abendmahl.

KONFESSION
Bezeichnung für eine kirchliche Gemeinschaft mit einem gemeinsamen Bekenntnis (z. B. katholisch, evangelisch, anglikanisch).

KONZIL
Zusammenkunft der höchsten Vertreter der katholischen Kirche (Kardinäle, Bischöfe), auf der Fragen des Glaubens und der Kirche entschieden werden.

KORAN
Der Koran ist das heilige Buch des Islam, das nach islamischem Verständnis alle Offenbarungen enthält, die Mohammed von Gott erhalten hat. Es ist in arabischer Sprache geschrieben und enthält 114 Abschnitte (= Suren).

LITURGIE
Die Liturgie ist das Drehbuch für den Gottesdienst: die sinnvolle Abfolge der Lieder, Texte, Gebete und gottesdienstlichen Handlungen.

MESSIAS
Die Juden hofften auf einen Messias (hebräisch = „der Gesalbte"), der als König das Reich Gottes aufrichten sollte. Die ersten Christen haben den Messias-Titel auf Jesus übertragen (Christus ist die griechische

Übersetzung von Messias), weil sie glaubten, dass mit Jesu Leben, Sterben und Auferstehung das Reich Gottes beginnt.

MOSCHEE
Islamisches Gotteshaus, in dem sich die muslimischen Gläubigen zum Gebet versammeln, in dem aber auch Eheschließungen, Prozesse und der Unterricht stattfinden.

MUSLIM

Anhänger des islamischen Glaubens. Der oft gebrauchte Name „Mohammedaner“ wird von den Muslimen abgelehnt.

ÖKUMENE
Mit Ökumene (griech. = die gesamte bewohnte Erde) wird heute die Zusammenarbeit zwischen den einzelnen christlichen Konfessionen bezeichnet. Im Ökumenischen Rat der Kirchen (Sitz in Genf) sind mehr als 300 verschiedene Kirchen zusammengeschlossen.

OKKULTISMUS
Pendeln, Gläserrücken, Kartenlegen oder Wahrsagen sind Praktiken, die zum Okkultismus (= Geheimlehren) gezählt werden. Immer geht es darum, mit übersinnlichen Kräften in Verbindung zu treten und sie zu beeinflussen.

ORTHODOX
Griechische und russische Christen gehören ganz überwiegend zur orthodoxen (orthodox = rechtgläubig) Kirche, die schon im Mittelalter entstand, als orthodoxe Christen die Vorherrschaft des römischen Papstes nicht mehr anerkannten.

PAPST
Der Papst ist der Bischof von Rom und zugleich das Oberhaupt der römisch-katholischen Kirche. Nach katholischer Lehre ist er der „Stellvertreter Christi“ auf Erden und zugleich der Nachfolger des Petrus als römischer Bischof. Dieser Anspruch wird von den anderen christlichen Kirchen bestritten. Der Papst wird von den Kardinälen auf Lebenszeit gewählt. Seine Erklärungen zur kirchlichen Lehre sind für katholische Christen verbindlich.

PASTOR
Nach evangelischem Verständnis unterscheidet sich der Pastor oder die Pastorin nicht durch eine besondere Weihe (so ist es in der katholischen Kirche) von den anderen Gemeindemitgliedern. Er oder sie haben lediglich eine besondere Ausbildung und werden deshalb mit dem Dienst in der Gemeinde oder in einer anderen Pfarrstelle beauftragt.

PATE
Paten versprechen bei der Taufe, gemeinsam mit den Eltern für die christliche Erziehung eines Kindes zu sorgen. Voraussetzung für die Übernahme des Patenamtes ist die Mitgliedschaft in der Kirche und die eigene Konfirmation.

PFARRER
Pfarrer oder Pfarrerin ist eine andere Bezeichnung für Pastor oder Pastorin.

PRESBYTER
Die Presbyter und Presbyterinnen (griech. = „Älteste“) sind Gemeindeglieder, die von der Gemeinde für acht Jahre gewählt werden, um gemeinsam mit den Pfarrern die Leitung der Gemeinde auszuüben.
Sie können auch „Kirchenvorsteher“ genannt werden.

PRIESTER
In der katholischen Kirche spielt der Priester eine zentrale Rolle, weil nur er die Messe feiern, Beichte hören und die Sakramente spenden darf. Nur Männer können Priester sein. Sie haben eine besondere Weihe (Handauflegung durch den Bischof) erhalten und sind zur Ehelosigkeit (Zölibat) verpflichtet.

PROTESTANTISCH
Eine andere Bezeichnung für „evangelisch“. Das Wort stammt aus der Reformationszeit, als evangelische Fürsten und Städte gegen die Machtansprüche der römisch-katholischen Kirche und des damaligen Kaisers „protestierten“.

RABBINER
Im Judentum ist der Rabbiner (hebräisch = „Mein Vater“) der Lehrer, der Richter und meist auch der Prediger und Leiter einer jüdischen Gemeinde.

REFORMATION
Schon vor Luther hatte es Bemühungen um eine Reform (latein. = „Erneuerung“) der Kirche gegeben (Valdes, Wyclif, Hus). Aber erst Martin Luther löste durch seine 95 Thesen eine große religiöse Erneuerungsbewegung aus, die im 16. Jahrhundert

schließlich zur Entstehung der evangelischen Kirchen führte. Die Reformation breitete sich auch außerhalb Deutschlands aus, wobei Ulrich Zwingli in Zürich und Johannes Calvin in Genf als weitere Reformatoren eine wichtige Rolle spielten. Die katholische Gegenreformation verhinderte es damals, dass sich die Gedanken der Reformation über ganz Europa verbreiteten. Es kam zur Spaltung der einen Kirche.

REFORMIERT

Als „Reformierte" bezeichnen sich die evangelischen Christen, die sich mehr auf die Reformatoren Zwingli und Calvin als auf Luther berufen (v. a. in der Schweiz, den Niederlanden, Schottland, USA, aber auch in Deutschland). Reformierte und „Lutheraner", die sich in früheren Jahrhunderten oft theologisch gestritten haben, arbeiten heute eng zusammen.

RELIGION

4,8 Milliarden Menschen bekennen sich zu einer Religion; das sind 80 % der Weltbevölkerung. Die größte Weltreligion ist das Christentum (über 1,8 Mrd.), gefolgt vom Islam (über 1 Mrd.) und vom Hinduismus (800 Mio.). Aber was ist „Religion" überhaupt? Die Verschiedenheit der einzelnen Religionen ist so groß, dass es schwer fällt, die Frage genau zu beantworten. Vielleicht kann man sagen: Religion ist das Wissen, das Gefühl oder die Gewissheit, dass es eine Macht (Gott) außerhalb der uns zur Verfügung stehenden Welt gibt, die uns bestimmt und der Welt einen Sinn gibt.

SAKRAMENT

Die katholische Kirche kennt 7 Sakramente (Taufe, Eucharistie = Abendmahl, Firmung, Beichte, Ehe, Priesterweihe, Krankensalbung), die evangelische Kirche erkennt nur zwei an: Taufe und Abendmahl. Sakramente sind heilige, mit äußeren Zeichen (Wasser, Brot und Wein) verbundene Handlungen, die auf Jesus zurückgehen.

SEKTE

Die Zeugen Jehovas, die Mormonen oder die Neuapostolische Kirche gehören zu den Sekten, die sich von den christlichen Kirchen abgespalten haben. Meist steht bei ihnen ein einziges Thema im Mittelpunkt, etwa das Bewusstsein, am Ende der Zeiten zu leben, oder der Glaube, die einzig vollkommene Gemeinschaft zu sein. Sekten erheben den Anspruch, den einzigen Weg zur Rettung der Welt zu wissen. Die Gemeinschaft mit anderen Kirchen lehnen sie ab. Deswegen ist eine gleichzeitige Mitgliedschaft in der Kirche und in einer Sekte nicht möglich.

SUPERINTENDENT

Der leitende Pfarrer oder die leitende Pfarrerin eines Kirchenkreises. Andere Bezeichnungen: Dekan oder Propst.

SYNAGOGE

In der Synagoge finden die jüdischen Gottesdienste statt. In jeder Synagoge gibt es den Schrein, in dem die Thora-Rolle aufbewahrt wird, das ewige Licht über dem Schrein und das Vorlesepult. In Deutschland wurden die meisten Synagogen am 9.11.1938 durch die Nationalsozialisten zerstört.

SYNODE

In der evangelischen Kirche ist die Synode das Kirchenparlament, in dem auf der Ebene eines Kirchenkreises oder einer Landeskirche wichtige Kirchen- und Glaubensfragen beraten und entschieden werden. In der katholischen Kirche ist eine Synode eine Konferenz von Bischöfen und Priestern.

TALAR

Im Gottesdienst und bei Amtshandlungen (z. B. Trauungen, Beerdigungen) tragen Pfarrerinnen und Pfarrer in der evangelischen Kirche den Talar, ein schwarzes Gewand mit einem kleinen weißen Halskragen (Beffchen).

THORA

Die Thora (auch: Tora) umfasst die fünf Bücher Mose, die im Judentum als „Weisungen Gottes" verstanden werden und eine zentrale Bedeutung haben.

VIKAR

Vikarinnen und Vikare werden in der evangelischen Kirche die angehenden Pfarrerinnen und Pfarrer während der Zeit ihrer praktischen Ausbildung genannt.

ADVENT

Wer denkt bei dem Wort „Advent" nicht an Kerzen, Gebäck oder an den Adventskalender? Doch früher war die Adventszeit eine Fastenzeit, in der täglich nur eine Mahlzeit gegessen wurde. Denn Advent heißt „Ankunft". Mit dem Fasten wollte man sich auf die Ankunft Jesu Christi vorbereiten, die Weihnachten gefeiert wird.
Übrigens: Mit dem 1. Advent beginnt jeweils das neue Kirchenjahr.

WEIHNACHTEN

Am 25.12. feiern evangelische und katholische Christen den Geburtstag Jesu. Richtig voll sind die Kirchen aber schon einen Tag vorher. Der Heiligabend ist zum Haupttag des Weihnachtsfestes geworden – vor allem natürlich wegen der „Bescherung". Geschenke, Festessen und Weihnachtsferien haben den eigentlichen Sinn des Weihnachtsfestes immer mehr in den Hintergrund treten lassen: Durch Jesus von Nazaret ist Gott nicht mehr fern und unerreichbar, sondern mitten unter den Menschen.

KARFREITAG

An diesem Tag dürfen keine Sportveranstaltungen stattfinden, zeigt das Fernsehen ein ernsteres Programm und gehen besonders viele Christen zum Abendmahl. Am Karfreitag denken die Christen an die Kreuzigung und an den Tod Jesu.

OSTERN

Ostern, das Fest der Auferstehung Jesu, ist der höchste Feiertag in der Kirche. Das sieht man auch daran, dass die Termine anderer kirchlicher Feiertage von Ostern abhängen: 40 Tage vor Ostern beginnt die Passionszeit, 40 Tage nach Ostern ist der Himmelfahrtstag und 10 Tage später wird Pfingsten gefeiert. Der Ostertermin selbst liegt immer auf dem 1. Sonntag nach dem ersten Frühjahrsvollmond (frühestens 22.3., spätestens 25. 4.). Die ersten Christen kannten übrigens noch kein eigenes Osterfest, sondern feierten die Auferstehung Jesu an jedem Sonntag – aber ohne Osterhase und Ostereier.

HIMMELFAHRT

Die einen nutzen den Tag zu einem Kurzurlaub, andere unternehmen einen „Vatertags"ausflug, der nicht selten mit einem Trinkgelage endet. Mit der Himmelfahrt Jesu können offenbar auch viele Christen nicht mehr viel anfangen. Dabei enthält das Fest „Christi Himmelfahrt" eine wichtige Botschaft: Jesus ist an der Seite Gottes, er ist der Herr der Welt.

PFINGSTEN

Die Apostelgeschichte erzählt, was sich 50 Tage nach Ostern (Pfingsten = griech. „der fünfzigste Tag") ereignete: Unter dem Einfluss des Heiligen Geistes beginnen die Jünger Jesu allen Menschen, die sich aus vielen Ländern zum jüdischen Wochenfest in Jerusalem versammelt haben, von Jesus zu erzählen. Die Kirche feiert Pfingsten daher ihren Geburtstag.

FRONLEICHNAM

In einer festlichen Prozession wird an diesem Tag (Donnerstag nach dem ersten Sonntag nach Pfingsten) in der katholischen Kirche eine geweihte Hostie durch Straßen und Felder getragen, um diese durch den in der Hostie anwesenden Christus segnen zu lassen.

ERNTEDANKFEST

Am ersten Sonntag im Oktober wird in den evangelischen Kirchen das Erntedankfest gefeiert. In der Kirche wird der Altar an diesem Tag mit Früchten und Lebensmitteln geschmückt, die daran erinnern sollen, dass wir in und von der Schöpfung Gottes leben.

REFORMATIONSTAG

Am 31.10.1517 veröffentlichte Martin Luther 95 Thesen zur Erneuerung der damaligen Kirche. Damit begann die Reformation. Im Gedenken an diesen Tag werden in vielen evangelischen Kirchen am 31.10. Gottesdienste gefeiert. Ein staatlicher Feiertag ist dieser Tag nur in den fünf östlichen Bundesländern.

ALLERHEILIGEN

Am 1. November wird in der katholischen Kirche aller Heiligen gedacht. Am 2. November wird der Tag „Allerseelen" als Gedächtnistag für die Verstorbenen begangen.

BUß- UND BETTAG

In Deutschland war bis 1994 der Buß- und Bettag ein gesetzlicher Feiertag (jetzt nur noch im Bundesland Sachsen). Er wird in der evangelischen Kirche am vorletzten Mittwoch des Kirchenjahres mit Gottesdiensten begangen, in denen häufig um Frieden gebetet und zur Umkehr aufgerufen wird.

TOTENSONNTAG

An diesem Sonntag, dem letzten des Kirchenjahres, werden in den evangelischen Gottesdiensten meist die Namen der im letzten Jahr verstorbenen Gemeindeglieder vorgelesen. Anschließend gehen viele Christen auf die Friedhöfe zu den Gräbern ihrer Angehörigen.

Seite 10: Eine Antwort auf die Frage, was Konfirmation bedeutet, findest du auf Seite 150.

20: Auflösung des Bibel-Kreuzworträtsels: Bethlehem.
Auflösung des Bibel-Quiz:
1) 150 2) Paulus 3) Propheten 4) Lydia
5) Salomo 6) Bergpredigt: Matthäusevangelium; Schöpfungsgeschichte: 1. Mose; Weihnachtsgeschichte: Lukasevangelium; Zehn Gebote: 2. Mose; „Der Herr ist mein Hirte“: Psalmen
7) 66

21: Auf der Internet-Seite stehen die biblischen Bücher in der Abteilung „Neues Testament“ in der Reihenfolge, wie sie die „Lutherbibel“ bietet. Die „Gute Nachricht“, die evang.-kathol. „Einheitsübersetzung“ und die „Zürcher Bibel“ haben nach dem Philemonbrief eine andere Reihenfolge: Hebräerbrief, Jakobusbrief, 1. Petrusbrief, 2. Petrusbrief, 1. Johannesbrief, 2. Johannesbrief, 3. Johannesbrief, Judasbrief. Das letzte Buch der Bibel ist überall die Offenbarung des Johannes.

31: In dem Film „Jesus von Montreal“ wird gezeigt, wie der arbeitslose Daniel die Chance erhält, das alljährliche Passionsspiel einer Gemeinde in Montreal neu einzurichten. Er tut dies so rigoros, dass sein Spiel zwar großen Zulauf findet, bei den konservativen Kirchenoberen aber entschiedenen Widerspruch wachruft. Daniel identifiziert sich immer mehr mit Jesus selbst – bis er an den Folgen eines Zusammenbruchs unter dem Kreuz stirbt. Sein Blut und seine Organe werden anderen gespendet und ermöglichen neues Leben.

42: Die Angaben über deine eigene Taufe findest du in eurem Familienbuch oder in deiner Taufurkunde.

58f: Die Ziffern hinter den Ortsangaben (Palästina, Griechenland usw.) zeigen die zeitliche Abfolge an: Wie es angefangen hat – wie es weitergegangen ist.

62: Das Lösungswort heißt: Menschenwürde.

67: Die Äußerungen der drei Astronauten sind repräsentativ für viele eindrucksvolle Stellungnahmen von Astronauten nach einer Reise ins Weltall.

69: Auflösung des Quiz: 1) 500.000 2) über 100 km
3) mehr als 2 kg 4) 25 x um die Erde
5) 35.000 km 6) 0% (zur Erklärung s. u.)
7) 175.000.000 8) 10%
zu Nr. 6: „Wenn wir Gott spielen und die Werte für die Naturkräfte durch Knopfdruck frei wählen könnten, würden wir auch trotz Computer und in 100 Jahren nicht die Feinabstimmung zustande bringen, die unser Universum auszeichnet und von der alles Leben abhängt“, so der australische Physiker Paul Davies.

72: Die auf dem Schaubild bis zum Jahr 2000 zu beobachtende globale Erwärmung hat sich auch bis 2005 fortgesetzt. 2003 war das bisher wärmste Jahr, seitdem die Temperaturen weltweit aufgezeichnet werden.

76: Auflösung des Quiz: 1) 1% 2) 51 Jahre
3) 2,3 Milliarden 4) 3 kg 5) 1% 6) 5 Cent

85: Die Angaben „Was Jugendliche schon erlebt haben“ stammen aus einer Befragung von etwa 1300 Jugendlichen, die 2003 unter dem Titel „null zoff & voll busy“ veröffentlicht worden ist.

94: Die Zeitungsmeldung „Tiefes Loch bei Lehrstellen“ stammt vom 25.9.2004. Jedes Jahr um diese Zeit gibt es vergleichbare Meldungen. Achte einmal darauf, wie sie im September der folgenden Jahre lauten werden!

107: Die Antworten des jüdischen Rabbiners Jitzchak Ehrenberg (München) und des muslimischen Imams Mohammad Bagher Ansari (Hamburg) stammen aus der Zeitschrift „P.M. 12/96“.

114: Das Vaterunser besteht aus: deutsch, englisch, französisch, italienisch, schwedisch, niederländisch, dänisch, spanisch und hebräisch.

120: Die Abbildung unten rechts zeigt ein Koppelschloss, wie es deutsche Soldaten im Zweiten Weltkrieg getragen haben.

122: Die Umfrageergebnisse stammen aus derselben Befragung, die oben unter S. 85 erwähnt wird.

146: Erläuterung der Symbole der Religionen:
Judentum = Die Menora war der siebenarmige Leuchter im Tempel in Jerusalem.
Islam = Das islamische Glaubensbekenntnis „Es gibt keinen Gott außer Allah, und Mohammed ist der Gesandte Gottes“ in arabischen Schriftzeichen.
Buddhismus = Das Rad der Lehre – die acht Speichen stehen für den achtfachen Pfad der Vervollkommnung.
Christentum = Das Kreuz als Symbol, dass Jesus für alle Menschen gestorben ist.

Adresse des Autors:
Hans-Martin Lübking
Pädagogisches Institut der EKvW
Iserlohner Str. 25, 58239 Schwerte